LEARNING THE TAROT

【 ラーニング・ザ・タロット 】

タロットマスターになるための18のレッスン

ジョアン・バニング／著 　　　伊泉 龍一／訳

駒草出版

Learning the Tarot by Joan Bunning
Copyright © 1998 Joan Bunning
Original English language edition published by Red Wheel Weiser, LLC. All rights reserved.
Japanese translation rights arranged with Red Wheel Weiser, LLC through Japan UNI Agency, Inc.

Illustrations from the Rider-Waite Tarot Deck® reproduced by permission of U.S. Games Systems, Inc., Stamford, CT 06902 USA. Copyright © 1971 by U.S. Games Systems, Inc. Further reproduction prohibited. The Rider-Waite Tarot Deck ® is a registered trademark of U.S. Games Systems, Inc.

目 contents 次

序　文 ·· 006
謝　辞 ·· 009

セクション1【レッスン】　　　　　　　　　　Section1-Lesson

レッスン　タロットをはじめる前に ························· 012
エクササイズ ·· 020

パート1【タロットの基本要素】　Section1-Part 1-Elements of the Tarot

レッスン1　大アルカナ ·· 024
　　　タロット・デッキの中心を作る22枚のカード
　　　エクササイズ ··· 027

レッスン2　小アルカナ ·· 028
　　　56枚のカード。4つのスートとその意味
　　　エクササイズ ··· 032

レッスン3　スプレッド ·· 037
　　　ケルティック・クロス・スプレッドに代表されるカードのレイアウト
　　　エクササイズ ··· 039

レッスン4　デイリー・リーディング ························ 041
　　　毎日、カードを1枚引いてリーディングをする。それを日誌につける
　　　エクササイズ ··· 044

レッスン5　環　境 ··· 045
　　　環境作りで重要なこと——内面、外面において。
　　　自宅にタロットのための特別な場所を準備する
　　　エクササイズ ··· 049

レッスン6　質問を書きだす ····································· 050
　　　あなたの知りたいことを見つける。
　　　リーディングのための質問を書く方法
　　　エクササイズ ··· 056

レッスン7　クエスチョン・リーディング ··················· 057
　　　質問の中心を自分自身としたリーディングの方法
　　　エクササイズ ··· 066

レッスン8　他者リーディング ·································· 067
　　　自分以外の人物や出来事をリーディングする方法
　　　エクササイズ ··· 070

レッスン9　オープン・リーディング ························· 071
　　　特定の質問に縛られずリーディングする方法
　　　エクササイズ ··· 073

Section 1	**Lesson**
	Introduction to the Tarot
Part 1	**Elements of the Tarot**
Lesson 1	The Major Arcana
Lesson 2	The Minor Arcana
Lesson 3	The Spread
Lesson 4	The Dairy Reading
Lesson 5	The Environment
Lesson 6	Writing a Question
Lesson 7	The Question Reading
Lesson 8	The Other Reading
Lesson 9	The Open Reading
Part 2	**Principles of Interpretation**
Lesson 10	Interpreting a Single Card
Lesson 11	Major and Minor Arcana Cards
Lesson 12	Aces
Lesson 13	Court Cards
Lesson 14	Card Pairs
Lesson 15	Position Pairs in the Celtic Cross Spread
Lesson 16	Reversed Cards
Lesson 17	Creating the Story
Lesson 18	Some Final Thoughts
Section 2	**Card Descriptions**
Part 1	The Major Arcana
Part 2	The Minor Arcana
Section 3	**The Celtic Cross Spread**
	Appendices

パート2【解釈の原則】　Section1-Part 2-Principles of Interpretation

イントロダクション ･･･076

レッスン10　1枚のカードを解釈する ･･････････････････････････････077
　　　エクササイズ ･･･081
レッスン11　大アルカナと小アルカナのカード ････････････････････084
　　　エクササイズ ･･･086
レッスン12　エース ･･089
　　　エクササイズ ･･･091
レッスン13　コート・カード ･･････････････････････････････････093
　　　エクササイズ ･･･097
レッスン14　カードのペア ････････････････････････････････････107
　　　エクササイズ ･･･112
レッスン15　ケルティック・クロス・スプレッドでのペアのポジション ･････119
　　　エクササイズ ･･･131
レッスン16　リバース（逆位置）のカード ････････････････････････137
　　　エクササイズ ･･･141
レッスン17　ストーリーを創造する ････････････････････････････146
　　　エクササイズ ･･･150
レッスン18　まとめ ･･152
　　　エクササイズ ･･･155

セクション2【カードの解説】　Section2-Card Descriptions

イントロダクション ･･･158

パート1【大アルカナ】　Section2-Part 1-The Major Arcana

キーワード ･･･162
　　　0　愚　者 ･･･164
　　　1　魔術師 ･･･166
　　　2　女司祭 ･･･168
　　　3　女　帝 ･･･170
　　　4　皇　帝 ･･･172
　　　5　司　祭 ･･･174
　　　6　恋　人 ･･･176
　　　7　戦　車 ･･･178
　　　8　力 ･･･180
　　　9　隠　者 ･･･182
　　　10　運命の車輪 ･･････････････････････････････････････184
　　　11　正　義 ･･186
　　　12　吊るされた男 ････････････････････････････････････188

13 死	190
14 節　制	192
15 悪　魔	194
16 塔	196
17 星	198
18 月	200
19 太　陽	202
20 審　判	204
21 世　界	206

パート2【小アルカナ】　Section2-Part 2-The Minor Arcana

キーワード	210
ワンド	212
カップ	240
ソード	268
ペンタクル	296

セクション3【ケルティック・クロス・スプレッド】　Section3-The Celtic Cross Spread

ケルティック・クロス──イントロダクション	326
ポジションの解説	330
ジルのリーディング	340
イントロダクション	340
1回目のリーディング	340
2回目のリーディング	343
3回目のリーディング	346

【付　録】　Appendices

付録A　「フールズ・ジャーニー」	352
付録B　スートのクオリティ	363
付録C　スートのペアの意味	367
付録D　コート・カード　ランクごとのペアの意味	370
付録E　シャッフルの方法	372
付録F　クエスチョン・リーディングのための手順	374
付録G　他者リーディングのための手順	377
付録H　オープン・リーディングのための手順	380

参考文献	383
索　引	386
訳者あとがき	389

序文

　いかにタロット・カードをリーディングするかを学ぶためのコース、その名も「ラーニング・ザ・タロット」へようこそ。タロットとは、隠された真実を明らかにするため、何世紀にもわたって使われてきた78枚の絵柄のカードからなるデッキのことです。過去数年の間で、タロットへの関心は、ものすごい勢いで増してきました。現代は、ますます多くの人が、自らの人生をよりクリエイティヴに生きるために、自分の内面と外側の現実とを調和させる方法を探しています。そしてそういった人たちこそが、自分自身の成長と洞察力をもっとパワフルにしてくれる力を、タロットの中に見いだしてきたのです。

　このコースの主な目的は、あなた自身のために、どうやってタロットを使用すればよいのかをお見せすることにあります。タロットは、自分自身をさらに深く理解する手助けをすると同時に、どのようにすればあなた自身が、より確かなやり方で内なる能力を引きだすことができるかを教えてくれます。とはいえ、タロットを巧みに操るためには、何も特別な「サイキック・パワー」のようなものを必要とするわけではありません。肝心なのは、タロットをすすんで受け入れる気持ちと、人間が生まれながらに持っている直観力を高めることだけです。

　わたしはこのコースを1989年から書きはじめました。何年もタロットを学んでいるうちに、わたしはいくつかのアイディアを発展させ、結果的に内なる導きのためのツールとしてタロットを使うには、どのようにすればよいのかということを見いだしました。そして1995年の10月には、「ラーニング・ザ・タロット」というウェブサイトを開設しました。それはわたしのタロットに対する考えを、インターネット・コミュニティを利用する人々と分かち合うことを目的にしたものでした。

　そのとき以来、世界各地の何千人もの人たちが、わたしのウェブサイトを訪れてくださっています。また、ウェブサイトを見た後に、自分の経験をEメールで書いて送ってくださる人も大勢います。その中には、すでにタロット・カードに興味を持ってはいたものの、どうやってそれを学びはじめたらいいのかわからなかったと言う人たちもいました。そしてわたしのコースが、そういった人たちにとってのタロットをはじめる最初のきっかけとして役に立ったということを聞いて、本当にうれしく思いました。

　「ラーニング・ザ・タロット」は、3つのセクションに分かれています。
　セクション1は、18のレッスンとエクササイズからなります。まず基本

的なことからはじめて、徐々にカードの詳しい説明へと移行していきます。各レッスンは、あなた自身のペースで進めてください。基本的にセクション1のレッスンは、ビギナー向けに構成してあります。とはいえ、すでにタロットを学ばれている人にとっても、役に立つアイディアやテクニックがいくつもあるはずです。

　エクササイズは各々のレッスンの中で説明したコンセプトを補強するための演習と実践です。エクササイズに関しては、任意でやってくださって結構です。

　また、エクササイズの問題の後には、わたしの解答例を掲載してあります。ただし、これは通常の意味での解答ではなく、可能性のある解釈のひとつを示しているに過ぎないということを覚えておいてください。

　セクション2は、1枚1枚のタロット・カードについて解説をしています。最初のセクション1のレッスン及びエクササイズを進めていくときに、このセクションを参照することになると思いますが、後にあなた自身でタロットのワーク（作業）をするようになったときにも、同様に役に立つことでしょう。

　セクション3は、ケルティック・クロス・スプレッドについての解説を行います——ケルティック・クロス・スプレッド(スプレッド)は、カードの展開法としてポピュラーなものです。ちなみにわたしは、このコース全般を通してこのスプレッドを採用しています。またこのセクションでは、ケルティック・クロスをもとにしたサンプル・リーディングも紹介しています。

　「ラーニング・ザ・タロット」のコースに進むためにどうしても必要となるのは、タロット・デッキです。このワーク・ブックは、ポピュラーな「ライダー・ウェイト」をベースとした「ユニバーサル・ウェイト・タロット」のイラストを使っています。すべてのカードに絵が描かれていて、それが学習の際の助けとなるため、タロットの学習をスタートさせるのには適切なデッキです。しかし、もしすでにあなたが「ユニバーサル・ウェイト・タロット」とは異なる78枚のデッキをお持ちなら、それを使っても構いません。あなたが使うデッキが何であれ、タロット・ワークの原則はほとんど同じです。

　今日、タロット・デッキは多くの場所で手に入ります。書店やインターネットのウェブサイトでも、様々な種類のタロット・デッキが販売されています。もしあなたの住んでいるエリアで見つけられなかったら、わたしに注文していただくこともできます。詳細については、ウェブサイトをご覧ください（http://www.learntarot.com/）。

人によっては、タロットでワークすることが、オカルト的な何かへ巻き込まれてしまうのではないか、あるいは自分の宗教的な信念と矛盾をきたすのではないかという心配があるようです。わたしのタロットのやり方はシンプルで自然なものです。これまでもわたしは、決してタロットがダークで怪しげなものではないことを示すと同時に、それが自己発見のための素晴らしいツールであることを理解してもらうことに努めてきました。現にわたし自身は、様々なポジティヴな方法の中でタロットを使うことは、スピリチュアルな気づき（アウェアネス）を発展させることへとつながるものであると実感しています。

　また人によっては、タロットが非科学的なもの——よくて単なる遊び道具であり、まじめなものとして捉えられてはいないことも珍しくはありません。それに対して、わたしがあなたにお願いしたいのは、好奇心のおもむくままに任せ、心を開き、カードの世界を探検するための熱意を、ただ持ち続けて欲しいということです。結局のところ、それこそが科学的な探求の真のスピリットなのですから！

　今あなたの心の中に、このコースをトライしてみようという好奇心が生まれてきているならば幸いです。けれども、もしあなたの心がいまだ迷っているなら、まずはセクション1のレッスンを読んでみてください。そこではタロット・カードを使うことが、なぜ確かな価値があることなのかという理由をより詳しく説明していますので、「ラーニング・ザ・タロット」に対して、少なくとも何らかの興味を持っていただけるはずです。そればかりかタロットこそが、自分の中のまだ気づいていない潜在的な可能性を発達させるためにあなたが探し求めていたツールであるということを気づいていただけるのではないかと思っています。

謝辞

　夫スティーブのわたしへの愛と信頼、そして彼のすぐれた技術力に感謝したいと思います。それがなければわたしのウェブサイトは、ずっと前に自然消滅していたことでしょう。

　毎日、信じられないような経験をもたらしてくれる息子たち、デイヴィッドとジョナサンに愛を送ります。

　いつもそばにいてくれた母、いろいろなものを分かち合ったわたしの兄弟姉妹と父、そして友人と親戚の方々に感謝の意を表します。それぞれみんな、わたしにはかけがえのない人たちです。

　何年にもわたって、わたしのタロット理解を助けてくださったすべての方々、特に、エイリーン・コノリー、メアリー・グリア、ショシャンナ・ハザウェイ、レイチェル・ポラック、そして見識のあるすべての「タロット-1 ディスカッション・リスト」のみなさんに感謝を送ります。

　ラグー・パシュピュラティの直観的見識に、ポール・カスキーのタロットの画像スキャンに、ケント・ストークの創意に富むタロット・プログラムに、デイヴィッド・クックのＩＳＰ（インターネット・プロバイダー）の寛大さに、お礼を申し上げます。

　昔からのサイバー・フレンドたち：ライス・チャタム、リンダ・コーテレシ、エリザベス・デリシ、アッシャー・グリーン、ハイラニー・ハージョー、ジョー・ホルツラグ、ロジャー・ミュイス、パティー・ピドゥリプチャク、ゲイリー・ピンスキー、ブレッド・シャンド、レイ・サイモン、フィリス・スティーブンス、ヘイゼル・スティット、ルー・ヴァイオレット、カーティス・ホワイトの支援とタロットの見識に、そしてジュディ・レンジンの温かさとインスピレーションに、心からの抱擁を送ります。

　カードを通して、彼らの生活をわたしと分かち合ってくれた「ジル」と他の皆さんに感謝します。あなた方の物語は、わたしの本と人生を豊かにしてくれました。

　わたしのコースに可能性を見いだし、後押ししてくださったロビン・ロバートソンに、特別な感謝を送ります。

　最後に、タロットの知識や経験を分かち合ってくれた、すべての先行するタロットの本の著者に感謝いたします。わたしはみなさんから学びました。そしてみなさんの激励の言葉が、すべてを変えてくれたのです。

Section 1 : Lesson

【レッスン】

Lesson Introduction the Tarot

レッスン：タロットをはじめる前に

何年も前に、わたしがタロットを勉強していることを兄に伝えたとき、彼の最初のコメントは、「いったいカードが、どのようにして君に何らかのメッセージを伝えるなんてことができるんだい？」というものでした。思わずわたしは笑ってしまいました。というのも兄の言葉は、カードに対するごく普通の典型的な見解だったからです。実のところわたしも、かつてはタロットについて疑いの気持ちを持っていました。けれどもわたしは、カードがこれまでとはまったく違ったものの見方をさせてくるのと同時に、人生のチャレンジしなければならないことに対処する術を教えてくれるものなのだということを見いだしたのです。このイントロダクションでは、それがなぜなのかを説明しようと思います。

タロットの起源は謎に包まれています。とはいえ 15 世紀のイタリアで、ポピュラーなカード・ゲームとしてタロットが使われていたことは確かです。当時の富裕なパトロンたちが作らせた美しいデッキのいくつかは、今日もなお現存しています。1450 年、もしくはそのすぐ後に作られたとされる「ヴィスコンティー・スフォルツァ」は、最も初期の完全な形で残っているタロット・カードのひとつです [1]。

その後、タロットは、18 世紀から 19 世紀にかけて、後世に影響を残した何人ものオカルト研究者たちによって注目されることになりました。タロットに魅惑された彼らは、カードの絵柄の中には、単なるゲーム用のカードを超えたパワフルな力があると考えました。エジプトの秘儀、ヘルメス哲学、カバラ、錬金術、そしてその他の神秘主義的な体系にカードを結びつけることによって、タロットの"真実の"歴史を明らかにした（あるいは創り上げた！）のです。こういった研究は、黄金の夜明け団 [2] など、いくつかの秘密結社の実践の中にタロットが組み込まれた 20 世紀初頭まで続きました。

こうしてタロットの起源はオカルトの伝統の中に取り込まれることになる一方で、過去数十年間の間に、新たに多様なパースペクティヴからの見直しを通じてカードへの関心は大きく広がっていきました。このようなタロットへの新たな興味を反映する形で、これまでとは異なる新しいデッキが作られるようになりました。例えば、ネイティブ・アメリカン的なもの、ハーブと関連させたもの、神話のモチーフを取り入れたもの、日本的なものなど、様々なタロット・デッキが誕生しました [3]。

最も一般的な観点では、タロットは占いの道具だと見なされていま

[1] Michael Dummett, The Visconti-Sforza Tarot Cards (New York: George Braziller, Inc., 1986), p.13.

[2] Cynthia Giles, The Tarot: History, Mystery and Lore (New York: Simon & Schuster, 1992), chapters 2 and 3.

[3] J.A.and Magda Gonzalez, Native American Tarot Deck; Michael Tierra and Candis Cantin, The Herbal Tarot; Koji Furuta and Stuart R.Kaplan, The Ukiyoe Tarot, all published by U.S.Games (Stamford, CT); and Juliet Sharmon-Burke and Liz Greene, The Mythic Tarot, a book and deck set published by Simon & Schuster.

す。伝統的なタロット・リーディングは、個人的な質問の答えを求めている質問者と、カードを解釈するリーダーのふたりによって行われます。まず質問者がカードをシャッフルしてカットし、その後リーダーがスプレッドと呼ばれるある特定のパターン上に、選ばれたカードをレイアウトしていきます。スプレッドのそれぞれのポジションには意味があり、そして各カードにも特定の意味があります。リーダーはこれらふたつの意味を組み合わせて、質問者の問いに答えを見つけていくのです。

「死」のカード

　単純なプロセスとはいえ、いとも簡単に答えが見つけられるような形でカードが現れるわけではありません。わたしたちは映画の中で、みすぼらしい店や秘密の部屋などでタロットが行われるのを頻繁に目にします。暗がりの中に座った老婆が、不安そうな少女のためにカードを読んでいきます。いかにも不吉そうに、老婆がしわだらけの指を、「死」のカードの上におろします。すると少女はたじろぎ、この差し迫る不運のサインに怯えます。

　残念ながらこういった暗いオーラは、今でもなおタロットに結びつけられてしまっているようです。そればかりか、いくつかの宗教ではタロットを禁止し、科学の主流派は、非合理なものの象徴、あるいは迷信とも言うべき過去の遺物として否定します。しかしながらわたしたちは、こういったタロットについての否定的なイメージを、今は脇へ置いておくとしましょう。むしろ、そういったイメージには惑わされず、絵の描かれた1組のカードであるタロットとは何なのか、ということを考えて見ましょう。ここで問うべきなのは、タロットでわたしたちが何をできるのかということなのです。

　あらゆる問いの答えは、わたしたちが日ごろ、直接触れることのできない無意識、すなわちわたしたちの心の中に存在する記憶や意識の深い次元に横たわっています。日常のほとんどの場合、わたしたちは無意識の働きを無視しています。けれども実際のところ、無意識はわたしたちの日々のあらゆる行為に、大きな影響を及ぼしているのです。ジークムント・フロイト[訳注1]は彼の著作の中で、わたしたちは通常、無意識の持つ非合理で本能的なエネルギーを抑圧していると述べています。彼は無意識を、わたしたちが受け入れることのできない欲望と衝動の生息地であると考えました。しかしながら、彼と同時代人であるカール・ユング[訳注2]は、フロイトとは異なり、無意識の持つポジティヴでクリエイティヴな面を強調しました。そればかりかユングは無意識が、普遍的なものへとつながる個を超えた集合的な要素からなるものであることを主張したのです。

訳注1
ジークムント・フロイト（1856-1939）オーストリア生まれ。精神分析の創始者。

訳注2
カール・グスタフ・ユング（1875-1961）スイス生まれ。分析心理学の創始者。

「ソードの5」のカード

わたしたちにとって、ユングの言うような無意識の広大な領域やその力を、すべて知ろうとすることは不可能なことなのかもしれません。しかし、その世界を探検してみる方法はあります。サイコセラピー、夢解釈、ヴィジュアリゼーション、メディテーションなどの多くの方法が、その目的のために発展してきました。実はタロットも、そのようなツールのひとつなのです。

ここでちょっとの間、タロット・デッキの中からひとつの例として、「ソードの5」のカードについて考えてみましょう。このカードでは、3本の剣を抱えたひとりの男性が、遠景にいるふたりの男性の姿を見ています。そして2本の剣が地面に置かれています。このカードを見ていると、わたしにはその絵にまつわるストーリーが浮かんできます。いかにも手前の男性は、戦いに勝って満足げといった様子です。彼は5本の剣を手に入れて悦に入っているのでしょうか。一方で他の人物は、打ちのめされ、意気消沈しているようにも見えます。

今、わたしが実践したのは、イメージを限定せず、カードのイメージの上にストーリーを投げかけてみるということです。わたしにとって、先ほどのストーリーは疑問の余地がないほど明らかであり、いわばこの場面に対する唯一の解釈であるかのように思われます。けれども実際には、他の人が創りだすストーリーは、まったく違うものとなるでしょう。もしかすると、この男性は剣を拾おうとして、他のふたりに手伝ってもらおうと声をかけたけれども、拒絶されてしまったのかもしれません。あるいは、ふたりは戦いに負け、彼らの武器を置いていかされたのかもしれません。

ここでのポイントは、すべてがあり得るストーリーであり、わたしはその中のひとつを選んだに過ぎないということです。なぜでしょうか？
それは本来、人は無意識にある素材を、自分の置かれた環境にある対象の上に投影してしまうからです。わたしたちは常に、自身の内面の状態から作られたレンズを通して、現実世界を見ています。こういったことは、セラピストたちによって長い間研究されてきたテーマです。そして今日では、そのプロセスを助長するためのツールが、いくつか考えだされています。たとえばロールシャッハの有名なインクブロット・テストは、そのような人間の無意識の投影という考えを基本としたものです[1]。

この投影という観点は、なぜタロット・カードに価値があるのかということのひとつの理由となります。それぞれのカードの興味深い絵柄とパターンは、無意識の中にあるものを引きだすのに効果的です。こうい

[1] Hermann Rorschach, The Rorschach (R) Test (Switzerland, Hans Huber, 1927).

ったことは、あくまで個人的なレベルにおけるタロットの効用を示すものです。その一方で、タロットには個を超えた集合的な要素も含まれています。人間という種の一員としてのわたしたちは、ある種共通の欲求や経験を分かち持っています。タロット・カードのイメージは、そういった万人が共通に持っている要素を、わたしたちから常に引きだします。言い換えると、わたしたちはカードのイメージに対して、同じような反応をする傾向があるということです。何世紀もの時の流れの中でタロットの絵は、人間の思想と感情の最も基本的なパターンを映しだした集合体へと進化を遂げてきました。それゆえカードの絵は、まさしく人間という種が共有する元型（アーキタイプ）を表現したものとなっているのです訳注1。

「女帝」のカード

たとえば「女帝」のカードをご覧ください。彼女は、その豊かさの中に生命を宿す母性原理を象徴しています。彼女はソフトでふっくらとしたクッションに腰かけています。そしてひだになったローブの流れが彼女を包み込んでいます。こういった彼女のイメージが、わたしたちに豊穣という感覚を呼び起こすことに注目してください。そう、「女帝」のカードの中に、わたしたちは大自然の生き生きとした豊かさと大いなる恵みを感じるはずです。タロットの持つ力は、こういった普遍的なレベルのものと個人的なレベルのものの結びつきから生みだされるものです。したがって、あなたは自分自身の独自の観点からカードを見ることもできますが、それと同時に、他の人がそこに見いだす共通のものを理解することも必要となります。そうしてこそタロットは、通常、隠されているあなた独自の気づき（アウェアネス）の局面を、自分自身へと映し返してくれる鏡となるのです。

タロット・リーディングの際、シャッフルし、カットし、配置することによって、わたしたちはある特定のカードを選びだします。このプロセスは、単にランダムな操作であるにも関わらず、わたしたちが引くカードは特別なものです。そう、ランダムな操作であるにも関わらず意味のあるカードが選ばれること、それこそがタロット・リーディングのポイントなのです。もちろん、常識的に考えれば、偶然によって選ばれたカードには、何ら特別な意味などないと言ったほうがいいでしょう。それでもわたしたちは常識に抗して、偶然によって選ばれたカードには特別な意味がある、と主張することはできるのでしょうか？

この問いに答えるために、ここでわたしたちは、出来事のランダムさということについてもっとよく考えてみましょう。通常、ある出来事が、意図や目的といったものを持たないメカニカルな力による偶然の相互作用の結果であると思われる場合、わたしたちはそれをランダムであ

訳注1
元型（アーキタイプ）というのは、人間の心の深いレベルにある集合無意識の中に存在する諸力を指すユング心理学の概念。ユング心理学では、元型（アーキタイプ）が人間の意識に作用するときは、特定のイメージとして表れると考えられている。
ここで著者のバニングは、今日のタロットの絵のイメージ自体が、元型（アーキタイプ）を表現したものとなっていると述べている。

るとみなします。すなわち、すべて確率として等しく起こり得る可能性の中から、あるひとつのことが結果として現れた場合、そこに特別な意味を認めることは、普通ないわけです。

　こういった考え方の中には、基本的なふたつの仮定が内包されています。ひとつはランダムな出来事とは、意図や目的を持たないメカニカルな力の結果であるということ。もうひとつは、その場合の出来事には意味はない、ということです。まず、最初の仮定に関して言えば、いかなる場合であれタロット・リーディングは、単なる意図や目的を持たないメカニカルな力の産物ではありません。むしろ、それは長い一連の意識的行為の結果です。というのも、まずわたしたちはタロットを学ぶことを決めました。そしてタロット・デッキを購入し、その使い方を学びます。さらに一定の手順でカードをシャッフルしカットします。最後にわたしたちは、カードを解釈するために、自らの認識能力を用います。

　これらどのステップにおいても、わたしたちはそのプロセスへ積極的な関わりを持っています。ではなぜ、タロット・リーディングはメカニカルな力による偶然の作用だと言われるのでしょうか？　それは、わたしたちの意識がどうやってそのカードが選ばれてくるプロセスに関わったかを、単に説明できないことからきています。言い換えるなら、自分が意図的にカードを選んだのではないことは確かであるゆえに、それをさしあたってランダムだと呼んでいるわけです。けれども、もしかするとそこには、わたしたちの無意識の力と関わりを持つより深層のメカニズムが、実際には存在しているのかもしれません。その際に、わたしたちがいまだ理解の及ばないやり方で、心の中の状態が外的な出来事と結びついていると考えることはできないでしょうか？　結論を述べることの難しいこういった可能性に関しては、ここでは保留にしておくこととします。

　さて、ランダムと呼ばれる出来事のふたつ目の特徴は、本質的にそこに意味はないということでした。たとえば、わたしがダイスを転がした結果、6が出たとします。この結果は、わたしの意図したものではありません。そのときわたしは、ダイスを転がし1を出すことも、また同様にあり得ることでした。けれども、1ではなく現に6が出たということに、何か意味としての違いはあるのでしょうか？　これらのふたつの結果は、単なる偶然であり、本質的にそこには意味がないというように、その違いを無意味としてみなすことで片づけてしまって本当によいのでしょうか？　むしろ、すべての出来事には、大なり小なり意味や目的があるのだけれども、おそらくわたしたちはそれに気がついていない

だけ、というようにも考えることだってできるのではないでしょうか。

　何年も前のパーティーで、わたしは突然、床に転がっているダイスを拾い上げたい衝動にかられました。そのときわたしは、このダイスを転がすと毎回違う目が出るであろうという大きな確信を持っていました。わたしがダイスを転がしはじめると、パーティーから笑い声や騒音が消えていきました。転がすごとに毎回違う目が現れるにつれ、わたしは興奮が大きくなっていきました。みごとに最後まで違う目を出し終えると、わたしは我に帰り椅子に深く腰を下ろしました。そして、そこで起こったことが何だったのかと自問しました。

　ある意味、これらダイスを6回転がした結果は、特別な関連のないランダムな出来事に過ぎないと言うこともできます。けれども、別の見方において、それはとても意味深いものだとも言えるでしょう。たとえその場に居合わせた人が、そう思ってくれなかったとしても、少なくともわたし自身の経験として、それが意味深いものであったことを告げています。その意味とは何だったのでしょう？　そのときは、それが内的な心の状態と外的な出来事の間にある不思議な相互作用を示した結果なのではないかとも思いました。しかし今のわたしには、そこには他の目的があったことがわかります。そして、そのときから25年後の今、まさにこのレッスンであなたにお話したいと思っていることを示すための実例となっているのです！

　意味とは、内なる現実（インナー・リアリティー）と外なる現実（アウター・リアリティー）との結びつきによるものであり、そこにはある神秘的とも言うべき性質があります。すべてのものごとにはメッセージがあります——木々や風の音、そればかりかガラクタにさえも——。しかし、それらがメッセージとして受け止められるのは、わたしたちがそれに耳を傾けるために心を解放したときだけです。タロット・カードも、それぞれのカードのイメージの豊かさと、カード相互の関連性によって、多くのメッセージを運んできます。けれども何より重要なことは、人生についてより深い真実を見つけようとする心からの望みをタロットへ託すからこそ、カードはわたしたちに意味を伝えてくれるのだということです。そして真実の意味を探し求めるからこそ、わたしたちは世界と深い関わりを持ち、そこからメッセージを受けとる機会が与えられるのです。

　ところで、タロット・リーディングが伝えてくれるメッセージは、いったいどこからやってくるものなのでしょうか？　わたしはそれが、聖なる意味の源に対して気づきをもたらしてくれる、わたしたち自身の内なる一部からきたものであると信じています。それはわたしたちの無意

識の次元と関わりを持っていると同時に、もはやそれ以上のものであると言ってもいいでしょう。それはわたしたちをよく熟知し、賢い助言者としてふるまいます。そして、わたしたちが何を必要としているのかを理解し、わたしたちが進むべき方向へと導いてくれます。ある人々は、この助言者のことを魂（ソウル）、超意識（スーパーコンシャス）、あるいは高次の自己（ハイアー・セルフ）と呼びます。わたし自身は、タロットを通して働くその役割を、「インナー・ガイド」と呼んでいます。

わたしたちはそれぞれ、メッセージをもたらしてくれるインナー・ガイドを持っています。あなたのインナー・ガイドは、あなたの一部でもあるので、常にあなたと共にいます。あなたはこのつながりを壊すことはできませんが、それから目をそらすことならできます。タロットに手を伸ばしたとき、あなたはインナー・ガイドに対して、これからその知恵に向かって心を開きますよ、という合図を送ります。この心からの純粋な行為が、いつもあなたのそばにあるインナー・ガイドのメッセージに目を向けることになるのです。

わたしたちはインナー・ガイドの知恵に頼ろうとしても、しばしばどうやってそれにアクセスしたらよいのかが、わからなくなってしまっています。意識的知性（コンシャス・マインド）のみを信じ、内なる深みへと目を向けること自体を忘れてしまっているのです。たしかに意識的知性（コンシャス・マインド）は利口です。しかし残念なことに、それはわたしたちが日々、適切な選択をするために必要とされる完全な気づき（アウェアネス）を、もたらしてくれるわけではないのです。

意識的知性（コンシャス・マインド）によってものごとに対処しているとき、わたしたちに起こってくる出来事は、まるで偶然によって押しつけられたもののように感じるものです。人生で起こる出来事には、常にちょっとした意図があるようです。けれども人は、自分が何者で何がしたいのかを、本当には理解していないために悩みます。けれどもわたしたちが、自分のインナー・ガイドにどうやってアクセスするかを知ったときに、人生も違ったものになるでしょう。わたしたちは内なる目的と結びつくことによって、自信と心の静けさを手に入れることができます。そして人生で歩む道も、より喜びに満ちたものとなり、自らの運命をまっとうするために、どのように自分の人生の中でばらばらになった要素をひとつにまとめあげればいいのかを、はっきりと理解できるようになるでしょう。

わたし自身は、タロットがインナー・ガイドのささやきに耳を傾けるのに最高のツールであることに気がつきました。だからこそ、わたしはタロットを使っています。わたしにとって、タロット・リーディングを

通して現れる、アイディア、イメージ、感覚はインナー・ガイドからのメッセージです。それらがインナー・ガイドからのメッセージであるということがどうしてわかるのか、それは単なる思い込みなのではないのか？　そういった疑問に対して、わたしはそれが本当であることを証明することはできません。ただわたしは、自分の経験を信じ、起こっていることを見守るのみです。

　インナー・ガイドにアクセスするために、本当は必ずしもタロットが必要だというわけではありません。たとえるならカードは、ダンボの魔法の羽と同様の役割を果たしているに過ぎません。ディズニー映画の小象のダンボは、本当はひとりで飛ぶことができるのに、彼はそれを信じませんでした。鼻に隠した特別な羽根のおかげだと信じていました。この羽根が自分に飛ぶ力を与えたのだと思っていたのですが、羽根が飛んでいってしまったとき、彼は自らの力で飛ばなければならなくなりました。そしてそれに成功したのです。

　タロットは、あなたが自分でインナー・ガイドに到達することができるようになるまでは、飛ぶことを助けてくれるかもしれません。どうすればそうなるのかは、今はまだ考える必要はありません。カードを使いレッスンとエクササイズを行うことで、どんな驚くべき経験が訪れるのかを、ただ見守っていてください。

エクササイズへのイントロダクション

　レッスンの後からはじまるエクササイズは、これから学んでいくレッスンのコンセプトを、実践するためのものです。ただし、エクササイズは必ず実践しなければならないというわけではありません。興味の惹かれるところから、自分のペースでやってみても構いません。とはいえ、エクササイズに関しては、前の段階のレッスンで学んだことが前提となっていますので、エクササイズのみを実践するべきではありません。

　いくつかのエクササイズについては、〈解答例〉で可能な限りの例をあげておきました。ただし、わたしのあげた例は、唯一の答えではなく、カードから得られる洞察の一例に過ぎません。タロットでは、どのようなものであれ、自らの直観が告げるものこそを重視すべきです。わたしたちはみな、異なるレンズを通して世界を見ています。あなたの目標は、あなた自身のレンズがどのように働いているのかを、学ぶことにあります。

Exercises for Lesson

レッスンのためのエクササイズ

【エクササイズ1──何を信じる？】

レッスンで学んだことを、よく考えてみましょう。あなたがタロットについて、今の時点で何を信じ、何を信じていないかを書きだしてみましょう。あなたがタロットを信じているパーセンテージを出してみてください。

0％＝「わたしは遊び以外で、タロットを使うことには、まったく懐疑的です」

100％＝「わたしはタロットが、自分に個人的ガイダンスを明確に与えてくれることを完全に確信しています」

【エクササイズ2──カードに親しむ】

カードをシャッフル（付録E：P372～373参照）し、1枚選んでください。カードのイメージをしばらく見つめてから、次のように自分に問いかけてみてください。

1. この絵の中に、どんなストーリーが見えるか？
2. どんな感情を持ったか？
3. 自分がカードから感じるものを強めるのは、絵の中のどの部分なのか？
4. 全体を覆っている雰囲気はどのようなものか？
5. このカードが意味していることは何か？

これが終わったら、そのカードの解説のページ（P164以下）を開き、アクションの箇所を読んでみてください。そこで、自分が抱いたカードの印象と、わたしが書いた解説のページの記述が一致していなかったとしても、まったく問題ありません。その場合はあなたの直観が、独自の洞察を与えてくれたということを意味しています。このエクササイズを、自分が好きなだけ、何度も繰り返してやってみてください。

【エクササイズ3──
不意の出来事に、わたしは何らかの形で原因を作っていなかったか？】

自分の力がほとんど及ばないせいで犠牲になったと感じる、過去の出来事を選んでください。その出来事に、実際のところ、自分が何らかの形で原因を作っていなかったかを、リストアップしてみましょう。

わたしは、カメラとタイプライターを、アパートから盗まれたことがあります。わたしは意識的に泥棒に対して隙を見せていたわけではあり

ませんが、しかしわたしは、
1. 侵入することが決して不可能ではない1階の部屋を借りていた。
2. 物をそこらへんに置いていた。
3. お金を高価な品物に使っていた。
4. 防犯アラームなどの設備に、お金を惜しんでいた。
5. 何かが聞こえたと思ったとき、よく調べなかった。

このリストには、わたしが行ったこと、逆に行わなかったことが含まれています。いくつかは盗難に関係しており、いくつかはもっと大きな問題に関係しています。もちろん、これらの自分がしたことが、直接的に盗難を導いたわけではありません。けれども、これらはすべて、"不意"のこの出来事に対して、自分が気づかぬうちに何らかの形で間接的な原因を作っていたことを意味しています。

【エクササイズ4──思いもしないところからくる答え】
このエクササイズは、図書館や書店などにいるときにやってみてください。まずあなたの関心のある問題について考えます。そして目を閉じて、インナー・ガイドに、静かにアドバイスを求めてみましょう。自分が知るべき必要があることは何であるかを教えてくれるように尋ねてみてください。

目を開けてから、通路を好きなようにさまよい歩いてください。自分がどこにいるのかを意識せず、あなたを導く内なる力をただ信じてください。ここでよいと感じたとき、本を1冊手に取り、ページを開いてください。そのページ全体を読み、そしてあなたの問題と関連づけてみてください。あなたがまさに必要としていた答えを発見し、驚かされることもあるでしょう。かりに一見その情報が、自分の問題と直接関連性がないように見えたとしても、そのメッセージは解読すべき暗号のようなものと考え、そこから何らかの隠された意味を探してみてください。あなたに必要な手立ては、あらゆるところに非常に些細な形で存在します。しかし、あなた自身が、意識的にそれを見つけださない限り、普段それは無意味なものとして単に見過ごされてしまっています。

【エクササイズ5──必要な答えを得る】
ベッドに入る前に、5ドル札[訳注1]を手に取り、目を閉じてください。そして、日中にこの5ドルを自分のため、あるいは人のためにどう活用すべきかを示してくれるようにと尋ねてみてください（5ドル札は、人生の中で自分の目的を遂行することを象徴するシンボルです）。

訳注1
日本でやる場合には、日本のお札で代用するのがよいでしょう。

そして、そのお札を枕の下に入れて寝ます。朝になったら、もう一度、問いかけを繰り返し、それを持って出かけます。日中、どうそれを活用すべきかのサインに注意をはらい、わずかな手がかりも見逃さないようにします。ほんのちょっとした何かが、その5ドル札の使い道がやってきたことを自分に気づかせてくれるでしょう。もし最初の日に何も起こらなければ、1週間続けてみて、答えが現れるチャンスを窺ってみてください。その間、夜と朝の問いかけを忘れないようにしてください。答えを求めるために、あなたが真摯な姿勢を持つことはとても重要なことです。

　後になって、ここで得られた答えの持つ意味についてじっくり考えてみてください。もしあなたが熱心に問いかければ、探している答えは与えられます。ただしその答えは、必ずしも自分が期待しているものであるとは限りません。

Part 1 : Elements of the Tarot
【タロットの基本要素】

Lesson1
The Major
Arcana

レッスン1：大アルカナ

　78枚のカードからなるスタンダードなタロット・デッキは、大アルカナと小アルカナとのふたつに分けられます。「アルケイナム（arcanum）」の複数形である「アルカナ（arcana）」という言葉は、「深遠なる秘密」といった意味を持っています。また、中世の錬金術師たちにとって、アルケイナムは自然の持つ隠された秘密を意味していました。したがって、アルカナと呼ばれるわたしたちのタロット・カードも、宇宙に隠された「秘密」を集大成したもの、といった意味がそこには含まれていると言えるでしょう。

　大アルカナと呼ばれる22枚のカード（P164～207参照）は、まさしくタロット・デッキの中心です。それぞれのカードは、人間が経験することの普遍的な面を象徴しています。すなわち、それは人間の経験に影響を与えるパターンとして、生得的に人間に備わっている、いわば元型(アーキタイプ)を表したものだとも言えます。

　大アルカナの1枚1枚のカードには、名前と番号がつけられています。いくつかの名前は、「力」、「正義」、「節制」のように、そのカードの持つ意味をダイレクトに伝えるものとなっています。「魔術師」や「隠者」のように、人間の人生に向き合う特定の態度を擬人化したものもあります。また、「星」、「太陽」、「月」のように天体の名称がつけられたカードもありますが、それらは天体と関連する微細な力を象徴しています。

　大アルカナは、その絵を見た人から深く複雑な反応を導きだすという点で、格別な力を持ったカードです。ユニバーサル・ウェイト・デッキ[*1]の大アルカナの絵は、何が描かれているのかが非常にわかりやすく描写されているのと同時に、そこには秘教的なシンボリズムが含まれています。しかも、そのシンボリズムは緻密であるだけでなく、非常に効果的に配されています。そのため、その絵は見る者に、深い印象を与えるものとなっています。

　リーディングの中で、常に大アルカナには、特別に大きな比重が置かれます。大アルカナの中の1枚が現れたとき、問題となっている事柄は、一時期のことではありません。また軽視できるようなことでもありません。それはその人の感情を大きく動かすような事柄に関連する、非常に重要な関心事を表しています。リーディングの中で、あなたが大アルカナの示すテーマをどのように捉え、解釈していくことができるのか

[*1] ライダー・ウェイト・デッキは、A・E・ウェイトが考案し、パメラ・コールマンによってその絵が描かれました。また、このデッキは、もともとライダー&カンパニー社によってイギリスで出版されました。そのためライダー・ウェイト・デッキという「商品名」がつけられました。本書のイラストは、色彩をよりオリジナルに似せた新しいヴァージョンであるユニバーサル・ウェイト・デッキからのものです。現在は、どちらのデッキもU・S・Games社から出版されていますが、大きな書店やインターネットで入手することができます。

ということについては、後のレッスンでより詳しくお話します。

　しばしば大アルカナは、全体でひとつの意味を持つユニットとしても考えられています。そして人間の様々な状態に光を当てるために、いかにカードを組み合わせ、パターン化するかということに関して、いくつかの異なる理論が発達しました。数秘術（ヌメロロジー）、占星術、その他の秘教的な科学は、しばしばこれらの理論を形作る役割を果たしてきました。

　また、大アルカナ全体をひとつのストーリーを持つものとして解釈を試みている人たちの多くは、大アルカナがひとりひとりの人間の内なる成長における各段階を示すものである、という見方をしています。何人かの人たちは、それを「フールズ・ジャーニー（愚者の旅）」と呼んでいます。エクササイズ1．2（P27）と付録A（P352〜362）をご覧ください。このシステムの中では、それぞれのカードは、わたしたちが全体性意識へと至るまで、統合していかなければならない性質や経験を象徴したものであると見なされます。

　わたしたちの旅は、スムーズな進展よりも回り道、停滞、再出発のほうが多いものです。けれども、わたしたちはみんな、自己実現に至るために、大アルカナが示す道を旅していきます。もちろんそれぞれの道は、それを旅する個人固有のものですが、わたしたちの通らなければならないマイルストーン自体は、普遍的なものです。そういう意味で、22枚の大アルカナのカードは、0番のカードが示す初源の気づき（アウェアネス）から、21番のカードが示す統合、及び達成へと至る内なる成長の道を、歩んでいくための目印となっているのです。

　フールズ・ジャーニーでは、次なる成長段階の経験へと順を追ってスムーズに進んでいるように見えるかもしれません。しかし、わたしたちの学びの冒険は、それほど整然としたものではありません。失敗もすれば段階を飛ぶこともあり、成長の可能性に気づかないこともあります。ときには、最も深い発見をするために必要な勇気や洞察力が欠けてしまっていることもあるでしょう。また、内省へと呼びかける「隠者」のカードの声に答える必要のない人もいれば、硬直した自我の防御から自らを解き放ってくれるかもしれない「塔」のカードが示す危機を、まったく経験しない人もいるでしょう。

　ときとして人生の中でわたしたちは、幾多の苦難を乗り越えようとして、何度も失敗をしてしまうものです。わたしたちは「吊るされた男」のカードが示すレッスン──成り行きに任せ、経験に身をゆだねること

「世界」のカード

——を完全に学び終えるまで、何度も何度も苦難に直面しなければならないかもしれません。

わたしたちが学ばなければならないレッスンは、決まった順序でやってくるとは限りません。ある人は困難な子ども時代を過ごすことによって、人生の早い段階で「力」のカードが象徴する経験を学び、逆に「戦車」のカードが象徴する統御やコントロールを、後になってから身につけるということもあるでしょう。ある人は隠遁生活の中で「悪魔」のカードが象徴する物質主義的な誘惑に打ち勝つかもしれません。しかし、その後「恋人」のカードが象徴する人間関係やセクシュアリティに関する課題を学ばなければならないときがやってくるかもしれません。

大アルカナには、様々な経験のレベルやモデルが描かれています。それが人生の一定の期間におけることなのか、人生の全体にわたってのことなのか、どちらにしても大アルカナには人間の成長のすべてのパターンが含まれているのです。魂の成長というより大きな物語(サーガ)から見るなら、人の一生というのは、そこに含まれる単なるひとつのエピソードに過ぎない、と言うことすらできるかもしれません。

自己発見がたとえどのような形で訪れたとしても、全体性へと達することこそが、最終的にわたしたちの到達すべきものであることを大アルカナは示しています。もしこの約束された到達点を指針とし続ければ、真の自己の本質を認識し、「世界」のカードの学びへと至ることができるでしょう。

レッスン1のためのエクササイズ

【エクササイズ1．1——大アルカナのカードについて学ぶ】
　まずこの後のセクション2（P157〜323）に、ほんの少しだけ目を通しておいてください。「キーワード」や「アクション」といったことが何を意味するのか、簡単に把握しておいてください。ここで目指すのは、カード1枚1枚の意味の暗記ではなく、おおまかにそれぞれのカードが持っているコンセプトを捉えることです。

　では、大アルカナのカードを適当に1枚選び、その解説のページを見てください。1枚のカードに割り当てられた複数の「キーワード」を通して、そのカードの本質、あるいはエネルギーがどのようなものであるかを理解してください。また、「アクション」が「キーワード」を具体化したものであることに注意しながら目を通してみてください。さらに、「解説」のところも読んでみてください。「反対の意味を持つカード」や「互いの意味を強めるカード」のところは、今の段階ではちらっと眺めてみるだけで結構です。それについては、レッスン14（P107〜118）でもっと詳しく学びます。この大アルカナのエクササイズは、あなたが好きなだけ繰り返しやってみてください。

【エクササイズ1．2——フールズ・ジャーニー】
　フールズ・ジャーニーとは、人間の内なる成長のステージを、大アルカナがどう象徴しているかについての解釈です。付録A（P352〜362）の解説を読んでみてください。それは、大アルカナのカードに対する理解を深め、人間の様々な状況を作りだす元型（アーキタイプ）としての力を理解するのに役立ちます。レッスンを続けながら、22枚のカードが全体として、どのように関わり合っているのかを心に留めておいてください。また、カードとそれらが示す意味を、あなた自身のアイディアで広げていこうとする前向きな姿勢を常に持ち続けてください。

Lesson2
The Minor
Arcana

レッスン２：小アルカナ

　大アルカナが人間にとっての普遍的なテーマを表している一方で、小アルカナはいかにそれらが、日々の出来事の中で作用しているかを示します。そのことによって、大アルカナのテーマを現実の領域へと結びつけます。言い換えれば、小アルカナのカードは、毎日の生活におけるドラマを形作る実際の行動や関わり方、そして気持ちの変動などを象徴しているのです。

　小アルカナのカードは全部で56枚あります（P212～323参照）が、それらはワンド（棒）、カップ（杯）、ソード（剣）、ペンタクル（コイン）[1] という4つのスート（グループ）に分けられます。これらのスートは、以下に見るように、それぞれが人生に対するある特定のアプローチを表しています。

【ワンド】

　ワンド（P212～239）は活動、行動、創造力を表すスートです。熱中、冒険、リスクを負うこと、自信、といったようなことと関連しています。このスートは、中国哲学における陽、あるいは男性原理であり、火のエレメントとも関連しています。明滅する炎こそが、ワンドの力の完璧なシンボルです。そのエネルギーは外へと向かって流れ、ものごとの情熱的な関わり合いを生みだします。

【カップ】

　カップ（P240～267）はエモーションやスピリチュアルな経験に関連するスートです。心の中の状態、感情、人間関係のパターンなどを表します。このスートのエネルギーは内へと流れます。カップは中国哲学の陰、あるいは女性原理であり、水のエレメントとも関連しています。流れ、空間を満たし、潤いを与え、変化する気持ちを映しだす水。それこそがカップのスートの理想的なシンボルです。

【ソード】

　ソード（P268～295）は知性、思考、理性のスートです。正義、真実、善悪の判断の原理を表すスートです。ソードは風のエレメントと関連しています。雲ひとつなく晴れわたり、光りに満たされた空。それがソードの理想とする明晰な精神のシンボルです。このスートはまた、不調和や不幸に導く状態とも関係しています。知性はもちろん価値のあるものですが、インナー・ガイドの知恵で満たされなければ、自我の単なる使いとなり、わたしたちを外れた道へとさ迷わせることにもなってしまいます。

[1] 4つのスートに対して、これ以外に別の名称が使われているデッキも多数あります。名前の選択は、たいがいデッキの持つテーマを反映したものとなっています。

【ペンタクル】

　ペンタクル（P296 〜 323）は実際的なこと、保障や安全、物質的な関心を表すスートです。地のエレメントと関連し、物質世界を動かす具体的な事物と関連しています。ペンタクルは、自然の美しさ、植物や動物との相互作用、肉体的な感覚などを称えます。また、すべての豊かさや繁栄をも表しています。しばしばこのスートはコインと呼ばれ、現実世界の中での品物やサービスの交換のシンボルとも見なされています。

　小アルカナの各スートは、それぞれ異なるクオリティを持っています。そして、わたしたちの日常の経験は、これら4つのスートの象徴する要素がブレンドされたものだと言えます。実際のタロット・リーディングでは、異なるスートのエネルギーが、その瞬間のあなたの人生にどれだけの影響を与えているのかを知ることができるでしょう。付録B（P363 〜 366）の各スートのクオリティのリストを参照ください。

　それぞれのスートは、トランプとほぼ同じようにエースから10までの10枚のナンバー・カード（numbered cards）と、キング、クイーン、ナイト、ペイジからなる4枚のコート・カード（court cards）で構成されています。各カードは、現実の世界の中でそのエネルギーが、いかに表現されているのかを示しています。

【エース】

　エースは、そのスートの探求すべきテーマを告げています。たとえば「カップのエース」のカードは、愛情、感情、直感、親しみといった、カップのエース以外のカードの中で探求していくべき、いくつかの基本となる主題を象徴しています。エースは常にポジティヴな力を象徴し、そのスートの最も好ましい状態を示すものです。

【ミドル・カード】

　エースと10の間にある中間のナンバー・カード、すなわちミドル・カードは、スートが表す各テーマのそれぞれ異なる局面を表しています。たとえば「ワンドの2」は個人の力、「ワンドの3」はリーダーシップ、「ワンドの4」は興奮、「ワンドの5」は競争といったように、それぞれのカードにワンドが表すテーマの様々な局面を、見ていくことができます。ただし、1枚のカードが表すテーマは、いくつかのアングルからアプローチすることも可能です。たとえば「ペンタクルの5」のカードは、物質面から見れば困難なとき、肉体面から見れば不健康、感情面から見れば拒絶というように、その視点によって複数の意味が生まれてきます。

【10】
　10 のカードは、エースによって提示されたテーマの必然的な結論を示します。すなわち、もし「カップのエース」のカードが示す愛情、親密さ、感情的な力という主題が、完全に展開していったなら、最終的には「カップの 10」のカードが示す喜び、平和、家族愛へと至るわけです。

【コート・カード】
　コート・カードは、各スートのクオリティ（付録 B：P363 〜 366）参照）とランク（ペイジ、ナイト、クイーン、キング）を人物として表したものです。それぞれのコート・カードは、現実世界の中でわたしたちが取るべき特定の態度を示しています。そしてある状況の中で、それぞれのカードが示す行動スタイルを使うべきか、もしくは避けるべきかについて、その適切な方法を教えてくれます。

　「キング」は成熟した大人の男性です。彼は実行家であり、彼の関心は人生の外的な出来事へと向いています。キングは、結果や成果、そしていかになすべきかを重視します。また、そのスートと関連する領域において権威を持ち、支配し、精通しています。キングの行動スタイルは、力強く、独断的、直接的です。

　「クイーン」は成熟した大人の女性です。彼女は、スートのクオリティを現実に行動に移すというより、そのクオリティを実際に体現している人物です。また、感情、関係性、自己表現といったことに関係していますが、あくまで彼女の関心は内的世界へと向いています。ふるまいもリラックスしていて自然です。結果や成果を重視せず、ただこの世界の中で生きていることそのものを楽しんでいます。

　「ナイト」はいまだ成熟していない若者です。彼は上手にバランスを取りながら自己表現することができません。彼は自分を取り巻く世界とうまく関わっていこうと試みますが、その行為は、極端から極端へとはげしく揺れ動いてしまいがちです。ナイトは行きすぎる傾向がありますが、その欠点を埋め合わせるに足る熱心さと誠実さを持っています。彼のスピリットとエネルギーは賞賛に値するものです。

　「ペイジ」は遊び好きな子どもです。彼は自分のスートのクオリティを自由な喜びで表現します。彼の行動は、決して深みのあるものではありませんが、逆に束縛もなく、軽快で自発的です。ペイジは冒険と可能性のシンボルです。

以上で、タロット・デッキの中のそれぞれのカードの持つ役割についての基本的な考えが、おわかりいただけたでしょうか。また、それぞれのカードが、どのように相互に関連し、全体へと結びついているか、そのおおまかな感じをつかむことはできたでしょうか。さて、この先のレッスンでは、これらのカードについてより詳しく学んでいきながら、リーディングにおいてどのように解釈していくのかを見ていくこととなります。

Exercises for Lesson2

レッスン2のためのエクササイズ

【エクササイズ2.1――スートのクオリティとは何か？】
　付録B（P363～366）の、スートの「クオリティ」についてのリストを見てください。そこでは各スートのポジティヴな面とネガティヴな面をいくつか列挙しています。このリストは暗記するべきものではありません。ただこれらは、まずあなたに、各スートのエネルギーを感じとってもらうためにあります。リストをざっと眺めたら、次の言葉のペアを見てください。そして、それぞれのペアに対し、もっともふさわしいと思われるスートを見つけ、さらにそのスートがポジティヴに表れているのか、もしくはネガティヴに表れているのかを考えてみましょう。例えば「信頼できる／用心深い」には、「ペンタクル＝ポジティヴ」というのがふさわしいかもしれません。わたしの解答例は〈エクササイズ〉の後に載せてあります。それを見ながら、それぞれの言葉に、なぜその解答が与えられているのかを理解するようにしてください。このエクササイズを通じて、各スートへの理解を磨いていってください。また、このエクササイズは、友人に問題を出してもらいながら行うのもよいでしょう。

《エクササイズ》
1. 陰うつ／怠惰
2. 堅苦しい／ユーモアに欠ける
3. 機転が利く／博識
4. 独断的／支配的
5. 快活／大胆
6. 徹底的／実際的
7. 穏やか／共感的
8. 論理的／遠慮のない
9. 無責任／自惚れ
10. 忠実／地に足のついた
11. 批判的／横柄
12. 誠意がある／情熱的
13. 感情の起伏が激しい／すぐ機嫌を悪くする
14. 感受性が強い／愛に満ちた
15. 無謀／軽はずみ
16. 気分に流される／か弱い
17. 頑固／悲観的
18. 正直／客観的
19. 忍耐強い／堅固
20. よそよそしい／傲慢

21. スピリチュアル／直観的
22. せっかち／準備をしない
23. 創造的／冒険的
24. 用心深すぎる／融通が利かない

〈解答例〉
1. カップ—ネガティヴ
2. ペンタクル—ネガティヴ
3. ソード—ポジティヴ
4. ソード—ネガティヴ
5. ワンド—ポジティヴ
6. ペンタクル—ポジティヴ
7. カップ—ポジティヴ
8. ソード—ポジティヴ
9. ワンド—ネガティヴ
10. ペンタクル—ポジティヴ
11. ソード—ネガティヴ
12. ワンド—ポジティヴ
13. カップ—ネガティヴ
14. カップ—ポジティヴ
15. ワンド—ネガティヴ
16. カップ—ネガティヴ
17. ペンタクル—ネガティヴ
18. ソード—ポジティヴ
19. ペンタクル—ポジティヴ
20. ソード—ネガティヴ
21. カップ—ポジティヴ
22. ワンド—ネガティヴ
23. ワンド—ポジティヴ
24. ペンタクル—ネガティヴ

【エクササイズ2.2——スートのクオリティ：単一の例】

　日常における生活の行動の中には、ある特定のひとつのスートのエネルギーが反映されている場合があります。次の行動について、もっともふさわしいと思われるスートを見つけ、さらにそのスートがポジティヴに表れているのか、もしくはネガティヴに表れているのかを考えてみましょう。そして、そのことについての理由をあげてみてください。たとえば、スカイダイビングをすることだったら、「ワンド＝ポジティヴ」

で、その理由は「勇気があり、エネルギッシュで　大胆でなくてはならないから」という答えになるかもしれません（あるいは、「ワンド＝ネガティヴ」で、その理由「無謀で、向こう見ず」だからというようにも考えられます）。わたしの解答例は、〈エクササイズ〉の後に載せてあります。

《エクササイズ》
1. いつもすべてのものごとが、まさにあるべき姿でなくてはならないと思う。
2. 大切な試験の前日の夜に酔っ払う。
3. 自分でやると言ったことは必ずやる。
4. 数学の難問を解く。
5. タロット・カードを使う。
6. 勝利のためにチームを励ます。
7. 友だちの悩みについて話を聞く。
8. 冷たく辛辣な見解を述べる。
9. 自分が間違っていても謝らない。
10. あなたをさげすんで見下す。
11. 最後まで計画を立てる。
12. 取るに足りないことを気にしてよくよする。
13. 危険だけれども、重大な任務に志願する。
14. 怒った瞬間、すぐに仕事をやめる。
15. 口論を仲裁する。
16. 過酷な仕事を嫌う。

〈解答例〉
1. ペンタクル―ネガティヴ
　　生まじめすぎる　几帳面すぎる　融通が利かない
2. ワンド―ネガティヴ
　　軽率　無責任　準備しない
3. ペンタクル―ポジティヴ
　　信頼できる　頼りになる　責任感がある
4. ソード―ポジティヴ
　　論理的　知的　分析的
5. カップ―ポジティヴ
　　直観的　スピリチュアル　平静さ
6. ワンド―ポジティヴ
　　熱意　活気に満ちている　専心する
7. カップ―ポジティヴ
　　思いやりがある　親切　共感的　気遣い

8. ソード—ネガティヴ
    辛辣　批判的　無神経
9. ペンタクル—ネガティヴ
    頑固　強情　断固とした
10. ソード—ネガティヴ
    傲慢　人を見下す　高飛車　横柄
11. ペンタクル—ポジティヴ
    根気強い　粘り強い　几帳面　不屈
12. カップ—ネガティヴ
    過敏　不機嫌　怒りっぽい　神経質
13. ワンド—ポジティヴ
    勇敢　大胆　自信がある　勇気がある
14. ワンド—ネガティヴ
    軽率　無鉄砲　短気　衝動的
15. ソード—ポジティヴ
    客観的　公平　偏見がない　公正
16. カップ—ネガティヴ
    繊細すぎる　もろい　弱い　怠惰

【エクササイズ2. 3——スートのクオリティ：ブレンドされている例】
　人生で起こる多くの出来事は、ひとつのスートのクオリティだけではなく、4つのスートのクオリティが混じり合っている場合があります。次のそれぞれの行動について、成功へとつながるそれぞれのスートの持つポジティヴなクオリティをふたつ、さらに成功を遠ざけてしまうそれぞれのスートの持つネガティヴなクオリティをふたつ、あげてみてください。例えば、

1. 愛情を生き生きと保つには……
    ワンド——ポジティヴ＝情熱と熱意
    　　　　　ネガティヴ＝我慢が足りず短気
    カップ——ポジティヴ＝ロマンティックで愛情豊か
    　　　　　ネガティヴ＝陰うつで神経過敏
    ソード——ポジティヴ＝正直で尊敬できる
    　　　　　ネガティヴ＝冷淡で批判的
    ペンタクル——ポジティヴ＝誠実で頼りになる
    　　　　　　ネガティヴ＝刺激がなく融通が利かない
2. プロジェクトを管理するには……
3. 芸術作品を作るには……
4. 子どもを育てるには……
5. 取引をやめるには……

【エクササイズ2.4——あなた自身の中のスートのクオリティ】

　人のパーソナリティーの違いは、4つのスートのクオリティが、どのように組み合わさっているかで生まれてきます。4つのスートのクオリティの観点から、あなた自身を見つめ直してみましょう。次のように、自分自身に問いかけてみてください。

1. ひとつのスートの性質が目立っていないか？
2. ひとつのスートの性質だけが影を潜めてはいないか？
3. どんな状況下で、自分に各スートの性質が現れるか？
4. 自分はスートのポジティヴな面とネガティヴな面のどちら側の影響を受けているか？
5. 自分は同じタイプの人を引きつけるか、あるいは違うタイプを引きつけるか？

このエクササイズは、別の人に置き換えて行うことも可能です。

レッスン3：スプレッド

スプレッドとは、タロット・カードをレイアウトするために前もって決められたパターン（展開方法）のことです。通常、それぞれのスプレッドごとに、何枚のカードを使い、それぞれをどこに置き、それぞれのポジションが何を意味しているのかが定義されています。スプレッドは、カードの置き場所を指示した基本パターンです。そうすることによって、カードは質問に対して、何らかの解明の光を当てることができるようになります。スプレッドの中で、それぞれのカードの意味は、みごとに重なり合い、ひとつの答えを示すことになるのです。

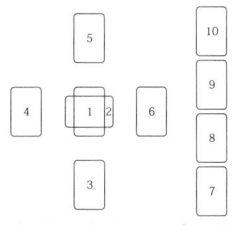

スプレッドの一番重要な特徴は、それぞれのポジションが独自の意味を持つということです。レイアウトされたカードは、それぞれのポジションの持つ意味に従って解釈されます。たとえば、「ペンタクルの4」のカードが、ケルティック・クロス・スプレッドの「過去」を示すポジション4に出たとします。その場合、「ペンタクルの4」のカードの示す所有、抑制、変化の妨害といった事柄は、その人の人生においてすでに過去のことになったのだと解釈できるわけです。逆に、「未来」を意味するポジション6に出た場合は、それらのテーマはこれから先の人生において関係してくる事柄であると解釈されることになります。ケルティック・クロス・スプレッドについては、セクション3（P326以下）で詳しく説明しています。

スプレッドは、どんなサイズでもパターンでも構いません。「ラーデューの車輪」と呼ばれるスプレッドは全78枚を使って、ひとりの人生の膨大な絵を描きます[*1]。逆にスプレッドは、たった1枚だけでも可能です。次のレッスン4では、日々のリーディングに有益なワン・カード・スプレッドを紹介するつもりです。

多くのスプレッドでは、6枚から15枚ぐらいの枚数のカードを使用しています。それぐらいの枚数が、一般的にはちょうど扱いやすく、特定の主題をある程度、深く見ていくのにも、十分なものだと言えるでしょう。スプレッドの形はしばしば、そのテーマを反映するようなデザインになっています。たとえば、「ホロスコープ・スプレッド」は、占星術におけるその人の誕生チャート[*2]を表す、伝統的な円の形となっています。このスプレッドでは12枚のカードを使用しますが、それぞれのカードは占星術の12ハウスと対応しています。

スプレッドの中で、カード同士が何らかの関係を持つとき、そこには

Lesson3
The Spread

ケルティック・クロス・スプレッド

「ペンタクルの4」のカード

[*1]
Eileen Connolly, Tarot: A Handbook for the Journeyman (North Hollywood, CA: Newcastle, 1987), pp.128-157.

[*2]
Sandora Konrad, Classic Tarot Spreads (Atglen, PA: Whitford Press, 1985), pp.96-97.

完全に新しいレベルの意味が生まれてきます。そう、カード同士が組み合わさることによって、そこには登場人物、筋、主題などを伴ったストーリーが展開していくのです。スプレッドの中の複数のカードを通して、ストーリーを織り上げることは、タロット・リーディングの最もエキサイティングでクリエイティヴな面です。それはまさにひとつのアートです。カード同士の関係性によってストーリーを創っていく作業には、いくつかのガイドラインがありますが、これについては後のレッスンで実際に例を紹介しながら、説明していきたいと思います。

　本書のレッスンで、わたしはケルティック・クロス・スプレッドのみを使用しています。というのも、最初はあれもこれもと手を出すよりも、ひとつのスプレッドとじっくりつき合ったほうが、直観力を発達させるということに、より集中することができるからです。ですから、他のレイアウトを使った練習は、カードの理解が深まり、リーディングに慣れてきた段階になってからでも遅くはありません。レッスンを続ける前に、次のエクササイズ3・1を参照しながら、ケルティック・クロス・スプレッドに少し慣れておくのもよいでしょう。

レッスン3のためのエクササイズ

【エクササイズ3．1——ケルティック・クロス・スプレッド】

ケルティック・クロスについてのセクション3（P326～339）を、少し見ておいてください。ここでの目標は、スプレッドとはどんなものかをおおまかにつかみとることです。

では、一定の手続きに従って（レッスン7 P57～60参照）10枚のカードをレイアウトしてみましょう。それぞれのポジションについてのページ（P330～339）を、ひとつひとつ読んでください。そして、ポジションに応じてそれぞれのカードがどういう意味を表すか考えてみてください。このスプレッドについては、後ほどじっくり学んでいくので、とりあえず今の段階では、軽く推測してみる程度で構いません。

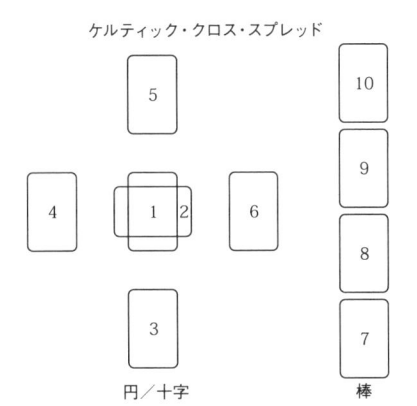

ケルティック・クロス・スプレッド

```
        5              10

                        9
  4    1 2   6
                        8

        3              7

     円／十字          棒
```

【エクササイズ3．2——スプレッドをデザインする】

必要に従って、あなた自身のスプレッドをデザインすることも可能です。3枚のカードを使ったスプレッドを、あなた自身で作ってみましょう。次の手順に従ってください。

1. 実際のレイアウトを作る——カードをどこに置くべきかを考えて置いてみる。
2. 配置の順番を示すためにポジションに番号をふる。
3. それぞれのポジションの意味を説明するフレーズを、ひとことふたこと書き記しておく。

次の図は出来事の時間の流れをカバーする、ベーシックなスリー・カード・スプレッドです。

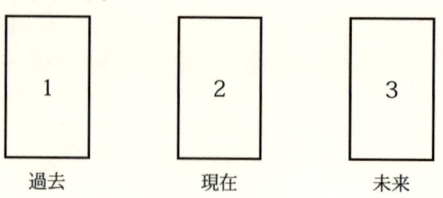

```
┌───┐   ┌───┐   ┌───┐
│ 1 │   │ 2 │   │ 3 │
└───┘   └───┘   └───┘
 過去    現在    未来
```

　次の図はあなたが3人の仲間に所属していて、それぞれが何を求めているかを知りたいときに用いるスプレッドです。

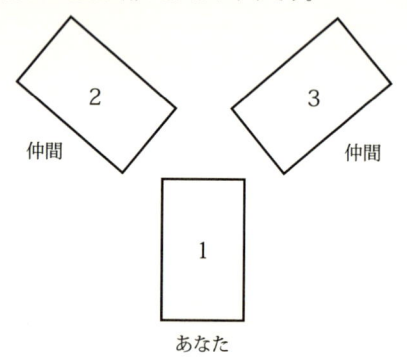

```
   ╱2╲        ╱3╲
  仲間         仲間

       ┌───┐
       │ 1 │
       └───┘
       あなた
```

　上の2枚が内側を向いて、カードがYの字を形成します。この形のパターンは、心の交流を示しています。

　このように、ポジションの意味を反映させたあなた自身のレイアウトをデザインしてみてください。このエクササイズを発展させて、4枚、5枚、さらにそれ以上の枚数のカードを使って、やってみるのもよいでしょう。

レッスン4：デイリー・リーディング

ここまでレッスンを進めてきたあなたは、いよいよタロットの知識を実際のワーク（作業）と共に活用する準備が整いました。レッスン4で紹介するのは、デイリー・リーディングです。このリーディングでは、その日のあなたのテーマとなるカードを1枚だけ選びます。このリーディングの目的は、1日24時間という毎日を生きている中で、あなたの気づき(アウェアネス)を高めていくことです。また、デイリー・リーディングを行うことは、あなたのタロットの学びを円滑に進める手助けにもなるでしょう。

かりに、デイリー・リーディングのために、あなたの引いたカードが、「カップの2」のカードだったとしましょう。あなたはその1日が進むにつれ、結びつき、和解、魅力といったキーワードを持つ「カップの2」のカードの特別なエネルギーが、現実の中に現れてくるのを見つけだすことになるでしょう。たとえば、普段は敵対的な同僚が、なぜかその朝は、あなたのオフィスへ会話をしにやってきました。そこであなたは「和解」を感じ、それを好ましい出来事であると受けとります。また午後には、仕事上の問題を処理しているとき、ふたつのアプローチの間の「結びつき」を探すことで、解決策を見つけました。さらにその後、パーティーで「魅力的」な人と出会い話をすることにしました。いずれの場合も、「カップの2」のカードのエネルギーにアクセスし、それによって、あなたのそのときどきの行為をガイドしてもらっていると言えます。

デイリー・リーディングでは、とにかく自分の意図を介入させず、ただ漠然とカードを選ぶことが大切です。デイリー・リーディングでいろいろなカードに出会い、それを学びたいと思うのであれば、カードを故意に選ぶべきではありません。この後のエクササイズ4・1（P44）も参照ください。実際の手順は次のとおりです。

1. 1度、ないしは2度テーブルの上でまぜあわせます。終わったらひとつの山にまとめます。これを「シャッフル」と呼びます。他のシャッフルのやり方については付録E（P372～373）で紹介しています。
2. デッキ（カード）を裏向きにして、片方の手のひらの上に乗せます。そしてデッキの上にもう片方の手をかぶせます。
3. 落ち着きと集中力が訪れるまで、その状態のまましばらく待ちます。

Lesson4
The Daily
Reading

「カップの2」のカード

4. その日、自分に必要なガイダンス（助言）を与えてくれるよう、インナー・ガイドにお願いをします。
5. デッキを裏向きのまま、目の前のテーブルの上に置きます。
6. そこからデッキの一部を持ち上げ、左側に置きます。そして右側に残ったデッキを左側のデッキの上に乗せ、ひとつの山にします。これを「カット」と呼びます。
7. 一番上のカードをめくります。これがあなたをその日ガイドしてくれるカードです。
8. 最後に、カードをもとの山に戻し、1度ないし、2度シャッフルします。

この手順は簡単なので、誰でも毎日行うことができるはずです。また定期的に、自分のインナー・ガイドとつながる機会を持つこともできます。デイリー・リーディングを行うのに最も都合のいい時間を、自分自身で選んでください。朝、起きたときのルーティンとして、カードを選ぶのもよいでしょう。その場合は、起きてすぐカードを使えるように、用意しておきましょう。また逆に、夜に選んでも構いません。スケジュールが変わることもあると思いますので、必ずしも完全に同じ時間にカードを引かなくても大丈夫です。大事なことは、1日の日課としてデイリー・リーディングを行い、それによってあなたのタロット・ワークを上達させていくことなのです。

あなたが選んだカードを、日誌につけておきましょう。後になってみると、あなたの選んだカードに、何か面白いパターンがあることを発見できるかもしれません。わたしが真剣にタロットの勉強をはじめたのは、5歳に満たない小さなふたりの子どもたちの育児をしながら毎日を過ごしていたときでした。ある日、その時点で出ていた日々のカードの統計を計算し、以下のことを発見しました。

- ワンド——24枚
- カップ——44枚
- ソード——41枚
- ペンタクル——57枚
- 大アルカナ——56枚

これは、その頃のわたしの生活をはっきりと描写しています——現実世界を示す「ペンタクル」と根源的な力を示す「大アルカナ」が多く、そして個人の創造性を示す「ワンド」は少ない、という結果になっています。

日誌を書くとき、どのカードかを記入した横に、その日の出来事などをメモしておいてください。あなたの気分や行動が、その日のカードに

どう対応しているかを見るのに役立ちます。ただし、メモはシンプルなものにしておいてください。というのも、詳しく書こうと意気込むと、毎日続けることが、だんだん面倒になってしまいかねません。

わたしは日誌をつけるのに、5色のペンを使ってカテゴリーを分けています。
- ワンド＝レッド（火、情熱）
- カップ＝ブルー（水、気分、感情）
- ソード＝イエロー（空気、考え方）
- ペンタクル＝グリーン（地、成長、植物、自然、お金）
- 大アルカナ＝パープル（スピリチュアリティ、高い目標）

色分けをすると、週や月でのカードのパターンの移り変わりが一目瞭然です。

もしかするとあなたは、ある一定のカードを何度も何度も引いてしまっていることに、驚かされるかもしれません。前に述べたわたしの経験では、ペンタクルの57枚のうち、エースとクイーンを何と11回ずつ引いたのです！　子どもたちと家にいると、多くの日々がこの2枚のカードのテーマを反映したものになってしまっているようです。「ペンタクルのクイーン」のカードは、養育する母親の典型的な姿です。「ペンタクルのエース」のカードは、人生の現実的な面を楽しむことを表しています。育児をしている中で、汚れたオムツを洗う以上に、現実的なことがあるでしょうか！

わたしは、これら2枚のカードをあまりにも頻繁に引いたため、あるときそのことについて疑問を持ちました。もしかすると、それらのカードが出やすくなるような形で、傷か何かがついてしまっているのではないかと思いました。そこである日、それらのカードをよく調べてみましたが、結果は、何ら他のカードと変わりはありませんでした。したがって繰り返し同じカードが出てくるのは、やはりそれがその時期のわたしの状況を表していたからであるとしか考えられません。あなたがたびたび同じカードを引いてしまうのなら、きっとそれはあなたの生活に関係する重要な何かを伝えているのでしょう。

タロットを学ぶ最も重要なステップは、タロットを箱から取りだし定期的にワークすることです。デイリー・リーディングは、そのための理想的な方法です。デイリー・リーディングで1日1枚カードを引いているうちに、それぞれのカードの持つ性格を自然と理解できるようになるはずです。

Exercises for Lesson4

レッスン4のためのエクササイズ

【エクササイズ4.1——1枚1枚のカードを学ぶ】

　それぞれのカードに馴染むためには、毎日、違う1枚のカードに集中するエクササイズが役に立ちます。このエクササイズは最低でも78日間かかるので、長期的なプログラムとなりますが、もしそれを継続しやり遂げれば、あなたは78枚すべてのカードそれぞれに対して理解が深まることでしょう。

　この学習の期間中、毎日のカードをどう選ぶかを、まずは決めておく必要があります。はじめにワンドのスート、次にカップのスートのカードというように、規則正しく学んでいくというのでもよいですし、ランダムに選んでいっても構いません。また、たまたまその日、目にとまったカードを選んだり、あるいは、その日の出来事にふさわしいと思われるカードを選ぶというのもよいでしょう。1日に1枚のカードというペースよりも、もっと時間をかけてじっくり学んでいきたい場合は、もちろんそうしても構いません。

　カードを選んだら、そのカードに該当する解説（P162～323）を、少なくとも1回は読んでください。キーワードを書きだして覚えるようにすれば、カードの意味を早く覚えるのに役立つでしょう。カードの絵柄の細部にもじっくりと目を向けてください。カードの解説のページをコピーして持ち歩き、日中、時間があれば随時それを参照するというのもよいでしょう。その日のカードを1枚だけ持ち歩くのは、無くしたり破損したりするかもしれないので、わたしとしてはあまりお勧めしません。もしあなたが望むなら、自分が気づいたことを書き記すなど日誌をつけておくというのもよいでしょう。

【エクササイズ4.2——デイリー・リーディングの実践を定着させる】

　少なくとも1回はすべてのカードを学んだら、今度は、レッスン4でお話した手順に従って、毎日カードを引いてみてください。もし日誌をつけているなら、引いて出てきたカードを毎日書き込んでください。1ヶ月から2ヶ月ぐらいたったら、各スートと大アルカナそれぞれの出てきたカードの比率を計算してみてください。あなたの現実の状況を反映している、何らかのパターンを、そこに見つけることはできるかもしれません。特に、一定のカードが頻繁に現れているかどうかに注目してみてください。そして、なぜそういうパターンが現れているのか、自分に問いかけてみてください。

レッスン5：環境

Lesson5
The Environment

　タロット・リーディングには、物理的、精神的な面での両方のセッティングを整える環境作りが必要です。まず精神的な面として、次のような5つの心のセッティングを覚えておくことが大切です。

開放的になる：
　ここで言う開放的になるとは、受け入れることを意味します。それは与えられたことに対しての否定や拒絶をせず、それらをまるごと受け入れていこうとする態度です。タロット・リーディングにおいて開放的になることは、自分自身が知るべきことを受け入れることへとつながっていきます。

心を穏やかにする：
　気持ちが動揺しているときに、インナー・ガイドのささやきに耳を傾けるのは難しいことです。タロットからのメッセージは、落ち着かない気持ちでは、見過ごしてしまいがちです。というのも、それはしばしばちょっとしたヒントや暗示として届けられます。静穏な海のような状態であればこそ、どんな小さなさざなみにさえ気がつくことができるはず。それが心を穏やかにすることの意味なのです。

集中する：
　タロット・リーディングで、集中することはとても重要なことです。というのも、タロットとワークをしている中でわたしが気づいたのは、問題に強い思い入れがあるときほど、ダイレクトで力強いメッセージを受けとることができるということです。逆に、気が散って混乱しているときは、カードからのメッセージも散漫なものになってしまうでしょう。最も洞察力に満ちたリーディングは、答えを求める気持ちが強いときに起こるものです。

鋭敏になる：
　あなたが鋭敏になれば、あなたのすべての能力は活発に覚醒します。猫は、ねずみや虫を見ているとき機敏になります。もちろん、あなたは猫のようにカードを追いつめていくわけではありません。けれども、疲れていたり、気乗りがしないなどで鋭敏さが欠けているときは、カードから有益なメッセージをリーディングすることは困難です。

敬意を示す：
>敬意を示すということは、すなわちカードに高い価値を認めることと関係しています。カードは自分自身をよりよく理解する手助けになります。あなたがタロットを学ぼうと決めたなら、そのことに誇りを持ち、カードの扱いに対しても、それにふさわしい敬意を払ってください。

これら5つの心のセッティングは重要ですが、絶対に必要だとまでは言いません。これらがなかったとしても、意味のあるリーディングは可能です。ただし、これら5つの心のセッティングを整えておくことで、リーディングをよりスムーズに行うことができることは間違いありません。

リーディングを行うのにふさわしいときかどうかを見極める一番の方法は、自分の心の中をのぞいてみることです。内なる心がゴーサインを出しているなら、リーディングはうまくいくはずです。逆に、内なる心が、何かしっくりこないという感覚を告げているなら、リーディングは先送りにするべきです。

以上のような心のセッティングの一方で、物理的な面でも必要となるセッティングがあります。リーディングを行うための理想的な場所は、穏やかさと安らぎの気持ち、そしてタロットのワークに対して敬意の念を引きだせるような聖なる空間です。たとえば、混み合っている空港のような騒がしい場所でもリーディングをできなくはないでしょう。けれども、騒音と喧騒に満ちた場所では、あなたの心をリーディングに適切な状態へと整えることが難しくなります。もしあなたが、ほとんどのリーディングを自宅で行っているなら、そこで如何に心地よい環境を作っていけるか工夫してみてください。

リーディングを自宅で行うときには、そのための特別な場所を確保してください。何度も何度も同じ場所でリーディングを行っていると、その行為を強化してくれるエネルギーが、その空間に作られていくものです。もしあなたが瞑想や祈りを行うのなら、それは心と意志をタロットと調和させることにつながっていきます。なので、それも同じ場所で行うのがよいでしょう。

また、リーディングを行う場所は、普段の生活との間にしっかりとした境界を設けたほうがよいでしょう。カードを扱うときは、日常を追い払い、通常の時間やものごとの流れから離れた世界へと入り込むことが

必要です。したがって、本来はリーディング専用の特別な部屋を持つことが理想的です。それが難しい場合は、スクリーン、カーテン、クッションなどを使い、日常の生活から隔てられたひとつの空間を確保するようにしてみてください。

　美しい雰囲気を作りだせるように工夫したり、自分にとって特別な意味のあるものを近くに置いたりしてみるのもよいでしょう。貝、石、クリスタル、植物などの自然のものを置いておくのもお勧めです。また、護符、宗教的なシンボルや像などは、あなたの意識を、日常からインスピレーションの世界へとシフトさせる助けとなるでしょう。絵画やアート作品（特にあなた自身で作ったもの）、花、インセンス（お香）、キャンドル、織物、静かな瞑想音楽などを準備しておくのもよいでしょう。

　こういったものはあくまで補助として必要なものですが、それ以上に絶対に欠かせないものがあります。それはカードをレイアウトするのに十分な広さのスペースです。テーブルでも床でもどちらでも構いません。ちなみに床は、大地とつながる感覚を作りだします。けれども、床を使うのが好ましく感じないという人は、テーブルを使ったほうがよいでしょう。テーブルは、木材や石で作られた自然素材のものを選んでください。

　もしあなたが望むなら、テーブルもしくは床を、シルク、コットン、ウール、リネンなど自然の素材の布地で覆い、場の統一感を作ってみるのもよいでしょう。布地の色を選ぶときは注意が必要です。というのもそれぞれの色は、特有のエネルギーを持っています。ブラック、ダークブルー、パープルなどは特にお勧めです。また、カードの絵が見づらくならないように、無地、もしくは柄の目立たないものにしたほうがよいでしょう。

　カードを外界から保護し、エネルギーを温存しておくために、特定の入れ物の中に保管しておいてください。入れ物も、木や石、貝、布など、自然の素材のものがよいでしょう。わたしの知っている女性は、星や月などの刺繍をほどこしたシルクの生地の袋を使っています。触り心地のよいシルクは、カードを保管しておくのにふさわしい素材です。カードをいったんシルクに包んでから、入れ物に入れるというのもお勧めです。

　タロット・カードは、それを使っている人のエネルギーや性質を吸収していきます。ですので、カードは自分専用のものを用意してください。あ

なたとカードの間に、密接なつながりを作っていくことが大切です。そうすることでカードは、自分のインナー・ガイドとコミュニケーションをつかさどるためのパーソナル・ツールとなっていくことでしょう。

　こうしてあなた自身によって整えられた環境の中で、タロットのワークを行うとき、その経験はとても力に満ちたものとなっていくでしょう。後は、特別に必要となることは何もありません。あなたがすべきことは、実際にカードを使ってみることだけです。言うまでもなく、それこそが最も大事なことです。

レッスン5のためのエクササイズ

【エクササイズ5.1――リーディングを行う環境を整える】

どこでタロット・リーディングを行うべきか、ちょっと時間をかけて考えてみてください。レッスン5でお話したこと、さらに自分なりのアイディアがあれば、それをつけ加えて検討してみてください。何も凝った場所を作ろうなどと考える必要はありません。心地よく快適なセッティングを作り上げるには、何が必要かを考えてみてください。

【エクササイズ5.2――シンボルの探求】

タロットの実践の際に、自分自身の個人的なシンボルとなるものを見つけるか、あるいは作りだしてください。それは買ったものでも、作ったものでも、拾ってきたものでも構いません。とにかく、あなたのインスピレーションを高めるための手助けとしてのシンボルを手に入れたら、それらをタロットを行う場所に置いてください。

ここで「愚者」のカードの解説（P164〜165）も読んでみてください。「愚者」のカードは、しばしば新しい冒険をはじめる喜びや自由を意味しています。これからのあなたの探求には、まさしく「愚者」のカードの精神が必要です。それは、タロットを学ぶことであなたが着手することになる、偉大な認識へと到達するための旅を象徴しているのです。

両方の手のひらを重ね、その上に「愚者」のカードを置き、目を閉じてください。シンボルとなるものを見つけたい、あるいは作りたいという望みを声に出して言ってみましょう。それができたら、後は流れに身を任せてください。やがて自分が探し求めているものが何であるかがわかるでしょう。このワークは、シンボルが得られるまで続けてみてください。このシンボルを探すという最初の行為は、これからのあなたのより大きな探求の価値を高めることにもなるでしょう。

このエクササイズは、目的のシンボルを見つけだすだけでなく、タロットを通じて進んでいく探求に対する信念と決意を強めます。また一見、馬鹿げているように見える行為であっても、そこには人生を冒険へと導くきっかけとなるものが隠されていることに、気づかせてくれることにもなるでしょう。

「愚者」のカード

Lesson 6
Writing
a Question

レッスン6：質問を書きだす

　あなたがタロットの助言を求めるのは、たいがい何かの問題や困難に直面したときだと思います。人生において、いったい何が自分を困らせているのか、そしてなぜそんなことが起きているのか、それに対してどうしたらよいのか、もしあなたがそれらの答えを求めているのならば、クエスチョン・リーディングこそが、そのための最善の方法です。クエスチョン・リーディングをするときは、まずあなたの抱えている問題についての質問を書きだします。そして、あなたはカードを解釈することによって、その答えを受けとります。あらかじめ質問を決めておくことは、カードから受けとったガイダンスを、あなたの実際の状況に結びつけ、意味を解釈しやすくするための手助けとなります。このレッスンでは、自分自身の問題を自分でリーディングするときに、どのように適切な質問を立てればよいのかを説明していきます。

　質問を立てる最初のステップは、自分の置かれている状況全体を見直してみることです。直接的、あるいは間接的にせよ、あなたに関わっているすべての人物について考えてみてください。また、未来の選択肢をできる限り列挙してみてください。そして考え方を狭めることなく、あれこれ自由に考え、判断や評価ぬきで問題を見わたしてください。そこでアイディアが浮かんできたら、それを書き留めてください。ただし、あまり几帳面に書き記す必要はありません。むしろ、なるべく論理的な分析は避け、直観的に思いついたことを書き留めてみてください。

　こうして問題の見直しが終わったら、質問を書きだしてみてください。次に質問の例をあげてみます。

【責任を引き受ける】
　質問を書きだすとき、その状況に対して、自分で決断する責任を引き受けられる内容にしておくことが大切です。どういうことなのか、例として同じ事柄に対する次のふたつの質問の仕方を見てみましょう。

〈例〉
1. わたしの父を介護施設に預けるべきでしょうか、それとも家で面倒をみるべきでしょうか？
2. 父に最善の暮らしを準備してあげることにおいて、わたし自身が決断を下すために知っておく必要があることは何でしょうか？

　ひとつ目の質問において、それを書いた人物は、自分で決断するための責任を放棄しています。すなわち、どうすべきなのかを、ただカード

に教えてもらおうとしています。逆に、ふたつ目の質問では、前提として決断するのは自分自身であることを知っています。そのため、質問者は適切な決断を下すために必要となる、より多くの情報をカードに求めているのです。

　一般的には、最初のような形の質問をつい書いてしまいがちです。わたしたちは、適切な決断を下すために、確かなことをカードの答えに求めます。だとしても、タロットはわたしたちに代わって、イエス・ノーを選択してくれるものではありません。何でも答えをカードへ任せて、自分自身で選択することを放棄すべきではありません。例えば次のような質問は、そういった観点から見て好ましいものではありません。

1. Yes か No で答えられるような質問
   この会社の仕事につくことができるでしょうか？
   今月はダイエットを続けられるでしょうか？
   退職してもよいでしょうか？
2. 「〜すべき」であるかを聞く質問
   家に娘を住まわせておくべきでしょうか？
   ホセとデートすべきでしょうか？
   わたしはひとつ以上の大学を受験すべきでしょうか？
3. 時期についてのみ尋ねる質問
   ジョージはいつ結婚を申し込んでくれますか？
   新しい車を手に入れるまでに、どのくらいの
   時間がかかりますか？
   いつ昇進しますか？

　以上のような問いの立て方ではなく、質問はたとえば次のようなフレーズをもとにして考えてみてください。
・「わたしに〜についての洞察を与えてください」
・「〜について、わたしはどんなことを
　知っておく必要がありますか？」
・「〜にはどんな意味があるのでしょうか？」
・「〜にはどんな教え、あるいは目的があるのでしょうか？」
・「〜には、どんな状況が横たわっているのでしょうか？」
・「〜のチャンスをいかにすれば増大させることが
　できるのでしょうか？」
・「〜について、わたしはどのようにしたらよいでしょうか？」

【選択肢を残しておく】
　質問を書きだすときのもうひとつの注意点は、その質問に選択肢を残しておくということです。次のふたつの質問の例を見てください。
〈例〉
1. 義理の母に引っ越しをさせるには、どのようにすればよいでしょうか？
2. 義理の母とうまくやっていくためには、わたしはどんなことを学ぶ必要がありますか？

　最初の質問には、選択肢がありません。質問者は、義理の母を追いだすという、ひとつの結果を決めてしまっています。ふたつ目の質問では、ひとつ目の質問と比較して、より開かれた問いの立て方となっています。ただし、あらかじめ結果をがっちりと決めてしまっていないのであれば、問いの目的をもう少し明確にしてみてもよいでしょう。たとえば次のような問いの立て方は、未来の選択の可能性に開かれていながらも、先ほどのふたつ目の質問よりは、その問いの目的を明確にしています。特に2の質問の仕方は、より限定された問いの立て方となっています。
〈例〉
1. キャリア・アップのために、営業職へ移るのはどうでしょうか？
2. キャリア・アップのために、パーデュー保険の営業職へ移るのはどうでしょうか？

【ちょうどよい詳しさの程度を見極める】
　漠然としすぎている質問と詳しすぎる質問の間に、適切な問いの立て方があるということも忘れてはなりません。次に同じ事柄に関する3つの質問の仕方の例をあげてみます。
〈例〉
1. わたしは仕事の環境を、どのように改善できますか？
2. トムが書類を見つけだせるよう、どのようにわたしのデスクを改善したらよいですか？
3. トムとわたしの間の仕事の流れは、どのように改善できますか？

　最初の質問は漠然としています。そこでは、どの仕事環境に関心があるのかが特定されていません。一方で、ふたつ目の質問は詳しすぎます。これでは、問題のごく一部だけしか見えなくなってしまいます。最後の3つ目の質問では、1と2のふたつの間の中間となっていて、最も適切な問いの立て方となっています。すなわち、知りたいことを明確にするためには、細部を必要なことだけに抑えるようにすべきです。

【自分自身に重点をおく】
　自分自身のことについてリーディングを行うときは、言うまでもなく、自分自身が主役です。その場合、あくまで自分を中心とした問いを立ててください。もちろん、他の人についての質問をするときもありますが、あなた自身が何かを知りたくてリーディングを行うときは、問いの中心にあなた自身を置くべきです。他者リーディングについてはレッスン8（P67～69）を参照してください。
　注意すべきなのは、他の人が問題に関係しているときです。その場合、しばしば自分自身を中心として問いを立てることを忘れてしまうことがあります。次の質問の例を見てください。
〈例〉
  1. アーサーの飲酒問題の背景には、どんなことが
     あるのでしょうか？
  2. アーサーの飲酒問題に対して、わたしはアーサーを
     どのように手助けしたらよいのでしょうか？
  3. アーサーの飲酒問題に対して、わたしが取るべき役割は
     どのようなものなのでしょうか？

　ひとつ目の質問は、完全にアーサーとその問題を中心に置いてしまっています。ふたつ目の質問には、質問者自身が含まれていますが、けれどもその中心に置かれているのは、やはりアーサーとなってしまっています。最も適切な問いの立て方は、最後の3つ目の質問です。というのも、あくまで3つ目の質問では、質問者自身が問いの中心に置かれています。

【中立の立場で】
　できる限り中立の立場に留まること。これも問いを立てるときに忘れてはならないことです。わたしたちは、自分自身のものの見方や立場が正しい、ということを前提とした問いを立ててしまいがちです。けれども、もしあなたがカードから本当に適切なガイダンスを受けとりたいのなら、他の視点からのものの見方にも、心をオープンにしておくことが必要です。次の質問の例を見てください。
〈例A〉
  1. なぜわたしだけが、いやな仕事をしているのですか？
  2. いやな仕事に対して、どうしたら他の人が協力してくれる
     気持ちを呼び起こすことができますか？
〈例B〉
  1. どのようにすれば、わたしの話に人々が耳を傾けてくれますか？
  2. わたしがコミュニケーションを取ろうとしても、他の人たちが耳

を傾けてくれないように感じてしまいますが、いったいそのとき何が起こっているのでしょうか？

〈例C〉
1. 残業をするように頼んでくる上司を、どうしたら止めることができますか？
2. なぜわたしは、最近こんなに残業をしなくてはならないのですか？

〈例A～C〉の1は、あくまで自分が正しい立場にあることを前提とした問いの立て方になっていて、他の人たちのものの見方はまったく考慮に入れられていません。一方で、〈例A～C〉の2のほうは、より中立的な観点に立った、開かれた問いの立て方になっています。

【ポジティヴになる】

問いを立てるとき、ポジティヴになることも必要です。次の例を見てください。

〈例A〉
1. わたしの研究を発表する機会がまったくないのは、どうしてでしょうか？
2. わたしの研究を発表する理想的なフォーラムは、どうしたら見つかるでしょうか？

〈例B〉
1. 人前で話すことの恐怖に、なぜ打ち勝つことができないのでしょうか？
2. 多くの人の前で効果的に話す能力を、どうしたら身につけることができるようになるのでしょうか？

〈例C〉
1. なぜ、いつもわたしは、トーナメントの最終戦でだめになるのでしょうか？
2. トーナメントで勝利をつかむ方法を見つける手助けをしてくれますか？

〈例A～C〉の1の質問には、常にネガティヴな敗北の空気が流れています。一方で〈例A～C〉の2の質問は、もっとポジティヴで自信があります。つまり、2の質問では、質問者がカードから有用なアドバイスを受けて、成功をつかもうと前向きになっています。

ところでわたしがなぜ、これほどまでに問いを立てることに細かい話をするのか、不思議に思われる人もいるかもしれません。けれども、こ

の問いを立てるというプロセスは、これから先のリーディングに備えて、問題をフォーカスしていくための大事なエクササイズなのです。通常、問いを立てることは、3、4分もかかりません。ただし、この小さな時間のきちんとした投資があればこそ、リーディングはより大きな収穫となるのです。もし問いの立て方が適切であれば、実際のリーディングにおいて、洞察力に満ちたカードの解釈が可能になると共に、自分自身をより深く理解することへとつながっていくでしょう。

Exercises for Lesson 6

レッスン6のためのエクササイズ

【エクササイズ6.1――タロットの質問を書く】

　これからあなたは、はじめてのタロット・リーディングのための質問を書こうとしているところです。自分の人生について振り返り、あなたが抱えている問題が何かあれば、それを選んでください。人生のパートナーを見つけるといったような、漠然とした関心事は避けてください。むしろ家や職場などで、今まさに悩んでいる日々の特別な問題を選んだほうがよいでしょう。あるいは今、実際に直接的な関わりを持っていることや、何か個人的な心配ごとなどを選んでください。またその際に、レッスン6でお話した効果的な質問の書き方に従いながら、それを紙に書きだしておいてください。このメモとあなたの質問は、次のレッスンで使うことになります。

【エクササイズ6.2――質問を書く練習】

　もしかするとあなたは、人生からたくさんの質問を書く練習の機会を与えられているかもしれません。日々の生活の中で、何らかの問題に直面したときはいつでも、それについてどのような質問をするか考える時間を持ってみてください。それは、車に乗っているときや家事をしているときなど、何か日常的なことをしている最中に行っても構いません。

　質問を書きだす練習は、個人的な問題をすばやく分析する術を学ぶことにつながります。また、様々な状況の中で自分が何をしたいのかを理解するためにも役に立つでしょう。いずれにせよ、もしその問題についてリーディングすることに決めたら、質問を書きだして準備を行ってください。

レッスン7：クエスチョン・リーディング

いよいよこのレッスンでは、自分自身のためのタロット・リーディングを、どのように行うかについて学びます。ではまず、あなたが自分自身の個人的な質問を行うときに、使うことのできるシンプルな手順を解説していきましょう。ここで忘れてならない重要なことがあります。それは常にある特定の手順に従って、タロットのワークを行うということです。というのも、何度も繰り返し同じステップに従うことは、その都度、あなたの集中力を高める助けとなります。ただし、どのようなステップを踏んでいくかというその中身自体が、特別重要なわけではありません。もし望むなら、自分に合ったやり方、ステップ自体をアレンジしても構いません。常に同じステップを踏んでいくことによって目指す目的は、あくまでリーディングへ精神を集中させることなのです。後は、タロットへの敬意を失うことなくリーディングを行うことです。それによってあなたのタロットの実践は、非常に力強いものとなっていくはずです。

さて、実際のタロット・リーディングの手順は、以下のようになります。付録Fの「クエスチョン・リーディングのための手順」（P374〜376）も参照してください。

【ムードを整える】
最初のステップは、リーディングを行うのにふさわしいムードを作ることです。すでにレッスン5（P45〜48）では、どのように心地よい環境作りをするか説明しました。そこでお話したいくつかのアイディアを実行してみるのもよいでしょう。とにかく、どのような方法であれ、自分が居心地よく安心できるムードを整えるようにしてください。

準備ができたら、床、もしくはテーブルの上に、カードを広げることができるスペースを作ってください。次に、タロット・カードと質問を記した紙を用意してください（質問の書き方については、レッスン6（P50〜55）をご覧ください）。完全なリーディングを行うには、たいがい少なくとも30分から40分程度かかります。リーディングの間に何らかの邪魔が入らないように、あらかじめ済ませられることは済ませておきましょう。確かに経験を積むことによって、リーディングの時間を短くしていくことも可能になるでしょう。とはいえ、リーディングを急いで行おうと焦るのは好ましくありません。あわてずゆっくり行ってください。

はじめにリラックスして、心を落ち着けることも大切です。日常の心配ごとや気になっていることなどは、完全に心の中から追いだしてしまいましょう（それらのことは、リーディングが終わった後に対処すればよいことなのですから！）。とにかく今現在に、完全に集中してください。何度か深呼吸をして、からだをリラックスさせてください。外界への関心から遠ざかっていくに連れて、静穏な心の状態へと至ります。この静穏さへと心を導くプロセスには、あなた自身が必要だと感じるだけ時間をかけてください。

【質問を尋ねる】

　十分な集中力を感じたら、入れ物からカードを取りだしましょう。片手にカードを乗せ、もう片手をその上に重ねます。目を閉じ、あなたのエネルギーの中心部へとカードを持っていくようにしてください。

　その際に、もしあなたがお望みなら、オープニングの言葉を口にしてください。このときふさわしい言葉となるのは、たとえば次のようなものです。

> 祈りの言葉
> 誓いの言葉
> あなたがどのように感じているかを述べた言葉
> あなたのインナー・ガイドへのシンプルな挨拶

　毎回口にするオープニングの言葉を決めておいてもよいですし、逆にその都度、浮かんできた言葉を自由に述べても構いません。大事なことは、中身のない決まり文句を漠然と口にするのではなく、あくまであなたの心から湧き上がってきた言葉で話すことです。音声として発せられた言葉は、エネルギーと力をリーディングへ付与します。ですので、オープニングの宣誓は、はっきりとした口調で行ってください。

　次に、すでに紙に書き記してある質問を唱えます。その際、すでに質問を覚えているなら、それを唱えても構いません。ただしその場合も、あくまであらかじめ紙に書いたとおりの質問の言葉を、正確に口にしてください。というのも、あなたの選んだカードは、あなたの質問の言葉を、まさにそのまま正確に反映することがあるからです。このようにまさしく文字どおりに結果が現れるということも、無意識が持つひとつの神秘だと言えるでしょう。

【カードをシャッフルする】

　質問を唱え終わったら、目を開けシャッフルをはじめてください。カ

ードをシャッフルするというプロセスは非常に重要です。というのもシャッフルは、あなたの前に提示されるカードの配置が、どのようなものになるかを、微妙なレベルで決定することになるからです。

　カードをシャッフルする方法はたくさんあります。ただし、それぞれの方法には長所と短所があります。あなた自身が、最もやりやすい方法を選んでください。付録E（P372～373）で、いくつかのシャッフルの方法を紹介しています。ある方法では、正しい向き（アップライト）と逆の向き（リバース）ができるように混ぜ合わせるにようになっています。あなたにとって、もしこれがはじめてのリーディングであるなら、とりあえずリバースのカードは気にしないでおいてください。それについては、レッスン16（P137～140）で改めて説明します。

　シャッフルしている間は、質問に意識を集中します。ただし、質問の細部をあれこれ考えるのではなく、その質問の全体としての意味へと注意を向けてください。また、集中しようとするあまり緊張しすぎないように。できる限りで、心の中の質問に集中するようにしてみてください。

【カードをカットする】
　十分にシャッフルができたと感じたら、カードを裏向きのまま縦方向になるように、あなたの前に置いてください。次に、カードを以下のようにカットします。

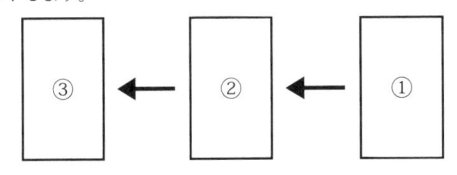

1. 全体のカードの山から、ひとつかみのカードを取る
2. 取ったカードを、左に置きます⇒②
3. ふたつ目のカードの山から、またひとつかみカードを取り、その左に置きます⇒③
4. 最後に適当な順番で、ひとつの山に戻します。

　ひとつにまとめる際には、すばやい動きで行うのがベストです。それぞれの山をどこに持っていくかを、頭で考えないようにしてください。すなわち、ただ手が動くに任せればよいのです。カットはカードの準備の終わりを示す、重要な仕上げのステップです。カードをまとめ終わった時点で、これから先のカードの配列が決定されたことになります。この後は、カードをレイアウトし、結果を見ることだけです。

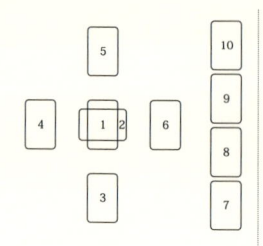

【カードをレイアウトする】

カードをレイアウトする手順へと進みます。もしこれが、あなたのはじめてのリーディングなら、スプレッドにはケルティック・クロスを使ってみてください（実際にカードをレイアウトする前に、次の項目でお話する「カードに対する反応」を読んでおいてください）。

1. カードを片手で縦向きに持ちます。
2. もう一方の手で、本のページをめくるような要領で、1枚目をめくります。
3. このカードをポジション1に置きます。
   （ポジションの番号は、並べる順番と同じです）
4. 同様に2枚目のカードをめくり、ポジション2に置きます。
5. この方法で、すべてのカードを並べるまで続けます。
   （ポジション3～10）
6. カードのリバース（逆位置）の意味を解釈に採用しない場合は、すべてのカードをアップライト（正しい向き）に置き直します。

【カードに対する反応】

ここではカードをレイアウトしていくときに、自分自身がどう感じるかということに注目してみましょう。はじめての人は、カードの一般的な意味を知らない、あるいは覚えていないことでしょう。その場合、カードに対してあなたに生じる感覚や思いつくことは、基本的に絵柄のイメージに基づくものとなるでしょう。けれども、タロットの学習を進めていけばいくほど、あなたに浮かんでくる内容は、より学んだことの知識がベースとなっていくため、ある意味、決まりきったものとなっていくことでしょう。その際も、できる限り、カードに対するあなた独自の自由な反応を、失わないようにしてください。また普通ではない、あるいは質問に対して不適切だと思われる内容が浮かんできたとしても、それを無視することなく注意を払うようにしておいてください。

すべてのカードのレイアウトが終わったら、それらカードの全体から浮かんでくるものを感じるために、しばらく時間をかけてください。全体的な印象として何か感じましたか？　個々のカードからではなく、全体として何か新しく浮かんできた印象はありましたか？　このとき、さっとあなたの考えをメモしてもよいでしょう。とはいえ、リーディングの流れを壊してしまわないよう、メモする行為自体にあまり気を取られすぎないようにしてください。大事なことは、浮かんできた印象をざっと捉えておくことです。また、浮かんできたことをすべて覚えておく必要もありません。夢と同じように、最も重要な部分だけは、しっかりと

記憶の中に残っていくはずですから。

【カードを分析する】
　カードを分析する際に、最初のうちは、本書の中の個々のカードについて説明したセクション2（P157〜323）を、補助として使ってください。もちろん後になっても、そのセクションは十分役に立つはずです（わたし自身も、時々そのセクションを参照することがあります）。
　ポジション1から考察をはじめ、後はそのポジションの順番どおりに、リーディングを進めていってください。ここにお勧めのステップをあげておきます。

1. セクション2のカードの解説を見ます。
2. そこに書かれているキーワードとアクションの項目にすべて目をとおします。
3. 「確かにこれが当てはまる！」と思えるアクションを見つけましょう。当てはまると思うアクションを見つけたときには、これだと思えるひらめきのようなものを感じるはずです。そこに書かれている喜ばしくないアクションを見て、しり込みしないように。すべてのカードについての考察を深めるまで、すぐに結論を下すことは控えてください。また、自分の中に浮かんでくる反応を信じてください。質問に対して、的外れの考えだったり、「脈絡のない」感覚などが浮かんできたとしたら、それもメモをしておきましょう。

　各カードの考察を一通り終えた後、それらの間にある関連性を探してみてください。このとき解釈の基本原則を利用してみてください。解釈の基本原則については、レッスン10から17（P77〜151）でお話します。

　リーディングには、ある程度の時間が必要とされます。それに応じて得られるものが多くなるというのも確かです。したがって、カードから何らかの洞察が得られている限りは、何時間でもリーディングを続けて構いません。とはいえ、リーディングがあまりにも長時間にわたるというのは、実際にはそうめったにあることではありません。また、必ずしもそうすることが好ましいというわけでもありません。

【ストーリーを創造する】
　リーディングのある時点において、個々のカードの解釈を、全体としてひとつにまとめる必要があります。わたしはこれを「ストーリーを創造する」と呼んでいます。詳しくはレッスン17（P146〜151）でお話

します。リーディングにおいて創られるあなたのストーリーは、自分の置かれている状況を理解するのに役立ち、自分がずっと何を探し求めてきたのかということを知ることで、未来へのガイダンスとなるでしょう。

　ストーリーは自発的に浮かんでくるままに任せるべきです。カードを考察するのが終わったら、分析的なアプローチはいったん手放してしまいましょう。この段階では、分析的なアプローチはもう適切ではありません。むしろストーリーは、あなたの内側から自由に浮かんできたものこそが、より信頼できるものだと言えます。準備ができたら、どうぞあなたのストーリーを浮かんでくるままに語りはじめてください。補助として、ストーリーを書き記しておくのもよいでしょう。ただしここでも、書くことに気を取られすぎないように注意してください。

　わたしがあなたにお勧めするのは、大きな声でストーリーを語ることです。ストーリーをすべて書き記していくのは時間がかかりすぎます。けれども、逆に頭で考えているだけでは、ストーリーは明確なものになりません。ストーリーは声に出して語られることで、自らの周りに力を集めます。とりとめのない内容であったり、途中で話のつながりを見失ったとしても、気にしないでください。ただ一時中断して、まとめ直し、そしてもう一度はじめればよいのです。リーディングの練習を重ねるに連れ、浮かんでくるストーリーを自由に語ることができるようになるはずです。また、自分の口から語られる自分のストーリーを録音しておくのもよいでしょう。聞き直してみたとき、自分が語っていた内容に、自分自身が驚かされるなんてことがあるかもしれません。そのときあなたは、自分自身が自分にとってのベストなタロット・リーダーであることに気がつくことになるでしょう。

【概略を書きだす】
　語るペースが落ち、やがて自然に止まったら、あなたのストーリーは終わりです。次のステップは、ストーリーからそのメインのテーマを抜きだすことです。ガイダンスの本質は何なのでしょうか？　それを知るために、自分自身に次のようなことを問いかけてみてください。

・問題や争点は何ですか？
・わたしの役割は何ですか？
・わたしのインナー・ガイドは、わたしに何を理解して欲しいのですか？
・予測される結果は何ですか？
・そのことについてどのように感じますか？
・何らかの取るべき行動があることを感じていますか？

ここで行っていることは、あなたの質問に対して答えを形作るための作業です。リーディングの前に、あなたは自分にとって意味のある質問を提出しました。そしてインナー・ガイドは、それに対しての返答を与えてくれました。今やその返答から、あなたは心に留めるべき知恵を得ようとしているのです。1センテンスないし2センテンスぐらいの長さに、ストーリーを要約してみましょう。単に機械的に要約するのではなく、そこに含まれる核心となるメッセージを取りだすようにしてみてください。

【仕上げ】
　以上でリーディングの主要な一連のプロセスは終わりました。ただし、どんな儀式にも含まれているように、リーディングを最終的に終わらせ、次のリーディングの準備を整えるために必要な最後のステップが残されています。
　もし、まだスプレッドされたカードとそのポジションを書き留めていないなら、ぜひここでメモをつけておいてください。カードとそのポジションは簡単に忘れられてしまいがちです。また、リーディングのエネルギー・パターンの痕跡を、すべてカードから取り除くために「デッキのクリア」を行います。わたしはデッキのクリアのために、静かにカードを混ぜるということを行っています。わたしにとって、たとえるならそれは砂の上に書いた文字を手でかき消すようなものです。あなたもこの方法でデッキのクリアを行うか、あるいは他の方法を試してみてもいいでしょう。デッキのクリアの他の方法については付録E（P372～373）を参照してください。いずれにせよデッキを片づけるための時間を取ることは大切です。カードが裏向きにひっくり返っていることを確認してから、シャッフルをしてください。充分に混ざったと思ったらシャッフルをやめ、カードをひとつにまとめましょう。こうして次のリーディングのために、あなたのデッキの準備を整えてください。

　また、カードを入れ物にしまう前にも、ちょっとの間、カードを手に持ってみてください。片手にデッキを持ち、もう片手をその上に重ね、目を閉じましょう。このリーディングで何を学んだか、そして何を感じたかを言葉にしてください。タロット・カードを通じて、あなたを助けてくれたインナー・ガイドに感謝を捧げてください。リーディングを終えるにあたって、感謝という素晴らしい気持ちを持つことで、理想的な心の状態を得ることができるでしょう。

　あなたが心を静め、質問を尋ねることから、一連のサイクルははじまりました。そしてリーディングという形式の中で意味をクリエイトしま

した。そして今や、カードを再び休息へと戻すことによって、すべての
サイクルを完了するのです。

【学んだことを活用する】
　リーディングは終わりましたが、内なるワーク（作業）はこれからはじまるところです。あなたのゴールは、こうして学んだことを、実際の人生へと結びつけ統合していくことなのです。そうしなければタロットの実践は、何の力もない、単なるうわべだけの遊戯に終わってしまいます。

　あなたの得たガイダンスを現実に結びつけるために、ひとつ以上の何らかのアクションを起こすことを決めてください。今あなたが現に行っていることに力を与えることもできるでしょうし、大なり小なり自分の状況に、変化を起こすことだってできるはずです。特定のアクションを起こすことは、漠然としたプランをただ持っているだけの状態よりも、たいがいは役に立つものです。

　もしタロットの日誌をつけているなら、そこに自分がどうするつもりなのかを書きだしてみましょう。あなたが実際に実行できることが何であるかだけでも書きだしてみてください。ただカードを何枚かレイアウトして、それをちらっと眺めて、そしてそのリーディングについてはもう思いだすこともないし、あなたの気持ちが特にポジティヴになるわけでもない。ともすると、せっかくのリーディングも、そんな形で終わらせてしまいがちです。
　しばらく時間が経過した後に、リーディングの内容が、どれほど実際の人生にぴったりと合ってきたかについて、改めて考えてみるのもよいでしょう。そのときには、自分自身に対して、次のような質問をしてみてください。

- わたしのストーリーには、どれだけ意味があったのでしょうか？
- ガイダンスは、どれぐらいふさわしいものだったのでしょうか？
- わたし何かの手がかりを見逃していませんか？
- わたしはアクションを起こしましたか？　もしそうなら、それによって何が起こったのでしょうか？
- 何か思ってもいなかったことが起こりましたか？
- わたしのデイリー・リーディングは、何かをプラスすることができたでしょうか？

かりにあなたが、もう一度リーディングをしてみたい誘惑にかられたとしても、状況に重要な変化が現れるまでは待ったほうがよいでしょう。最初のリーディングで、知るべきことは、すべてカバーされていると見なしてください。もし、特定の部分で何かわからないことがある場合も、最初のリーディングからより多くの洞察を引きだしてみることが大切です。深く掘り下げることによって、問題の核心へとより近づいていけるはずです。

　リーディングで学んだことを実践することは、最も重要なステップであると同時に、おそらくもっとも難しいことです。それは単にカードを操ることを越えて、現実へと歩を進めることを意味します。タロットの洞察を人生に結びつけ、統合しはじめたときこそ、カードから得られる尽きることのない本当の恩恵に、あなたも気がつくことになるでしょう。

　以上がわたしの理想的なタロットのセッションです。とはいえ、実のことをいうと、わたし自身いつもそれに完全に従っているわけではありません。しばしばこれらのステップに含まれていないことをあえて行うこともあれば、逆にこれらのステップのいくつかを大幅に省略しまうこともあります。何はともあれ、自分の興味や必要性にぴったり合った手順を、実際に採用するのが一番です。もし、手順にこだわるあまり、タロットを楽しむことができなくなってしまうなら、せっかくのカードも結局は棚の上で埃をかぶるだけになってしまいます。重要なのは、細かい手順を厳守することではなく、これまで述べてきたリーディングの大事な目的を常に見失わないようにすることなのです。

Exercises for Lesson7

レッスン7のためのエクササイズ

【エクササイズ7．1——質問のリーディングをする】

　ケルティック・クロスを、最初から最後までやってみましょう。レッスン7で概略を述べた手順に従ってください。付録Fの「クエスチョン・リーディングのための手順」（P374〜376）も参考にしてください。ここでは当然、リーディングのための質問が必要になります。エクササイズ6・1（P56）で書いた質問を使ってもよいですし、新たに書きだした質問を用いても結構です。各カードの説明とケルティック・クロスの説明をしているセクション2（P157〜）とセクション3（P325〜）を参照し、あなたの直観を最大限に働かせながら、カードを解釈してみましょう。

　すべて適切に解釈できているかどうか確証が持てなくて、最初は少々不安に感じてしまうかもしれません。その際には、ひとつの正しい解釈などないのだということを思いだしてください。カードの中に見えたものは何であれ、あなたにとっては明らかに大事なことであり、そこから価値のある何かを学ぶことができるはずです。いずれにせよ、これから先のレッスンでは、あなたがもっと自信を持てるような解釈の原則を学んでいきます。そのときには、改めて今回のリーディングを振り返り、そこから何が学べるのかを見直してみましょう。

レッスン8：他者リーディング

Lesson8
The Other
Reading

　ここまでは、自分のことをリーディングするための方法についてお話してきました。もちろんタロットは、自分以外の別の人物やものごとを中心としたリーディングを行うことも可能です。わたしはそれを「他者リーディング（the Other Reading)」と呼んでいます。他者リーディングは、その人物や出来事に対して、あなたが直接的な関わりを持たず、ただ単に興味を持っているだけというときに適しています。ここで言う他者リーディングというのは、あくまでその当人のためではなく、誰か第三者のことをリーディングすることです。質問者がいる場合は、その質問者が質問を書き、あなたは単にカードの解釈を手伝ってあげるということになります。

　他者リーディングは、楽しいものであると同時に有益です。タロットを学ぶためにも非常によい方法です。自分自身のためのリーディングの場合、どうしても自分自身についての限られた問題だけを見ることになりがちです。それに対して他者リーディングは、あなたにより多くのことを探求させてくれます。

　他者リーディングの手順は、レッスン7（P57〜65）でお話したクエスチョン・リーディングと基本的にほぼ同じです。ただし、リーディングの主題を選ぶときなど、若干の違いもあります。それについては次の説明のとおりです。付録Gの「他者リーディングの手順」（P377〜379）も参照してください。

1. 最初のステップは、リーディングの主題を決めることです。未来に起こる出来事でさえあれば、人、動物、場所、問題、ニュースでの出来事など、どんなことに焦点をあてても構いません。質問にはたいがい中心となる人物がいるものですが、他者リーディングの場合は、常に人物である必要はありません。
　たとえば、夫婦、家族、チーム、近隣の人々などといったグループをリーディングの主題にすることもできます。国や地球といったより大きな集合へと焦点を当てることもできますが、その場合、リーディングからの情報は、たいがいおおまかで概略的な内容になってしまうでしょう。
　その一方で、親類、友人、同僚などのようなごく親しい間柄の人に対して、他者リーディングを行ってみたくなるかもしれません。自分自身に関するリーディングを行う場合は、あくまで自分自身を中心に置いた問いを立てることが大切だということを、す

でにレッスン6（P50～55）ではお話しました。自分と近い間柄にある人たちに対して、他者リーディングを行うことができるかどうかは、まず次のような簡単なテストを行うことで、まずはそれを見極めておく必要があります。

- わたしはこの質問において、この人物のことを考えると、強い感情が湧き起こりますか？
- わたしはこの質問に対して、個人的に特別な関心を持っていますか？
- わたしはこの質問に対して、特定の結果を望んでいますか？

もしこれらの質問に対して、ひとつでもＹｅｓという答えが出たなら、他者リーディングよりも、むしろこれまで見てきたような自分を中心においたリーディングを行うべきでしょう。

次に質問を書きだしてください。ここでもレッスン6で学んだ内容に従って、問いを立てていくことが大切です。なお質問の主題については、あなたが関心のある面に焦点を絞ってください。すなわち、もし大統領に立候補している政治家が、今後の選挙の結果でどうなっていくのかに関心があるなら、たとえばあなたの質問は次のようになるでしょう。「この候補者が、次期大統領になれるかどうかの決め手になる要素は何ですか？」。

2. 前にも述べたようにリーディングにはふさわしいムードを作りだすことが大事です。その際、たとえば自分の近くに、その質問の主題と関連する人物や事物の写真を置くことで、リーディングへの集中力を高める助けとするのもよいでしょう。

3. 質問をカードに尋ねるとき、なぜあなたが、他者リーディングを行おうとしているのか、その理由を述べてください。またガイダンス（助言）を求めるのは、質問の主題に関連している事柄の中で、もっとも興味深いことについて行ってください。さらに、他者リーディングを行うに際して、自分の中にあるのはよき意図だけである、ということを誓ってください（もしあなたが、それを心から言えないのであれば、他者リーディングはやめるべきです。そしてその代わりに、自分自身を中心にしたリーディングを行うかどうかを、もう一度考え直してみる必要があるでしょう）。

4. カードによって示唆される内容は、あくまであなたについてのことではなく、他の人物やものごとに関することであることを覚え

ておいてください。けれども、かりにあなた自身の人生に符合するカードが出てきたとしても驚かないでください。

5. 他者リーディングにおけるカードの分析によって浮かび上がってくる状況は、あくまであなた自身の観点からのみ見られたものです。したがって、そこであなたがカードの中に見ることは、あなたの側からはそう見えるという意味でのあくまで主観的な様相に過ぎず、たとえばその質問における中心の人物が、実際にそのように感じているかどうかは、一概に何とも言えません。

6. 他者リーディングは、あくまで自分以外の誰か別の人やものごとに焦点を当てたものであるとは言え、そこにあなたへのレッスンが含まれていないわけではありません。ですから、カードが告げるレッスンに耳を傾けることで、そのメッセージをあなた自身の人生に応用することもできます。

レッスン8のためのエクササイズ

【エクササイズ8.1——新しい出来事についてのリーディングをする】

　今日の新聞を読み、自分が興味の惹かれる記事を選んでください。好奇心をそそると同時に、多少でも議論の余地のあるものを探してみてください。新聞などで報道される出来事は、すぐに状況の結果がわかるため、リーディングの練習には適しています。今の時点でわかっている事実を読み、その状況の一面をカバーするような質問を書いてください。レッスン8で説明した手順に従って、他者リーディングを行ってみましょう。あなたの解釈、及び予言したことを書きだしておいてください。

　後になって、状況の結果が出たときに、自分のリーディングの結果を見直し、実際に起こったことと関連づけてみてください。もしあなたの行った解釈が、どうしても状況の結果と結びつかないように思われたら、何か新しい情報がそこから得られるかどうか、もう一度カードを見直してみてください。

【エクササイズ8.2——わたしは関わっているのか？】

　親友、親戚、同僚などを悩ませている問題を考えてみてください。ただし、あなたにとってどうでもいい相手ではなく、あくまで大事な人物が悩んでいる問題を選んでください。他者リーディングをするときのように、質問を書いてみましょう。そしてその質問に対して、部外者であるかのように、意図的に自分を切り離してみてください。そして、自分自身に対して、次のような3つの質問をしてみましょう：

1. この人物のことを考えると、わたしに強い感情が湧き起こりますか？
2. その状況について、わたしは特別な関心を持っていますか？
3. 特定の結果を、わたしは望んでいますか？

　もしこれらの質問にひとつでもＹｅｓの答えが出たら、他者リーディングとしてではなく、自分を中心に置いた質問へと書き直しましょう。このエクササイズは、その問題が直接あなたに関わっているか、そうでないかを、見極めることに役立ちます。

【エクササイズ8.3——架空の状況】

　架空の人物で問題のある状況を考えだし、他者リーディングを行ってみましょう。様々な種類の問題が見つけられる新聞の相談のコラムから、状況を借りてみるのもいいでしょう。

レッスン 9：オープン・リーディング

Lesson 9
The Open
Reading

これまでのリーディングの方法とは異なり、ここでさらにお話するオープン・リーディングは、特定の問題に縛られず、ガイダンス（助言）を求めるものです。あらかじめ質問を書きだすことはしません。オープン・リーディングは、今ここで自分がもっとも知っておくべき事柄を、インナー・ガイドから教えてもらうために行います。

クエスチョン・リーディングは、あなたにとってもっとも重要な問題へと照準を合わせるため、だいたいどんなときにでも適用できるタイプのリーディングです。クエスチョン・リーディングは、カメラの望遠レンズのようにその主題に、より狭く焦点を絞っていくため、大きく全体を見わたしているわけではありません。けれどもオープン・リーディングは、クエスチョン・リーディングよりもさらにその視野が広く、より長い期間におけるあなたの成長と発展をカバーするものなのです。すなわちそれは、あなたの日常の経験を形作っている基本的なパターンをさらに大きく取り巻く、より高次のレベルでのガイダンスを与えてくれるのです。

オープン・リーディングは強い力を持っています。わたしはオープン・リーディングを、日常とは異なる質を持った出来事のために使用しています。また、わたしはオープン・リーディングを、決して頻繁に行いません。たとえば誕生日、記念日、儀式の日、春（秋）分点、仕事・デート・旅行の初日のときなど、オープン・リーディングは、あくまで特別な場合に使うものと考えたほうがよいでしょう。

また、子どもが生まれた後、新しい家に引っ越ししたときなど、新しい時期の出発点に立っているとき、オープン・リーディングはとりわけ効果的です。新しいこと、あるいは未来の予測できない状況などへ自分が対応していかなければならない際にも、大きな助けとなるでしょう。とにかく未知なることがあなたの前に大きく開いているときは、オープン・リーディングを行うのに、まさしく最適なときだと言えるでしょう。

基本的な手順は、レッスン7（P57〜65）で述べたこととほぼ同じです。若干の違いについては、以下に記してあります。付録Hの「オープン・リーディングの手順」（P380〜382）も参照してください。

1. オープン・リーディングの準備をするには、たとえばクエスチョン・リーディングで質問を書きだすときのような分析を行う必要

はありません。むしろ、すべての心配ごとや気になることから、心を解き放ってください。必要なのは、心の静けさただそれだけなのです。

2. 特定の質問を発する代わりに、次のようなメッセージを述べてください。「知恵に満ちたメッセージを迎え入れ、もっとも必要としているガイダンスを受けとるために、わたしはいまこのとき心を開きます」。
人や出来事といった特定の細部へ質問の焦点を絞らない限りは、ほんの少し質問の主題を狭めてみてもいいでしょう。たとえば、もし健康問題に興味があるのなら、それに関するフレーズを、次のようにつけ加えてみてください。「健康に関する知恵に満ちたメッセージを迎え入れ、もっとも必要としているガイダンスを受けとるために、わたしはいまこのとき心を開きます」。

3. シャッフルしている間は、頭の中を空っぽにしておきましょう。もし何らかの想念が、頭の中に入り込んできたとしても、それに心を奪われることなく、ただ穏やかに通り過ぎていくに任せてください。たとえるなら、やさしい風を感じるために、窓を全部開け放った空っぽの家のような感覚。それがひとつの理想的なイメージとしての状態です。

4. カードを分析するときには、原則として人生の細部への関心から離れ、カードにもっと大きなテーマを見せてもらうように求めてください。リーディングの中で示唆されている大きなパターンを見るようにしてください。とにかく、より広い状況の中にすべてを置いてみてください。オープン・リーディングは、あくまで日々の出来事を見るためのものではないのですから。

5. クエスチョン・リーディングのように、受けとったメッセージをある特定のアクションへとつなげていくことは、必ずしも必要なことではありません。それよりもメッセージの核となる部分をしっかりと理解してください。そして大きな意味での指針として捉え、そのガイドに従っていけばよいのです。

レッスン9のためのエクササイズ

【エクササイズ9．1──オープン・リーディングをする】
　これから数週間の間、オープン・リーディングをする機会を探してみてください。人生が平穏で、今現在と調和が取れていると感じられる日に行うことを、わたしはお勧めします。あるいは時間的余裕があり、なおかつちょっと後ろに下がって、今の自分に影響を与えている大きなパターンを見る気持ちになったとき、行ってみるのもよいでしょう。もし誕生日や記念日、その他の特別な機会がこの期間中にあったら、オープン・リーディングの機会として使ってみてください。オープン・リーディングの方法は、レッスン9で説明した手順に従ってください。

Part 2 : Principles of interpretation
【解釈の原則】

Introduction

イントロダクション

はじめてのタロット・リーディングを前に、あなたは座っています。シャッフルし、カットし、そして10枚のカードをケルティック・クロスの形にレイアウトしました。ここでおそらくあなたが最初に考えることは、「ええと、ここからどうしたらいいの?」ということでしょう。

タロットを学びはじめたばかりの頃、わたし自身も、同じことを考え、それについての答えを、あちらこちらで探し求めました──教室、誰かに尋ねること、本、実践を通して。わたしが探し求めたのは、カードの解釈のための「真実の方法」でした。けれどもそれは、どこへいっても見つけることはできませんでした。なぜなら、そんなものははじめから存在しないからです。そもそもタロットをリーディングするということは、科学というよりも、むしろ一種のアートです。人にはそれぞれの独自性があるため、いつどんなときでも共通のやり方が通用するというわけではありません。そもそもいったいどのようにすれば、一定の型にはまったやり方で、それぞれの独自性を尊重するようなガイダンスを与えることができるというのでしょうか?

その一方で、しばしばその有効性を繰り返し証明しているカードの解釈方法も、いくつかあります。それらが効果的な解釈方法であるのは、直観的なひらめきを尊重しつつも、それに形を与えることができるからなのでしょう。すなわち、それらはそれぞれのリーディングごとのメッセージをつかみとることができるように、しっかりとしたフレームワークを与えてくれるものなのです。

これから先の9つのレッスンでは、わたしの発見したいくつかの原則を、あなたと分かち合っていきたいと思っています。また、あなたのリーディングの感覚を発達させ、カードが語りかけてくるようになるための助けとなるようなガイドラインについてお話していくつもりです。それらの中から、自分にふさわしい方法を選びとり、あなた独自のタロットへのアプローチを創りだしていってください。

レッスン10：1枚のカードを解釈する

　実際にわたしがリーディングを解釈するときは、全体としてのカードの印象を捉えつつ、カードを個別に解釈し、また全体の印象に戻るといったことを繰り返しています。このふたつのアプローチは、お互いを補強する役割を持っています。

　このレッスンでは、全体としてのカードの印象というよりも、まずは1枚のカードをそれ自身として単独で捉え、それを実際のリーディングの中で、どのように解釈していくかについて見ていくことになります。では、まずリーディングの中で、カードの意味が作られていくための基本となる4つの要素について、見ていくことにしましょう。

1. まずは、自分の生い立ち、性格、そして心の状態です。それらを基にすることで、あなた固有のカードの解釈が生まれてきます。

2. 次に、長年の間に、様々な人たちによって蓄積された各カードに割り当てられた意味です。ただし各カードの意味は、タロットの本を書いている人、あるいはそれを教えている人の間で、それぞれ異なります。ちなみに、各カードについてのわたし自身が考える意味は、セクション2で示すつもりです。

3. 3つ目は、スプレッドの中で、それぞれのポジションごとに割り当てられている意味です。各ポジションの意味は、おおむね過去のタロットを扱ってきた人たちの伝統や経験などが基になって作られたものです。ケルティック・クロスの各ポジションの意味については、セクション3でわたしなりの解釈を説明しています。

4. 4つ目は、あなた自身の質問の具体的内容や現実の生活です。それらはカードの解釈を方向づける枠組みとして働きます。あなたの現実の状況にカードを照らし合わせていくことで、解釈の境界線が作られ、あなたの人生に結びついたカードの意味が作られていくことになります。

　カードを解釈するには、これら4つの要素を、上手に組み合わせていくことが必要です。これはある意味、流動的なプロセスとなります。というのも、4つの各要素はそれぞれ別々のものであるように見えるとしても、実際のリーディングにおいて、それらは混ざり合い、それによってカードの意味が生まれてくるからです。

おそらく最初は、各カードの持つ意味とポジションの意味の説明に頼っていくことになるかもしれません。ただ後々は、カードのイメージによって直接喚起される、あなたの個人的な感覚が重要なものとなっていくことでしょう。また、場合によっては、カードに描かれたシーンが、まさにダイレクトに、あなたの状況を表しているかのように思えることもあるでしょう。たとえば、もしこれからあなたが家を建てようとしているなら、「ペンタクルの3」のカードの描写は、まさにその計画を映しだしているかのような印象を与えるかもしれません。

「ペンタクルの3」のカード

ここでカードを解釈し、その意味が作られていくまでの流れを、例として見てみましょう。たとえば、あなたの質問は、「今年、より多くのボーナスを得るためにはどうしたらいい？」というものだったとします。またそのとき、ポジション5（P334）の位置に、「カップの7」のカードが出たとしましょう。

このカードの意味を解釈するために、まずはあなた自身がどう感じたかに注意してみましょう。おそらく、すぐにパッと目に飛び込んできたのは、宝石でいっぱいのカップだと思います。このカードの手前に描かれている人物は、そのカップのほうを見つめているようです。もしかすると、あなたはこの人物が、宝物へと手を伸ばそうとしているように見えるかもしれません。もし、そうだとすると、ちょうどこれは先ほどの質問の内容に当てはまります。すなわち、この人物はボーナスに手を伸ばそうとしているあなたを、表したものだと見ることができます。

「カップの7」のカード

次に、「カップの7」のキーワードに注目してください（P 252～253）。

・願望的思考
・選択肢
・だらしなさ

さらに、アクションを読み進んでいくと、次のようなフレーズがあります。

・事実に対して自分自身を欺く
・いつになるかわからないことを夢見る
・何かに集中したり、関わり合いを持つことを避ける

これらのフレーズは、受け身で非現実的な人物を示すと同時に、成功

しようとするエネルギーや欲望が欠乏している人物像を描いています。そして、まさしくそれらは、単なる行動を伴わない「願望的思考」を強める結果となってしまっていることがわかります。

　こういったいくつかのフレーズをもとに、ポジション5のカードの意味を考えていくと、たとえば、さらに次のようなフレーズが浮かんでくるかもしれません。

　　・錯覚と幻想
　　・自分がどんな妄想に取りつかれているのか
　　・自分がどういったことに気持ちが向かっているのか

　こうしたフレーズと共に、このカードが表す意味が、あなたの前に、次第に形を取りはじめてくるでしょう。そう、もしかするとこのカードは、あれこれと空想にふけってばかりで、何ら建設的な行動を取ることのないあなたを表しているのかもしれません。カードの人物は、明らかに目の前のカップに、心を奪われてしまっているように見えます。そして、それはまるで今のあなたが、非現実的で不毛な夢を見ていることを、このカードが示しているようです。
　カードに対する最初の解釈は、だいたい以上のような感じで行っていきます。もちろんこの後、他のポジションに出ているカードも検討した後で、最初のカードの解釈に変更を加えていくこともあるでしょう。

　ちなみに、以上のようなカードの解釈とは別に、明らかに他の意味が導きだされる可能性もあります。たとえばあなたは、カードの人物の前に、いろいろ興味をそそるものが陳列されていることに、注意が引かれるかもしれません。その場合は、「カップの7」のカードのもうひとつのキーワードでもある多くの選択肢がある、ということをカードは示していると解釈することになるかもしれません。

　タロットのリーディングにおいては、常にたったひとつの正解が用意されているわけではありません！　しばしばカードは、複数の解釈が可能であり、それぞれの解釈は複数の意味を作りだします。もしかすると、あまりにも多くの解釈の可能性があった場合、どうやってもっとも適切な意味を見つければよいのか、とあなたは疑問に思うかもしれません。大切なのは、あなた自身の直観を信じることです。インナー・ガイドが、そのときのあなたにとって、もっとも大切な意味へ到達するためのヒントを与えてくれるはずです。ときには、しつように同じ考えが、あなたの頭の中に浮かんでくるかもしれません。あなたは、浮かんでき

た考えに思いをめぐらし、次の瞬間、逆にそれを捨てようとしたり、さらにもう一度それに思いをめぐらしたりと、あるひとつの意味の周りをぐるぐると回ってしまうかもしれません。けれどもある瞬間、何か特別な力のようなものによって、ひとつの意味があなたの心を強く打つなら、あなたは正しい解釈の道へ進んでいると考えてください。むしろその瞬間、「なるほど」という疑いのない明晰な確信を、あなた自身が感じているはずです。

　そういった確信は、リーディングするすべてのカードに対して、常に起こるとは限りません。とはいえ、その感覚自体は、とても重要なものであることを覚えておくべきです。なぜなら、まさしくその感覚が起こったときこそ、内なる知恵が自らを表すときなのですから。

レッスン10のためのエクササイズ

【エクササイズ10.1――あなた個人のカードへの反応】

タロット・デッキからカードを1枚選んでください。注意深くカードを見つめ、それに対するあなたの反応を書きだしてみてください。もし、カードに既に慣れ親しんでいて、その意味を知っていたとしても構いません。知っているカードの意味とは関係なく、あなた個人の反応として、心の中に浮かんでくるものを熟考してみてください。ここで考えるべきいくつかの要素としては、以下のようなものがあります。

- このカードに描かれた場面に、どんなことを感じますか？
- このカードを見たとき、自分自身の中に何が感じられますか？[*1]
- このカードに惹かれますか、あるいは受け入れられませんか、それとも中立ですか？
- このカードを見たとき、心に浮かんだ自分の人生の姿はどのようなものですか？
- このカードは、あなたに誰かを思いださせますか？
- このカードでは、絵の細部のどこが重要なものと映りますか？またそれはなぜですか？

もしかするとあなたは、カードに対して、どんな感情も持たないかもしれません。あるいはほんの軽くだけ何かを感じるかもしれません。一瞬の考え、感情、心に浮かぶどんなイメージでもいいので、何かを感じたら、そこに注意を向けてみてください。

【エクササイズ10.2――ポジションの意味とカードの意味を組み合わせる】

このエクササイズでは、カードの意味とポジションの意味を組み合わせる練習をします。タロット・デッキからカードを選び、キーワードとアクションに目を通し、そのカードの基本的な意味をつかんでください。

自分の選んだカードが、ケルティック・クロスのポジション1（P330）に現れたと想像してください。そのポジションにおいて、このカードにはどのような意味が作られるのでしょうか？ また、どのようにカードとポジションが結びついて意味を作りだすのでしょうか？

あなたの解釈をまとめて、ひとことで書きだしてみてください。正しい答えを見つけようとは考えないでください。何度も述べたように、正

[*1] この場合、「同じ」もしくは「違う」といったふたつの感情のことを言います。

しい答えはたったひとつ、ということではないのですから。カードの持つ多様な可能性の広がりの中から、自分が納得できる意味を選びだしてください。このエクササイズは、あくまで練習です。そのひとことは、現実のあなた自身の人生に、必ずしも関連している必要はありません。ここで「皇帝」のカードを例として考えてみましょう。

・父性　・組織　・権力　・統制

たとえば、ポジション1としてのこのカードの可能な解釈は
1. まさに今の問題の核心（ポジション1）は、わたしの人生があまりにもきちんと組織化（皇帝）されすぎているということだ。
2. わたしの現在の状況（ポジション1）は、とても規則正しくコントロール（皇帝）されている。
3. たった今、父親になる（皇帝）という問題は、わたしの人生におけるもっとも重要なポイント（ポジション1）だ。

これらはいずれも異なる解釈になっているとはいえ、それぞれすべて「皇帝」のカードが持つ意味と、ポジション1に割り当てられている意味を組み合わせることで生まれてきたものです。実際のリーディングでは、質問に関連する他の様々な要素を考慮していけば、もっともふさわしい解釈がどのようなものになるかはっきりしていきます。

次に、同じカードを使って、残りの9つのポジションに出てきた場合の解釈を書きだしてみましょう。さらに、他のカードを用いて同じことを練習してみたり、また各ポジションについて、より長いセンテンスを作ってみたりなどしてみるのもよいでしょう。

【エクササイズ10．3──
ケルティック・クロスのリーディングで、1枚のカードを解釈する】
　ケルティック・クロスを使って、以下のような解釈の源となる、4つの意味を組み合わせる練習をしてみましょう。

1. 個人的な印象
2. カードの意味
3. ポジションの意味
4. 質問、もしくは実際の状況

　ますはじめに、それぞれについて順に検討していってみてください。それらを組み合わせて、エクササイズ10・2で説明したように、それ

それのカードについて、ひとことずつ書きだしていってください。もちろん、このエクササイズを永遠に続けていく必要はありません。しばらくすると、こういった個々の要素を検討していくというプロセスなしで、もっと楽にカードを解釈ができるようになるはずです。

Lesson11 Major and Minor Arcana Cards

レッスン 11：大アルカナと小アルカナのカード

タロットの特定のカードは、その本質的特徴によってグループを形作ります。もちろん個々のカードは、それぞれ独自の意味を持っていますが、いくつかのグループとしても共通の特徴を見ることができます。もっとも大きなグループの分類としては、大アルカナ（P161～207）と小アルカナ（P209～323）というふたつに分ける見方があります。「大」と「小」と言う呼び方は、2つのグループが持つ比重の違いを反映しています。

大アルカナは、その意味に深みがあり、力強く、決定的な力を持ち、そのエネルギーが長期にわたることを表しています。リーディングで大アルカナが現れたら、人生のいくつかの領域において、パワフルなエネルギーが流れ込んでくることが考えられます。一方の小アルカナも、重要であることに変わりありませんが、大アルカナほどの強度はありません。小アルカナは、日々の生活の浮き沈みを映しだし、感情や考えの変化を示します。また、小アルカナは、そのドラマが展開している間の出来事を示すだけで、新しい事態の展開と共に、通り過ぎてゆくような事柄を示しているとも言えます。

ここで類似した意味を持つけれども、比重の違う 2 枚のカード、大アルカナの「隠者」のカードと小アルカナの「カップの 8」のカードが、解釈上どのように異なってくるか比較してみましょう。「隠者」のカードは、人生のより深い意味と真実を探求する元型的な人物像です。彼は表面的な喜びに背を向けて、自己の内なる理解を求めます。リーディングで「隠者」のカードは、たとえあなたが今の暮らしのあり方を手放すことになったとしても、自分の探し求めている答えを見つけたいという強い思いにかられていることを示唆しています。その思いは、ちょっとした思いつきのようなものではなく、長期的に継続する探求心であることを意味しています。

一方の「カップの 8」のカードについて、もしかするとあなたは、「隠者」のカードとかなり似たような意味として、解釈するかもしれません。しかし小アルカナとしての「カップの 8」のカードは、大アルカナである「隠者」のカードと、同じ力を持っているわけではありません。もしかすると「カップの 8」のカードは、仕事にちょっと疲れたあなたの姿を表しているのかもしれません。または、人生の何もかもを、放りだしてしまおうとしているのかもしれません。でも、「カップの 8」のカードの場合は、本当にそうするかどうかわかりません。というの

大アルカナ
「隠者」のカード

小アルカナ
「カップの8」のカード

も、何かを探し求めているにしても、その衝動は大アルカナである「隠者」のカードほど強いものではなく、いまだそれは心からの望みとは言えないかもしれないからです。

　たとえば、何年も幸せな結婚生活を送っていたのに、突然、他の人に惹かれている自分に気がついたとしましょう。タロットに助言を求めたら、ポジション1に「カップの2」のカードが出てきます。このカードの意味のひとつは、満足を与えてくれる人、場所、アイディアなどに惹きつけられることです。ただし、小アルカナである「カップの2」のカードが示しているのは、その惹かれる気持ちが、非常に深いものであるというわけではなく、ちょっとした興味や性的な関心といった表面的なものからきていることを意味しているかもしれません。かりに、その気持ちが強いものであるように思われたとしても、そこには大アルカナが現れたときほどのものではありません。

　一方で、かりにそれが大アルカナの「恋人」のカードだったとしたら、その惹かれる気持ちは、もっと重い意味を持つものと考えなくてはならないでしょう。大アルカナのカードとしての「恋人」のカードは、ふたりの関係が軽視できるものではないことを意味しています。その惹かれる気持ちは、もっと深いところからきているのです。そこには一時的な浮ついた気持ち以上のものがあり、その問題に対してもっと深い理解が必要とされることでしょう。

　あるリーディングで小アルカナを引き、そして次に同じテーマでカードを引いたら大アルカナが出てきたとしましょう。その場合、最初は小さなこととしてはじまったことが、時がたつにつれてより重要なことになっていったことを示しています。大アルカナのカードは、それが示す領域が何であれ、小アルカナと比較して、より大きなエネルギーをもたらすものです。したがって、大アルカナが出ているときは、状況をしっかり検討し、そこにもたらされている力がどのようなものであるかを理解し、それを問題解決に生かすよう試みてください。

小アルカナ
「カップの2」のカード

大アルカナ
「恋人」のカード

Exercises for Lesson11

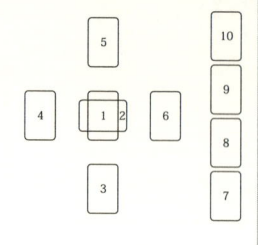

レッスン 11 のためのエクササイズ

【エクササイズ11．1——
ケルティック・クロスの大アルカナと小アルカナ】

下記のレイアウト表には、わたしのリーディングの際に出た大アルカナと小アルカナの分布を、例として書きだしてみました。大アルカナと小アルカナが、それぞれのポジションにどのようなパターンで現れているかということから、あなたが感じとることのできるものがあれば、それぞれのレイアウトごとに簡単に書きだしてみてください。わたしの解答例も、この後に掲載しておきましたので参照してください。

このエクササイズは、大アルカナと小アルカナを区別できるもの、たとえば裏面の色の違う通常のプレイング・カード・デッキ[訳注1]を2種類同時に使って、実践してみるのもよいでしょう。ひとつのデッキは大アルカナを示し、もうひとつは小アルカナの代わりです（もしプレイング・カードを持っていなければ、四角い色紙を使ってもいいでしょう）。以下のレイアウト表に従って、それぞれのカードを割り当てられたポジションに対して、裏をむけた形で配置してみてください。

たとえば、もし大アルカナを赤いプレイング・カードで、小アルカナを青いプレイング・カードで代用するとしたら、例1の場合、ポジション10以外は、すべて青になります。

選ばれた大アルカナと小アルカナ ケルト十字レイアウト表

	ポジション番号									
	1	2	3	4	5	6	7	8	9	10
例1	小	小	小	小	小	小	小	小	小	大
例2	小	小	小	大	小	小	小	小	小	小
例3	小	小	小	小	小	小	小	大	小	小
例4	小	小	大	小	小	小	小	小	小	小
例5	大	大	小	小	小	小	小	小	小	小
例6	小	小	小	小	大	小	大	小	小	小

〈解答例〉

例1. ポジション10（結果）を除いて、すべて小アルカナです。これはその状況が一時的なものであることを示していますが、そのインパクトは大きく重要なものになるでしょう。

例2. ポジション4（過去）にのみ、大アルカナがあります。今の環境は、過去の大きな出来事の結果であるか、もしくは以前、大きな重要性を持っていたことが、今は色あせてしまっていることを表しています。

訳注1
「トランプ」のこと。ゲーム用のカードに対して「トランプ」という名称を使うのは、日本独特の慣習である。英語圏では、ただ「プレイング・カード」と呼ぶのが普通である。また、そもそも「トランプ」というのは、本来ゲームの中で「切り札」となるカードのことを言う。詳しくは、拙著「タロット大全 歴史から図像まで」（紀伊国屋書店、2004年）、20-21頁。

例3. ポジション8（周囲の状況）にのみ、大アルカナがあります。これはその質問がより大きな出来事の一部であるか、もしくは外部からの影響が特に強いことを示しています。

例4. ポジション3のカードだけが大アルカナです。それは質問の根底にある強いエネルギーが隠されていることが示されています。あるいは表面上、小さなことに見えるものでも、それを裏で支えている力がパワフルであることを示しています。

例5. 2枚の大アルカナが、ポジション1と2（リーディングの中心となる部分）にあります。2つのパワフルな力が、よくも悪くも同時に働いています。周りを取り巻いているカードは、このダイナミックな中心となる力から派生したものなのかもしれません。

例6. 思考を示すポジション5、及びその人の役割を示すポジション7が大アルカナです。しかし実際の状況は、それらが真実であることを支持してくれているとは限りません。

【エクササイズ11．2——
大アルカナと小アルカナを分けて比較してみる】

デッキから大アルカナだけ抜きだしてください。そして大アルカナをシャッフルしカットして、ケルティック・クロスを使ってレイアウトしてください。

そこに出た大アルカナに対して、類似した意味を持つと思われる小アルカナのカードを選び、隣にもうひとつケルティック・クロスを作ってみてください。この場合の小アルカナは、あなた自身で選択しても構いませんし、わたし自身が選んだものを参考にしていただいても結構です。この後に、わたしの解答例を掲載してあります。

大アルカナ、小アルカナそれぞれのケルティック・クロスを見比べながら、以下のような問いを自分に尋ねてみてください。

1. それぞれのレイアウトから伝わってくる全体的感覚は、どのようなものか？
2. それらの感覚は同じようなものか？　それとも違うものなのか？
3. リーディングにおいて、どちらがよりわかりやすいか？
4. リーディングにおいて、どちらがより受け入れやすいか？
5. リーディングにおいて、どちらにより強く引きつけられるか？

エクササイズとして、異なるケルティック・クロスのペアで繰り返し

行ってみるのもよいでしょう。
〈解答例〉
　愚者—ワンドの3（未知の領域に踏み込む）
　魔術師—ワンドの2（個としての力を持っている）
　女司祭—ソードの4（いったん休止し静かにする）
　女帝—ペンタクルの10（裕福　ぜいたく）
　皇帝—ペンタクルの4（コントロール）
　司祭—ペンタクルの8（学ぶ　修行する）
　恋人—カップの9（性的な喜び）
　戦車—ペンタクルの9（自己をコントロールする　規律）
　力—ワンドの9（スタミナ　耐久力　勇気）
　隠者—ソードの7（孤立する）
　運命の車輪—ワンドの8（速いペース　急激な展開）
　正義—ワンドの10（責任を引き受ける）
　吊るされた男—ソードの10（殉教　犠牲）
　死—カップの5（喪失　別れ）
　節制—ペンタクルの2（調和）
　悪魔—ソードの9（絶望　失われた喜び）
　塔—ペンタクルの5（辛いとき）
　星—カップの6（善意　分かち合い）
　月—ソードの2（自己欺瞞）
　太陽—ワンドの6（歓呼　卓越する）
　審判—ペンタクルの7（決定をするとき）
　世界—カップの10（幸福　満足）

【エクササイズ11.3——大アルカナだけを使ったリーディング】
　しばらくしてなれてきたら、大アルカナだけを使ったリーディングをしてみてください。この場合は、オープン・リーディングで行うのがいいでしょう。というのも、大アルカナは広い範囲にわたるガイダンスを与えてくれるので、オープン・リーディングというスタイルが向いています。

　大アルカナだけを使ったオープン・リーディングは、他のリーディングの方法よりも、やりやすいと感じる人がいるかもしれません。実際に、常にリーディングで大アルカナだけを好んで使う人たちもいます。大アルカナのリーディングは、人生の中での大きく重要なテーマが何であるかをはっきりさせてくれるという特徴があります。

レッスン 12：エース

　エースの各カードは、そのスートの持つ性質の純粋な形を象徴しています。エースは常に何か特別な意味合いをリーディングでつけ加えてくれます。エースはまるで自らが放つ光の輪の中にいるように、他のカードからはひときわ目立つ存在です。エースの絵柄は、すべて共通の特徴を持っています。その絵は、雲間からエネルギーに満ちた力強い手が現れて、それぞれのスートを表現したシンボルをつかんでいるものとなっているのです。それは、雲に隠された未知なる源泉からのギフトを、あなたへと手わたしてくれていることを意味しています。また、それぞれのギフトがどのような本質を持つものであるかは、スートの象徴の形としてシンボル化されています。

【ワンドのエース】
　ワンドは、力強さ、男性性、生き生きとした活力を表しています。ワンドからは、新しい生命の息吹の力を示す葉が育っています。ワンドは、奇跡を起こし驚きを与える魔法の杖を、わたしたちに思い起こさせます。「ワンドのエース」のカードのギフトは、創造的な力、熱意、自信、勇気です。

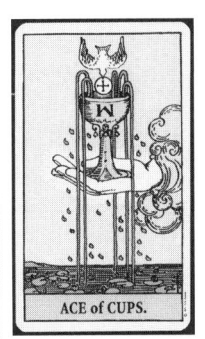

【カップのエース】
　カップは、寛大さ、女性性を示し、それは滋養に満ちた液体を入れる容器として描かれています。カップからは決して枯れることのない水があふれだしています。それは世界に流れ込む再生の水です。「カップのエース」のカードのギフトは、感情的な力、直感、親密さ、愛です。

【ソードのエース】
　ソードは、武器であり、どんな障害や混乱も切り開く、精巧に研ぎ澄まされた道具です。ソードは、戦い勝利を収めるためにそれを使う者の力を拡張します。ソードは残酷な力ともなりますが、同時に汚れのない鋭い力ともなります。「ソードのエース」のカードのギフトは、精神力、不屈の精神、正義、真理です。

【ペンタクルのエース】
　ペンタクルは、自然界と日常世界に潜む神秘を象徴する魔術的サインです。コインの形をしているペンタクルは、物質的なものの交換を象徴するものです。わたしたちは夢を実現するためには、お金や形ある物質的なものを必要とします。「ペンタクルのエース」のカードのギフトは、実質的な力、繁栄、実際的、信頼です。

Lesson12
Aces

「ワンドのエース」のカード

「カップのエース」のカード

「ソードのエース」のカード

- 89 -

エースは、大アルカナと小アルカナの領域の間のつなぎ目のような存在です。エースはあなたの人生に力強さを与えますが、それは個人的なものを超えた力です。リーディングの中でのエースは、それの示す力を、あなたが手に入れることができることを示しています。もしその力を利用することができれば、大きな幸せや成功を達成することもできるでしょう。常にエースは、有益でポジティヴで人生を活気づけるものとして解釈できます。

「ペンタクルのエース」のカード

またエースは、新しい冒険がはじまることを意味することがあります。一度、友人の恋についてのリーディングで、ポジション1にカップのエースが出たことがありますが、愛と親密さのはじまりの合図として、これ以上のカードがあるでしょうか（もちろん、はじまりを示すものとして「愚者」のカードもありますが、それはまた別の意味合いを持ってきます）。

エースはまた、絶好の機会が訪れていることも意味しています。そのチャンスを逃さないように、エースはあなたに注意を呼びかけているのです。エースは、あなたが注意を向けることによって育っていく可能性の種として考えることができるでしょう。

前に一度、親戚をリーディングしたとき、ポジション1に「ペンタクルのエース」のカード、そしてポジション2に「ワンドのエース」のカードが出たことがあります。そのダイナミックな組み合わせは、「大きな繁栄をもたらすために、真にクリエイティヴなエネルギーの放出口を見つけなさい」と告げていました。数ヵ月後、彼女はわたしに言いました。そう、カードに勇気づけられて、彼女はやりがいのある仕事を追い求めて開業したところ、個人的な大きな満足と共に、より多くのお金を得ることになったのです。

あなたがエースと共にあるときには、たとえそれがどんな状況であったとしても、その中に可能性を探しだしてみてください。また、あなたの行く道に現れるものがどんなものであれ、それをいかにして活用できるかを考えてみてください。きっとそれは、あなたの人生に真に重要な変化をもたらすチャンスとなるはずですから。

レッスン 12 のためのエクササイズ

【エクササイズ12．1――エースのエネルギー】

　エースは周りの状況がどうあれ、それによって影響を受けることの少ないクリアなエネルギーを持っています。このエクササイズは、そんなエースのエネルギーを感じる体験を手助けします。4枚のエースをデッキから抜きだし、以下のように横一列に並べてください。

| ワンドのエース | カップのエース | ソードのエース | ペンタクルのエース |

　紙片に、それぞれのエースのキーワードを書きだし、それぞれをカードの下に並べてください。キーワードを見ながら、その本質をよく理解できたと感じるまで、ひとつ目のエースのカードに意識を集中してみましょう。それぞれのエースの本質が把握できたら、次にカードを眺め、その力強さをじかに感じてみましょう（そもそも各エースのキーワードには、まず「力」という言葉が含まれています）。このとき、カードの絵柄の細部にまで目を配るようにしてみてください。特にスートそのものを表しているワンド、ソード、カップ、ペンタクルに注目し、それらがそのエースのクオリティをどのように表現しているか、しっかりと確認してみてください。

【エクササイズ12．2――エースのイメージを心に思い浮かべる】

　ヴィジュアリゼーション（視覚化）の練習をするのに、エースのカードは非常に適したイメージを持っています。もし、あなたがエースのクオリティを感じたいときには、そのイメージを心の眼で視覚化してみてください。手がスートのアイコンをつかんでいるイメージだけに集中して、絵のイメージを単純化していくのです。嵐のエネルギーを引きつける避雷針のように、あなた自身がエースの力を集め、呼び起こしていくのを感じてみてください。エースのカードから呼び起こすことのできるクオリティは次のようなものです。

　　ワンドのエース――勇気、自信、創造的な力、熱意
　　カップのエース――愛情、寛大さ、洞察力、誠実さ
　　ソードのエース――知性、不屈の精神、正直さ、明晰さ

ペンタクルのエース──安定、繁栄、信頼、資力
　エースについてより深く学んでいくに連れ、どの状況に対して、どのエースの持つ力がふさわしいかがわかるようになります。また、それぞれのエネルギーに対して、自分が望むときに、いつでもアクセスすることのできるテクニックが、身についていくことでしょう。

レッスン 13：コート・カード

人間はいくつかのタイプに、その性質が分かれる傾向があります。普段、わたしたちは、それぞれの特徴によって似たタイプの人たちを分類し、それらに対して、たとえば「一匹狼」、「夢想家」、「社交家」などといった名前をつけたりするものです。一方、心理学者たちも、人々をタイプ別に分類するための精巧なシステムを考案してきました。たとえば、有名なマイヤーズ・ブリッグスは、そんなシステムのひとつです *1 訳注1。

タロットにも、全部で 16 枚のコート・カードによって、人間を性質のタイプ別に分類する独自のシステムがあります。すでにレッスン 2 (P28 〜 31) では、4 つのスート（ワンド・カップ・ソード・ペンタクル）とコート・カードのランク（キング・クイーン・ナイト・ペイジ）について学びました。そのスートとランクという考え方は、コート・カードを理解する大事な鍵となります。というのも、この後見ていくように、それぞれのコート・カードの人物の性質は、そのスートとランクの組み合わせから作られているからです。

【キング】

「ワンドのキング」は、クリエイティヴで活気があり、力強さ、カリスマ性、大胆さを持っています。こういった「ワンドのキング」の性質は、ワンドのスートの典型的でポジティヴな特質であり、ダイナミックな火のエネルギーのもっともわかりやすい例だと言えます。ただし、そこには活動的で外交的という「キング」の特質も反映されています。いずれの「キング」も、それぞれの持つスートの力を通して、世界に影響を与えようとします。

【クイーン】

「ワンドのクイーン」は、魅力的で誠意があり、エネルギッシュで陽気、そして自信家です。これらはワンドの性質を表したものです。また、「ワンドのクイーン」は、快活で生き生きしていますが、自分の力を外の世界へ向けているわけではありません。というのも、「クイーン」一般の特質は、「キング」とは異なり、それぞれのスートの力を外へ押しだしていくのではなく、それらを内的なことへと向けていくことです。

【ナイト】

「ナイト」は極端なタイプです。彼らは、そのスートの持つ特徴を最大限に表現します。「ナイト」の強い感情と派手な行動は、状況によってポジティヴにもネガティヴにもなりえます。たとえば「ペンタクルのナイト」のカードは、ペンタクルの持つ安定した保守的な性質が強く現れ

Lesson13
Court Cards

「ワンドのキング」のカード

「ワンドのクイーン」のカード

*1
I.B.Myers, The Myers-Briggs Type Indicator (Palo Alto, CA: Consulting Psychologists Press, 1962)

訳注1
ユングの心理学的タイプ論をもとに、キャサリン・クック・ブリッグス (Katharine C. Briggs) とその娘イザベル・ブリッグス・マイヤーズ (Isabel B. Myers) によって、開発された性格診断のシステム。

るので、極端な用心深さを示すことになります。すべてをチェックした上で更にダブルチェックすることを好みます。さらに自分自身が納得いくまでは、じっくりと進めていきます。すなわち、完全な信頼と安心を預けることのできるタイプだと言えるでしょう。

ただしその反面、「ペンタクルのナイト」は、冒険心がないとも言えます。彼は、決して危険な投資をしようとは思っていませんし、気まぐれで無計画な旅に突然飛びだすなんてこともありません。彼の性質からは、向こう見ずな行動には出てきません。同じように「ワンドのナイト」のカードについても確認してみてください。

「ナイト」は、用心深さ／冒険心のなさという、ポジティヴさとネガティヴさを表す言葉のペアがキーワードになります。したがって、リーディングで「ナイト」を解釈するときには、「ナイト」がプラスに作用しているのか、マイナスに作用しているのか、両方の視点から検討しなくてはなりません。どちらであるかを判断するのは、そのときの様々な状況に照らし合わせてみる必要があります。

【ペイジ】
「ペイジ」は、それぞれのスートのシンボルを手に持った幸せそうな子どもとして描かれています。彼は手に持ったスートのシンボルに魅了されていますが、同時に、わたしたちへ一緒に楽しむよう呼びかけています。「ソードのペイジ」は、知的発見や知的挑戦に伴う感動を象徴しています。

「ペイジ」は、「やっちゃえ！」とあなたを鼓舞してもいます。子どもたちは、何か欲しいものがあるときには遠慮などせず、手を伸ばしてつかみとります。もし「ペイジ」の差しだしているものを手に入れたければ、恐れず、ぐっとつかみとってください！

かりに「カップのペイジ」のカードを引いた日に、あなたへ笑顔を向けている同級生を見かけたら、それは友情をつかみとるチャンスです。話しかけてみたり、授業の後にコーヒーを飲みに誘うなど、交友を結んでみてください。きっと「ペイジ」は、あなたの人生の中へ、愛と分かち合いの気持ちをもたらしてくれているのですから。

多くのタロットの理論の中で、コート・カードは、ある特定の年代やタイプの人々を象徴していると考えられています。たとえば「ソードのクイーン」は、しばしば離婚歴のある女性を表すと見なされます。しかしながら、わたし自身は、そのようにコート・カードを解釈するのは、あまりにも意味を限定しすぎてしまっているのではないかと思っています。ですから、それぞれのカードが象徴するものは、特定の具体的なグループにむしろ限定してしまわないほうがいいでしょう。たとえば、

「キング」のふるまいは、まさしく男らしさの典型といえますが、同時にそれは、女性にだってあてはまります。また、子どもたちはたいがい遊び好きですが、それは必ずしも「ペイジ」が実際の子どもを表しているというわけではありません。

　リーディングの中でのコート・カードは、人生に対するある一定のアプローチの仕方が、どれだけ強くあなたの状況に影響を与えるか（あるいは与える可能性があるのか）を示しています。ただし、その解釈の仕方にはいくつもの可能性があります。

　第1にコート・カードは、あなたが表現していること、あるいは表現したいと思っていることを表しています。ただしそれは、あなたが価値を認めていること、あるいは逆に軽視してしまっていることかもしれません。また、それはあなたが認めているもの、もしくは否定していることかもしれません。それをどのように見るかは、質問、状況、そしてスプレッドの中で他に出ているカードによります。

「ソードのキング」のカード

　たとえば、あなたはビジネス上の提携をしようかどうか、決断しようとしているとしましょう。もしあなたが「ソードのキング」のカードを引いたら、この状況であなたの取るべき方法は、まさしく「ソードのキング」のカードのように、公正で道徳にかない、なおかつすべてを注意深く見直し、必要なことをはっきりと主張することであるというように解釈できます。かりにあなたが、すでにそういった態度で臨んでいるのなら、「ソードのキング」のカードはあなたのふるまいを肯定してくれていると解釈できます。一方で、かりにあなたが、嘘をついたり、何か都合の悪いものを隠そうとしているのなら、このカードはそのことを考え直してみるように告げていると言えます。

「カップのナイト」のカード

　また、コート・カードは、自分以外の他の人物を表すこともあります。もしカードを見た瞬間に「この人、誰かわかる！」と感じたら、おそらくコート・カードの人物は、あなたが考えたその人だと見なすことも可能です。一方で、コート・カードに描かれている人物が直観的に誰かわからない場合は、あなたがまだ気づいていない人物を表していると見なすべきです。

　かりにあなたが、とてもロマンティックな人と出会ったとしましょう。そして長い時間を共に過ごし、深いレベルでのつながりができてきます。そんなとき、リーディングで「カップのナイト」のカードが出たとしたら、おそらくカードの人物は、その新しい恋人を表しているので

「ペンタクルのクイーン」のカード

しょう。では、恋人を象徴しているのが「ナイト」であるということは、どういうことなのかを考えてみましょう。

あなたは恋人と一緒に、どんなことを経験したいと望んでいますか？ もちろん、ロマンスを楽しみたいけれども、その恋人に責任や信頼感なども求めていますか？ 「カップのナイト」のカードは、十分に親密さを感じられる相手を示しているものの、一方であなたの求めていることからすると、その他の部分では、完全な満足を得られるとは限りません。

最後に、コート・カードは、人物に限らず、一般的な状況を示すこともあります。すなわち、コート・カードの人物が表している性質が、ときとしてあなたを取り巻く状況を象徴していることもあるのです。

たとえば、あなたが入ったばかりの寮生活において、カードの助言を求めたとき、「ペンタクルのクイーン」のカードが出たとしましょう。あなたは寮の仲間とこれからうまくやっていけるかが気になっています。それに対してこのカードが教えてくれているのは、その寮はあなたを成長させてくれるような環境であるということなのかもしれません。また、あなたのルームメイトも、感受性に富み、温かく思いやりのある人物であることが示されているのかもしれません。あるいはそうでなければ、あなたはその寮で、誰か他の「ペンタクルのクイーン」のような人物に出会うのかもしれません。または、その環境の中であなた自身が「ペンタクルのクイーン」のようになっていくのかもしれません。このようにリーディングの中でのタロットは、多様な解釈が可能なのです。

コート・カードは、他のカード以上に、人間の特質を端的に表していますので、あなたがどんな人なのか、あるいは何がしたいのかについてのはっきりとしたメッセージを与えてくれます。いずれにせよ、コート・カードが出てきたときに、そのメッセージをしっかりと受け止めるための秘訣は、質問の状況や自分自身のことを、まずはしっかりと理解しておくことです。

レッスン13のためのエクササイズ

【エクササイズ13.1――コート・カードを見直す】
　16枚のコート・カードをすべて抜きだし、以下のように4枚ずつの四角形に並べてください。

ワンドの ペイジ	ワンドの ナイト	ワンドの クイーン	ワンドの キング
カップの ペイジ	カップの ナイト	カップの クイーン	カップの キング
ソードの ペイジ	ソードの ナイト	ソードの クイーン	ソードの キング
ペンタクルの ペイジ	ペンタクルの ナイト	ペンタクルの クイーン	ペンタクルの キング

　こうしてコート・カードを1ヶ所にまとめて、そこに描かれている人物たちを、しばらく見つめてください。彼らには、ひとりひとり独特の個性があります。けれどもその反面で、同じスート同士、あるいは同じランク同士で共通点を分かち合っています。付録Bのスートのクオリティ（P363～366）と各カードの説明ページも参照しながら、コート・カード同士の共通するパターンを確認してみてください。

【エクササイズ13.2――「キング」】
　以下の各項目について、それぞれの「キング」の性質を反映したあなたが取る可能性のある行動を、書きだしてみてください。わたしの解答例は、それぞれの問いの後に掲載してありますので参考にしてみてください。
　その前に、エクササイズのやり方の例を、ひとつだけあげておきます。
《例》「ワンドのキング」
　――試験で不正をしたと告発されたけれども、あなたは無実である。
〈解答例〉可能性のある行動：
　わたしは大胆に告発者に立ち向かい、無実を証明しようとする。

《エクササイズ》
（問1）「カップのキング」
　――いつもあなたが週末に家にいないことに対して、配偶者が不平を言う。
〈解答例〉可能性のある行動：
　わたしは配偶者と一緒に腰を下ろして、彼／彼女の思っていることについて話し合う（思いやり）

(問2)「ペンタクルのキング」
　　──物乞いがあなたにお金をねだってくる。
〈解答例〉可能性のある行動：
　わたしは彼に5ドルをあげる。彼はわたしよりも、それを必要としているだろうから（支援）
(問3)「ソードのキング」
　　──娘のコートのポケットに、あなたはタバコを見つけてしまった。
〈解答例〉可能性のある行動：
　状況を決めつける前に、娘の言い分を聞く（公正）
(問4)「ワンドのキング」
　　──ルームメイトは、あなたの車を断りもなく使い続けている。
〈解答例〉可能性のある行動：
　ルームメイトが車を動かそうとすると警報機が鳴るように、子どもっぽい罠をしかける（創造性）
(問5)「ペンタクルのキング」
　　──仕事を休んで釣りに行こう、と友人が言ってきた。
〈解答例〉可能性のある行動：
　友だちに「ごめんね、仕事に行かなくちゃ」と正直に言う（信頼）
(問6)「ソードのキング」
　　──会議で演説するようにと誘いをうけた。
〈解答例〉可能性のある行動：
　わたしは公の場で演説するのが上手なので、その招待を引き受ける（はっきりと発言する）
(問7)「カップのキング」
　　──ウェイターが2度も続けてオーダーを間違えた。
〈解答例〉可能性のある行動：
　わたしは笑って、3回目のオーダーをする（忍耐）
(問8)「ワンドのキング」
　　──あなたのチームは、競技でひどい成績だったのでがっかりした。
〈解答例〉可能性のある行動：
　みんなを集めて、もう一度盛り上げる（激励）

【エクササイズ13．3──「クイーン」】
　以下の各項目について、それぞれの「クイーン」の性質を反映した「感情」や「思考」を選択してください。わたしの解答例は、それぞれの問いの後に掲載してありますので、参考にしてみてください。その前に、エクササイズのやり方の例をひとつだけあげておきます。

《例》「ワンドのクイーン」

――試験で不正をしたと告発されたけれども、でもあなたは無実である。
〈解答例〉可能性のある感情／思考：
　わたしは自分の無実を証明できる自信がある。

《エクササイズ》
（問1）「カップのクイーン」
　――あなたのいとこが癌だとわかった。
〈解答例〉可能性のある感情／思考：
　いとこには、特に愛情とサポートが必要だと思う（愛情）
（問2）「ペンタクルのクイーン」
　――車の中にキーを置いたままロックしてしまった。
〈解答例〉可能性のある感情／思考：
　心を落ち着けて、キーを取りだす方法を考える（工夫）
（問3）「ソードのクイーン」
　――すでに失敗したプロジェクトの後を引き継ぐように依頼された。
〈解答例〉可能性のある感情／思考：
　この先の望みのないプロジェクトを与えられた本当の理由は何？
　（見極める）
（問4）「ワンドのクイーン」
　――新しいダイエットの1日目がはじまった。
〈解答例〉可能性のある感情／思考：
　体重が減ったら、もっと活動的になれるだろう（精力的）
（問5）「ペンタクルのクイーン」
　――あなたの親友が、浮気をしていることを告白した。
〈解答例〉可能性のある感情／思考：
　友だちがわたしに明かしたこの秘密を守る（信頼）
（問6）「ソードのクイーン」
　――あなたは前途有望な新入社員を面接した。
〈解答例〉可能性のある感情／思考：
　誤解が起きないように、面接では包み隠さず正直になる（正直）
（問7）「カップのクイーン」
　――昼食後、長い散歩をすることに決めた。
〈解答例〉可能性のある感情／思考：
　この時間を、自分自身を見つめ直すことに使う（精神的）
（問8）「ワンドのクイーン」
　――主催者の女性以外、知らない人ばかりのパーティーに行く。
〈解答例〉可能性のある感情／思考：
　新しい友だちを簡単に作れることを知っている（物怖じしない）

【エクササイズ13. 4——「ナイト」】
　それぞれのシナリオについて、その状況にもっともふさわしい熟考を与えてくれる「ナイト」を選んでください。そして、その「ナイト」が与えてくれるメッセージを描写するフレーズを、いくつかあげてください。わたしの解答例は、それぞれの問いの後に掲載してありますので、参考にしてみてください。その前に、エクササイズのやり方の例をひとつだけあげておきます。
《例》あなたはここ6ヶ月間、ずっと1日12時間働いている。あまりにもやることが多すぎる。
〈解答例〉「ペンタクルのナイト」：
　あなたは働きすぎだ。何かに取りつかれたかのように働いてしまっている。あなたは息抜きさえ取ろうとしていない。

《エクササイズ》
（問1）あなたはずっと意気消沈していて、涙もろくなっている。けれども、誰もあなたがどう感じているかなど気にしていない。
〈解答例〉「カップのナイト」：
　あなたは陰うつになっている。神経過敏になっている。感情に支配されている。
（問2）あなたは重要人物を大勢知っていると言っていたが、本当はそうではない。
〈解答例〉「ワンドのナイト」：
　あなたは自慢話をしすぎる。自慢は何の役にも立たない。自分をよく見せようとしすぎだ。
（問3）株式市場はひっきりなしに上がっている。けれども、あなたの預金はすべて、危険のない貯蓄口座に預けてある。
〈解答例〉「ペンタクルのナイト」：
　あなたは用心深すぎる。安定しても得るものは少ない。リスクを負うことを恐れている。
（問4）あなたはいつも、子どもに対して大声を上げている。子どもたちの絶え間ない喧嘩は、あなたの気をおかしくさせそうだ。
〈解答例〉「ワンドのナイト」：
　あなたは考えなしに行動している。かなり怒りっぽい。騒動を大きくしている。
（問5）あなたは新しいアシスタントに、彼のやる仕事がどうしようもなくずさんで不完全であることを告げた。
〈解答例〉「ソードのナイト」：
　あなたははっきり言いすぎる。批判的すぎる。人には感情がある。
（問6）あなたのパートナーは、いつも必要以上に他の人に慣れなれし

いと感じる。あなたはそれが気に食わない。
〈解答例〉「カップのナイト」：
　あなたは嫉妬しすぎている。感情的すぎる。ありもしないことを考えている。
（問7）あなたの言うことに、息子が従わず、我慢がならない！　家でのあなたは、規律にうるさい。
〈解答例〉「ソードのナイト」：
　あなたは支配的すぎる。相手の気持ちを理解しようとしていない。息子はあなたの奴隷ではない。
（問8）配偶者は話し合いたいのに、あなたは主張を弱めるつもりはない。
〈解答例〉「ペンタクルのナイト」：
　あなたは頑固すぎる。和解しようとしていない。変化を恐れている。

【エクササイズ13.5——「ペイジ」】
　デッキから「ペイジ」のカードを抜きだし、目の前に裏向きにして並べてください。それらをよく混ぜ合わせ、1枚だけを表向きに返してください。スートの力を発揮するために、あなたへと与えられた機会を、ここで出たペイジが示していると想定してみましょう。それが何であるか思い当たりますか？　それはあなたを興奮させるようなことですか？　それとも何らかの妨害を意味しているのでしょうか？　もし何も思い当たらなかった場合は、それから数日間、このことについて、何らかのインスピレーションの知らせがあるか注意しておいてください。

【エクササイズ13.6——コート・カードは様々な人間を表している】
　人間について理解を深めれば深めるほど、コート・カードがよりしっかりと理解できるようになるでしょう。これからの数週間、親戚、友人、同僚、知人たちを観察してみてください。また、有名人、歴史的人物、本の登場人物、テレビや映画の登場人物なども、その考察に加えてみるのもよいでしょう。そして次のように問いかけてみてください。

1. この人物が持っているクオリティはどのようなものですか？
　あるいは、持っていないクオリティは？
2. この人物に必要なクオリティはどのようなものですか？
　あるいは、必要のないクオリティは？
3. この人物に一番似ているコート・カードは何ですか？
　あるいは、一番似ていないのはどのコート・カードですか？
4. この人物の独特な部分で、他のタイプの人に当てはまらないところは？

5. 自分の人生でよく出会うコート・カードのタイプはどれですか？あるいは、めったに出会わないタイプは？

【エクササイズ13. 7――コート・カードのファミリー】
「世界はすべて劇場であり、すべての男女は、その舞台における役者に過ぎない」。このようにシェークスピアは、わたしたちはみな、様々な役割を演じる役者に過ぎないことを理解していました。わたしたちの担う役割は、自分が何者であるかということとは関係ありません。そもそも自分が何者であるかということは深い謎です。むしろ、わたしたちの担う役割とは、人生と呼ぶこのショーの登場人物であるわたしたちが引き受けたものに過ぎず、それはその都度、常に変化していくものなのです。

コート・カードのそれぞれのパーソナリティーを、ひとつのファミリーの中に位置づけ、キャラクターの配役を行ってみてください。スートごとの各ファミリーは、父親（キング）、母親（クイーン）と、ティーンエイジの若者（ナイト）、そして幼い子ども（ペイジ）です。

独特なスタイルを示す、それぞれのスートのファミリーが、どのようなものであるかを考えてみてください。ファミリーのメンバーは、生き方（スート）を分かち合っていますが、家族の中では異なる立場（ランク）にいます。たとえばペンタクルのファミリーは、どんな休暇を過ごすのでしょうか？　また、ワンドのナイトは、どんな車を運転するのでしょう？　以下は、キャラクターに肉づけをするための素材です。

1. 身体的特徴――身体のタイプ　髪の色やスタイル　顔の造作
2. 家――所在地　タイプ　家具
3. 学校と職業
4. 所有物――服装　車　玩具
5. オフタイム――休暇　趣味　スポーツ
6. お気に入りのもの――食べ物　映画　歌　本　色
7. 気質――力強い　弱々しい　風変わり

【エクササイズ13. 8――コート・カードの行動】
以下のシナリオについて、まずはそこにあげられているひとつ目のコート・カードの意味と、そこに記されているケルティック・クロスのポジションをもとにした解釈の例を、ひとつ、ないしふたつ程度書きだしてください。それができたら、更なる練習のために、ふたつ目にあげられているコート・カードを使って、同じエクササイズを行ってみてください。ちなみにこれら2枚のコート・カードは、一緒のスプレッドに

出たと考える必要はありません。すなわち、それぞれ別々のリーディングのときに、それぞれのカードが出たとみなしてください。各例題について、ふたつの可能性のある解答例を紹介しています。アンダーラインのあるフレーズはカードの意味、*斜字体のフレーズ*は、ポジションの意味です。

《エクササイズ》
（問1）あなたは3ヵ月後に結婚をひかえている。相手の父親が、その手はずに批判的で、変更したがっている。
　　　　「ソードのナイト」―ポジション5
　　　　「ワンドのキング」―ポジション9
〈解答例〉
「ソードのナイト」―ポジション5
　a. 相手の父親は、<u>批判的</u>すぎるし、<u>高圧的</u>だ。*わたしが今考えていることはすべて、彼のことばかりだ。*
　b. *わたしは彼が邪魔をしていると<u>感じている</u>。そのことをわたしは、まさにそのまま、*<u>しっかり</u>と義父に伝えてしまいたい。
「ワンドのキング」―ポジション9
　a. 相手の父親が、*以前は*<u>中心人物</u>であったことに気がつくことが、この問題の<u>鍵</u>である。
　b. *わたしにとって、*<u>自分自身のやり方で計画する</u>ことが、*今回の件を進めるための方法として最善*である。

（問2）あなたは新しい車を買おうとしている。ただし、押しの強い販売員と購買の交渉をしたくない。
　　　　「カップのクイーン」―ポジション6
　　　　「ソードのキング」―ポジション7
〈解答例〉
「カップのクイーン」―ポジション6
　a. *近い未来に、*<u>穏やかで思いやりのある</u>販売員が現れるかもしれない。
　b. もし<u>自分の直感の導くままに動け</u>ば、*未来にはもっと*スムーズに契約が進むだろう。
「ソードのキング」―ポジション7
　a. 「ソードのキング」を*理想のモデルとして従うなら*――すなわち、<u>事実を追求し、自分の意見に確信を持て</u>れば、わたしは交渉に成功するだろう。
　b. もしわたしが<u>正直</u>な立場を取れば、販売店側も適切に対応してくれるだろう。

(問3) 友人から、週末に子どもの面倒を見て欲しいと頼まれた。助けたいのは山々だけれども、実際、彼女の子どもたちは手に余る。
「ペンタクルのクイーン」―ポジション1
「カップのペイジ」―ポジション2

〈解答例〉
「ペンタクルのクイーン」―ポジション1
a. <u>子どもたちに愛と思いやりを与えることのできる「ペンタクルのクイーン」の才能</u>こそが、この<u>問題の核心</u>として求められていることだ。
b. <u>問題の核心</u>は、わたしが<u>誠意ある、信頼に足る</u>人間である必要があるということだ。

「カップのペイジ」―ポジション2
a. <u>問題の第2の要素</u>は、この状況が友だちに対して<u>愛情と思いやりを持ってふるまう、よい機会</u>であるということだ。
b. <u>子どもたち（ペイジ）</u>は、<u>可愛らしく愛すべきふるまい</u>をして、わたしを<u>驚か</u>せるだろう。

(問4) 最近あなたは、4ヶ月前に離婚したばかりの魅力的な人物に出会った。ただし、厄介な状況に巻き込まれることを心配している。
「ワンドのクイーン」―ポジション4
「カップのナイト」―ポジション8

〈解答例〉
「ワンドのクイーン」―ポジション4
a. わたしは<u>セクシーで魅力的な人</u>に出会ったが、しかし今はそのことに重きを置くのはやめる必要がある。
b. この状況はリスキーだ。けれども<u>過去</u>には、わたしは常に上手に<u>どんなことにも対処してきた</u>。

「カップのナイト」―ポジション8
a. わたしは、適切な判断を狂わせかねない<u>ロマンス</u>の雰囲気に飲まれてしまっているので、注意しなければならない。
b. この人物は<u>感情面</u>で厳しい状況を通ってきた。そのため、<u>非常に傷つきやすくなっていて、誰かを必要としている</u>のだろう。

(問5) ここ数週間、胸の痛みを感じており、それは悪化してきているが、医者には行きたくない。
「ペンタクルのナイト」―ポジション10
「ソードのペイジ」―ポジション8

〈解答例〉
「ペンタクルのナイト」―ポジション10

a. 身体が、特別な注意をはらわなくてはいけないとわたしに告げている。
b. たとえ今この問題を避けていても、いずれはこのことについて現実的に考えなくてはならないだろう。

「ソードのペイジ」―ポジション8
a. そもそもこの問題の根源は、健康問題について事実を直視する必要があるということだ。
b. 基本的にこの状況は、わたしが忍耐力を持って、解決に向かわなくてはならない難問である。

(問6) あなたは仕事の発展のために非常に有益なアイディアを持っているが、上司がそのアイディアを自分の手柄にしようとしているのではないかと疑っている。
「ワンドのナイト」―ポジション2
「ペンタクルのキング」―ポジション9

〈解答例〉
「ワンドのナイト」―ポジション2
a. わたしは強引で厚かましい上司に対して、警戒していなくてはならない。この状況において、彼がわたしの妨げになる可能性もある。
b. わたしは自分自身の更なる自信を強化する必要がある。

「ペンタクルのキング」―ポジション9
a. わたしの望みは、自分のアイディアが生かされることで、会社に利益をもたらすことだ。
b. この状況に適切に対処する上で、信用の置ける情報をもたらしてくれる誰かを見つける必要がある。

(問7) 1年間ずっと、落ち着かず不満を感じている。以前は価値があると思っていた行動が、今は無意味なことに思えてきた。
「ソードのクイーン」―ポジション3
「ワンドのペイジ」―ポジション7

〈解答例〉
「ソードのクイーン」―ポジション3
a. わたしは自分で気づいていない何かを、必要としている。わたしが直面しなければならないことは何か。またそれはたとえ面白くないことであっても、立ち向かわねばならない。
b. わたしが満足していない奥深い理由は、わたしの人生のこれまでのアプローチが間違っていたことを、自分が見抜きはじめているからだ。

「ワンドのペイジ」―ポジション7
a. わたしは冒険心をなくしてしまった。もう一度人生に情熱を取り戻したい。
b. わたしの力強い創造的な人格は、もう自分に奉仕してはくれないかもしれない。

(問8) 6ヶ月前に、友人が非常事態だと言うので200ドル貸した。しかし、その友人が今度はさらにまた100ドル貸してくれと言ってきた。
「ペンタクルのペイジ」―ポジション8
「カップのキング」―ポジション1

〈解答例〉
「ペンタクルのペイジ」―ポジション8
a. 友人はわたしのことを、いつも頼れるひとりだと期待している。
b. この状況の背景は、実際的な金銭問題だ。
「カップのキング」―ポジション1
a. もっとも考慮すべき重要なことは、必要としている友人を助けることだ。
b. わたしはどうすべきか、賢い決断をすることが重要だ。

レッスン 14：カードのペア

Lesson14
Card Pairs

「ラビリンス」と呼ばれる、四角いボックスの中を板で仕切られた迷路ゲームがあります。ゲームの最終的な目標は、道の各所に開いている小さな穴にボールを落とさないようにしながら、迷路の片側から反対側に向かってボールを動かしていくことにあります。その際に外側のノブを使って、板をいろいろな方向に動かしながらボールを上手に導いていきます。

単純なゲームですが、これが実際にやってみるとなかなか難しいものです。ほんのちょっとの計算ミスでボールは穴に落ちてしまいます。板を倒しすぎるとコントロールを失い、正そうとすると、今度は反対側にコントロールを失ってしまいます。たったひとつの戦略は、辛抱強く動きのバランスを調整しながらボールを導き、行くべき方向へと進めていくことだけです。

わたしには「ラビリンス」が、実際の人生の道を歩んでいくときの指針についての隠喩であるようにも思えます。わたしたち人間の一生は、喩えるなら誕生から死までバランスを取り続けながら、うまく「穴」をよけて旅しているようなものです。わたしたちは数えきれないほど何度も何度も、そこかしこで方向を修正しながら、慎重に歩み続けていきます。それと同時にある面において、人生におけるわたしたちのアクションは、バランスを取りながらも、ときには楽しみながら、ときには挑戦的に、ダンスを踊っているとも言えます。

人生の鍵となるのは、常にバランスです。バランスを取るためには、自分の持っている全エネルギーを、どのように表現していくべきかを知っていなければなりません。また、ここで言うバランスは、決して動きのない均衡した状態を意味するわけではありません。むしろ、バランスを取るためには、その都度、必要となる行為を、動きの中で瞬間的に選びとっていくことが必要なのです。

タロットをリーディングするということは、ある瞬間に、あなたの人生の中で作用する、あるいは作用する可能性がある、すべての諸傾向のせめぎ合いを表した地図を読むようなものです。この地図を読むためには、ものごとの対立の法則——対立していながらも、もともとそれらはひとつのものであるということ——を理解しなければなりません。これは物質界の基本的な原則です。タロットで言えば「愚者」は、「魔術師」と「女司祭」に出会った旅の早い段階で、この原則を発見します。

そう、「魔術師」と「女司祭」のペアは、「愚者」に向かって、ものごとはそれひとつだけで理解できず、バランスを取るために対立するもう一端の側を見なければならないということを示しているのです。

ここで注意しなければならないのは、現実のもっとも深いレベルでは、もはや対立すら存在しないということです。そこにあるのは対立を超えた単一性(ワンネス)のみです。わたしたちが通常の物質的な世界として知覚しているのは、その本来の単一性(ワンネス)が、数えきれないほどの異なるエネルギーへと分解した状態なのです。しかしながら、それらの分解したエネルギーには、わたしたちをものごとのバランスを見つけるための探求へと導く力があるのです。

さて、タロットの中で、バランスを取るカードを発見するひとつの方法は、リーディングで反対の意味を持つ2枚のカードを探すことです。たとえば、「ソードの8」のカードのひとつの意味は制限──圧制的、あるいは限定された状況の中に囚われていること──です。もしかすると、あなたはこの制限という意味をしばらく考えている際に、その対立する概念である自由──拘束や限定から解き放たれること──へ思い至るかもしれません。タロットの中で、その自由の性質を表現しているのは、たとえば「ワンドの4」のカードです。

リーディングにおいてこの2枚のカードは、あなたの人生における制限／自由というふたつの対立する概念の重要性を表すことになるかもしれません。またその2枚は、あなたが人生において自分自身にとって、もっともよいバランスのポイントを見つける上での可能な選択範囲の両極を示すことになるかもしれません。

タロットにおける反対の意味を持つカードのペアは、以下のように大きく分けて3つのタイプが考えられます。

【永続的なペア】
　ある特定のカードは、永続的にはっきりと明確な対立を作りだします。「ソードの8」と「ワンドの4」のカードは、このタイプのペアです。他にも、「魔術師」のカードは活動と意識を、それに対して「女司祭」のカードは活動しないことと無意識を象徴しているように、この2枚も永続的な対立を作りだすペアのカードです。

　　　ソードの8　　　　ワンドの4

【コート・カード、及びエースのペア】
2枚のコート・カード、あるいは2枚のエースでペアを作ることができます。これらのペアの持つ意味は、それぞれのスート（ワンド・カップ・ソード・ペンタクル）とランク（キング・クイーン・ナイト・ペイジ）を対比するときに現れてくるバランスの状態を映しだします。たとえば、「ペンタクルのキング」と「カップのクイーン」のカードを見てみましょう。それぞれのカードのキーワードは以下のとおりです。

ペンタクルのキング	カップのクイーン
意欲的	愛すること
熟達	優しい心
頼りがいがある	直観的
支援する	サイキック
安定	スピリチュアル

「ペンタクルのキング」のカードは、外交的に行動し、物質的な世界で

の事柄を処理することに熟達しています。一方で、「カップのクイーン」のカードは、感情的で直観的で、外的な事柄よりも内的世界へと関心が向かいます。

　リーディングにおいて、このペアとなるカードは、ふたりの異なるタイプの間の実際の争いを象徴している可能性があります。すなわち、仕事を終わらせたい意欲的なタイプ（ペンタクルのキング）と、みんなが心の中でどう感じているのかを気にする想像力豊かなタイプ（カップのクイーン）です。あるいは、このペアとなるカードは、あなたの心の内部での争いごとを象徴している可能性もあります。たとえば、世俗的な事柄へと関心を向けなければならないという思い（ペンタクルのキング）と、その一方でスピリチュアルな事柄に集中したいという思い（カップのクイーン）との間の葛藤といったように。ここであげたのはあくまでひとつの例ですが、ふたつの異なる意味を持つカード同士の間の関係性を基に、様々な解釈の可能性が生まれてきます。より詳しくは付録C（P367～369）とD（P370～371）をご覧ください。そこでは、どのようにスートとランクが作用するのか列挙してあります。

【一時的なペア】
　明確に反対の意味を持っていないカード同士であっても、場合によってはペアとして解釈することができます。様々な意味を持つそれぞれのカード同士に対して、有意味な対比を見つけることも可能です。すなわち、永続的ではないにせよ、状況によって一時的なペアとしての意味が、2枚のカードの間に生まれてくることがあるのです。

　たとえば、「カップの4」のカードには、木の下に孤独な男性が座っている姿が描かれています。一方で「カップの10」のカードは、幸せな家族が一緒に幸せを満喫している姿として描かれています。これらの2枚のカードは、リーディングの状況によって、「ひとりになること」と「他者と一緒にいること」の対比を意味することもあるでしょう。こういった対比される意味を理解することは、リーディングにおいて、あなたに何らかの気づきをもたらす可能性もあるでしょう。

カップの4　　　　カップの10

【互いの意味を強めるペア】
2枚のカードのペアは、必ずしも反対の意味を持つものだけではありません。それらは、むしろお互いの意味を強め合うこともあります。「女帝」と「カップの9」のカードは共に、充足感、肉体的、物質的な喜びを暗示しています。類似する意味を持つカードが形作るペアは、ある特定のエネルギーが非常に強い影響を持っているとき、あるいは持つ可能性があることを示しています。それはしばしば、わたしたちがゴールに到達するために、ペアのカードが強調する偏ったエネルギーの状態に、直面しなければならないことを示しているとも考えられます。

女帝　　　　　カップの9

　バランスということに関わる諸問題は、わたしたちの人生の至るところで見られるものです。タロット・リーディングでは、カードのペアという視点を通すことで、それらを解決する手助けを得ることができるでしょう。次のレッスンでは、カードのペアが、ケルティック・クロスの中で、どのように作用するのかを見ていきます。

Exercises for Lesson14

レッスン 14 のためのエクササイズ

【エクササイズ 14．1——大アルカナの永続的ペア】

　以下は、意味的にやや紛らわしい大アルカナのリストです。リスト 1 にあるカードの永続的な対立を作りだすペアになると思われるカードを、リスト 2 のカードと線で結んで組み合わせてみてください。そして、各カードにペアとなる関係性のある短い言葉をつけてみてください。このエクササイズは、カードの解説ページを見る前に行ってみてください。このエクササイズの後に、わたしの解答例も掲載してありますので、参考にしてみてください。その前に、ひとつだけやり方の例をあげておきます。

《例》
　魔術師（行動）——女司祭（行動しない）

《エクササイズ》
　　〈大アルカナの意味的に紛らわしいカードのリスト〉

リスト 1	リスト 2
悪魔・	・死
太陽・	・恋人
戦車・	・星
女帝・	・世界
愚者・	・吊るされた男
隠者・	・月
司祭・	・皇帝

〈解答例〉

　悪魔（絶望）——星（希望）

　太陽（悟り）——月（困惑）

　戦車（コントロール）——吊るされた男（解放）

　女帝（母性）——皇帝（父性）

　愚者（はじまり）——死（終わり）

　隠者（撤退）——世界（関与）

　司祭（集団の信念）——恋人（個人的な信念）

【エクササイズ14．2——大アルカナ同士以外の永続的なペア】
　以下のそれぞれの小アルカナカードについて、次の指示に従ってください。

　　ワンドの2　　ペンタクルの10　　ソードの7　　カップの2

1. カードの持つ意味をひとつ選ぶ。
2. その反対の意味を考える。
3. その反対の意味を持っている別のカードを見つける（大アルカナでも小アルカナでも構いません）。
4. その際に補助として、P213以下の各カードのキーワードの一覧と反対の意味を持つカードのセクションに、ざっと目を通す。

次にあげる他のカードについても同じようにやってみましょう。
ワンドの5／ソードの5／ペンタクルの8／ワンドの8／カップの9

【エクササイズ14．3——コート・カード同士のペア】
　人生の中で人々は、お互いの性格などの違いによって、助け合ったり、いがみあったりすることがあります。以下に、12のコート・カードのペアをあげておきました。それぞれについて次の指示に従ってください。

1. 人物Aのコート・カードにおける典型的なパーソナリティーの特徴をひとつ選んでください。
2. 人物Aがその特徴によって、人物Bを助ける場合の状況を説明してください。
3. 人物Aがその特徴によって、人物Bを悩ませるかもしれない状況を説明してください。

　ここでは、この後にあるわたしの解答例、及び付録C（P367〜369）とD（P370〜371）のリストを参照してみてください。ここでは例をひとつだけあげておきます。
《例》
「ソードのナイト」　特徴：率直／無遠慮

「ペンタクルのクイーン」に対しては、はっきりとＮＯを言う術を教える助けとなる。
見知らぬ人に失礼なことを言ってしまうことで、「ペンタクルのクイーン」を困らせる。

〈コート・カードのペア〉

	人物A	人物B
ペア1	カップのナイト	ワンドのクイーン
ペア2	ワンドのキング	カップのクイーン
ペア3	ペンタクルのキング	カップのナイト
ペア4	ペンタクルのクイーン	ワンドのキング
ペア5	ソードのキング	ペンタクルのキング
ペア6	カップのキング	ソードのキング
ペア7	カップのクイーン	ソードのクイーン
ペア8	ワンドのナイト	ペンタクルのクイーン
ペア9	ワンドのクイーン	ソードのナイト
ペア10	ペンタクルのナイト	カップのキング
ペア11	ソードのクイーン	ワンドのナイト
ペア12	ソードのナイト	ペンタクルのナイト

〈解答例〉

ペア1.「カップのナイト」 特徴：内省的／内向的
「ワンドのクイーン」に対して、自分の内的生活をもっと気にかけるように助言する。
感情的になりすぎることで、「ワンドのクイーン」をいらいらさせる。

ペア2.「ワンドのキング」 特徴：力に満ちている
「カップのクイーン」に対して、もっと自分を強く主張をするようにと助言する。
自分についてくるのは当然と決めてかかることで、「カップのクイーン」をいらいらさせる。

ペア3.「ペンタクルのキング」 特徴：安定
「カップのナイト」に対して、どんなプレッシャーのもとでも平静でいるようにと助言する。
あまりにもきちんとしすぎている性格が、「カップのナイト」をいらいらさせる。

ペア4.「ペンタクルのクイーン」 特徴：現実的
「ワンドのキング」に対して、現実の人生におけるものごとを、ありのまま楽しむよう助言する。
現実的すぎる性格が、「ワンドのキング」をいらいらさせる。

ペア5.「ソードのキング」 特徴：知的
「ペンタクルのキング」に対して、問題の論点を上手に説明し

てあげることで手助けする。

論理的に考えすぎる性格が、「ペンタクルのキング」をいらいらさせる。

ペア 6.「カップのキング」 特徴：寛大

「ソードのキング」が持つ堅苦しい正義の観念に対して、寛大さを持つ必要性を助言する。

過度の寛大さで、正義に反することまで安易に許してしまうことが、「ソードのキング」をいらいらさせる。

ペア 7.「カップのクイーン」 特徴：愛情深い

「ソードのクイーン」に対して、もっとやさしくなるようにと助言する。

強さを必要とするときに、それを欠いてしまうことが、「ソードのクイーン」をいらいらさせる。

ペア 8.「ワンドのナイト」 特徴：冒険的／落ち着かない

安定志向の「ペンタクルのクイーン」に対して、ときにはちょっとした冒険が必要であることを助言する。

じっとせず、たえず動き回らずにいられない性格が、「ペンタクルのクイーン」をいらいらさせる。

ペア 9.「ワンドのクイーン」 特徴：陽気

「ソードのナイト」に対して、明るく外交的になるように励ます。

力が及ばない状態でも、平気でいられる楽天的すぎる性格が、「ソードのナイト」をいらいらさせる。

ペア 10.「ペンタクルのナイト」 特徴：困難なことにも取り組む／苦労して働く

「カップのキング」に対して、しっかりと仕事をするように励ます。

誰に対しても一生懸命働くよう強要することで、「カップのキング」をいらいらさせる。

ペア 11.「ソードのクイーン」 特徴：正直

「ワンドのナイト」に対して、正直になるよう助言する。

彼の秘密を見透かすことによって、「ワンドのナイト」をいらいらさせる。

ペア 12.「ソードのナイト」 特徴：鋭敏／鋭い

「ペンタクルのナイト」に対して、ものごとのポイントをつかむ手助けをする。

ものごとの実際的な細部を見ないことが、「ペンタクルのナイト」をいらいらさせる。

【エクササイズ14．4——互いの意味を強めるペア】
　以下の各カードに対して、次の指示に従ったエクササイズを行ってください。

| ワンドの3 |  ペンタクルの4 | 節制 | 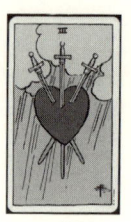 ソードの3 |

1. カードの意味をひとつ選ぶ。
2. それと似た意味を持っている別のカードを見つける（大アルカナでも小アルカナでも構いません）。
3. その際に補助として、P164以下の各カードのキーワードの一覧と互いの意味を強めるカードのセクションに、ざっと目を通す。

　次にあげる他のカードについても同じようにやってみましょう。
　カップの5／ワンドの8／ペンタクルの9／正義／カップの6

【エクササイズ14．5——　一時的なペア】
　以下の表にあるペアについて、その2枚のカードを目の前に並べて、しばらくちょっと見つめてみてください。お互いに反対の意味を持っている、あるいは互いの意味を強めていると見なすための、それぞれのカードの意味を見つけてください。エクササイズの後に掲載したわたしの解答例を、参考にしてください。
　ここでは例をひとつだけあげておきます。
《例》
「女帝」──自分自身を中心に置くひとりの女性
「カップの3」──お互いを尊重し合う女性のグループ

「女帝」──ゆったりと腰をかけ、動かないひとりの女性
「カップの3」──活発で元気よく踊っている女性たち

さらなる練習のために、2枚のカードをランダムに引いて、同様のエクササイズを行ってみてください。

《エクササイズ》

〈一時的なペア〉

	カード1	カード2
ペア1	隠者	正義
ペア2	ソードの9	ソードの4
ペア3	ペンタクルの2	吊るされた男
ペア4	戦車	死
ペア5	ペンタクルの4	ワンドの6
ペア6	恋人	ソードの6
ペア7	司祭	悪魔
ペア8	ワンドの9	ペンタクルの7
ペア9	太陽	ソードの10

〈解答例〉

ペア1. 「隠者」：法の外にいる人
「正義」：法の執行者

ペア2. 「ソードの9」：休息できない
「ソードの4」：平和な休息

ペア3. 「ペンタクルの2」／「吊るされた男」：どちらの絵柄の人物も、曲がった足をしている。もしかすると、どちらも膝に問題があることを示しているのかもしれない。

ペア4. 「戦車」／「死」：どちらの絵柄も、彼の道の前に現れるものは、押しつぶさんばかりの圧倒的な力を持っている。

ペア5. 「ペンタクルの4」：孤独でお金を愛する人
「ワンドの6」：人々を愛し、人々に囲まれている人

ペア6. 「恋人」：楽園の喜びを享受している
「ソードの6」：楽園から追放された苦しみ

ペア7. 「司祭」：善
「悪魔」：悪

ペア8. 「ワンドの9」／「ペンタクルの7」：どちらの絵柄も、仕事を中断し、休憩をしている。

ペア9. 「太陽」：太陽が昇っている
「ソードの10」：太陽が沈んでいる

【エクササイズ14．6——バランスの関係】
　今のあなたにとって、意味があるものごとの反対を示す概念を、見つけてください。ここにその例をあげてみます。
《例》
1. 抑制する—解放する
2. 自由になる—制限される
3. 楽しく感じる—悲しみを感じる
4. 平和を作りだす—争いを作りだす
5. 働く—遊ぶ
6. 安全を取る—リスクを負う
7. ゆっくり動く—すばやく動く
8. 行動する—待つ
9. 一緒になる—離れてゆく
10. 勝ち誇る—敗北する

　あなた自身で、反対の意味を持っている2枚のカードを、探してください。今から数週間、ときどきこれらのカードについて考えてみましょう。あなたは、その2枚のどちらに近いですか？　それとも中間ですか？　これら2枚のカードが、後のあなたのリーディングに現れるかどうかにも、注意を向けておいてください。

レッスン 15：
ケルティック・クロス・スプレッドでのペアのポジション

ケルティック・クロスは、たくさんのカードのペアが自然と生まれてくるパワフルなスプレッドです。あるポジション同士は、お互いに意味を強め合います。そしてそれらのポジションに出たカードは、重要な関わり合いを持っていると見なすことができます。

【ポジション1とポジション2──中心となる位置】

ポジション1と2のペアは、ケルティック・クロスのもっとも中心となる部分です。ちょうど90度回転させることで、カードの上辺を右側に向けて配置されるポジション2のカードは、カード1とペアの関係になります。このペアは質問の状況の核心となる事柄を象徴しています。このペアとなるポジションは、それぞれに出たカードの要素が、下記の1と2の例のように、ふたつの力が衝突するといった関係性（例1）を示す場合と、ふたつの力が相互に支え合う関係性（例2）を示す場合があります。また（例3）のように、ポジション1は、質問の中心にある問題を表し、ポジション2はあなたがその問題について、しなければならないことが何であるかを示すこともあります。

（例1）ふたつの力が衝突する

カップの10
〈ポジション1〉

ペンタクルの6
〈ポジション2〉

シャロン[*1]はボーイフレンドと仲直りした直後に、わたしにリーディングを求めてきました。シャロンは、結婚して子どもが欲しかったのですが、彼のほうはそれに気が進まなかったため、数週間前、彼らは一度別れました。けれども、ふたりは再びよりを戻し、今は婚約しています。この状況に対して、ポジション1には「カップの10」のカード、ポジション2には「ペンタクルの6」のカードが出ました。「カップの10」のカードは、このカップルの未来に約束されたロマンス、そして家族の喜びを示しているのでしょう。しかしポジション2の「ペンタクルの6」のカードは、どちらかが妥協することによって、解決しなくてはならない問題が、いまだ存在するであろうことを暗示しています。言い換えると「ペンタクルの6」のカードは、絵に表されているように、ど

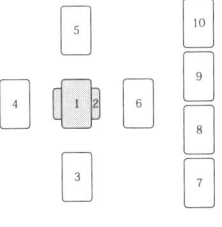

[*1] このレッスンで例として使われている名前は、実際の人物名とは変えてあります。

ちらかが優位に立ち、もう一方が相手の主張に服従しなければならないという状況の間を、大なり小なり揺れ動いていることを表しているのです。

(例2) ふたつの力が相互に支え合う

ワンドのキング〈ポジション1〉　　女帝〈ポジション2〉

　仕事を退職した後のジュリアのリーディングの場合です。彼女は人生の新しい門出の入り口に立っているように感じていました。ポジション1には「ワンドのキング」のカードが、ポジション2には「女帝」のカードが出ました。これらの注目すべきペアは、ふたつの異なるパワフルな力を結びつけるカードの組み合わせです。ジュリアは、創造的で力を呼び起こす「ワンドのキング」のカードと、豊かな成長を促す「女帝」のカード双方のエネルギーが結びついたものとして、自分の未来を思い描きました。

(例3) 何が真実で、何を暗示しているのか

ソードのペイジ〈ポジション1〉　　ペンタクルの9〈ポジション2〉

　ナンシーのリーディングでは、ポジション1に「ソードのペイジ」のカード、ポジション2に「ペンタクルの9」のカードが出ました。ナンシーの頭の中は、8歳の孫娘ローズのことでいっぱいです。ローズはとても問題児で、ちっとも言うことを聞かず、本当に大変なのですが、そのことは「ソードのペイジ」のカードに表れています。一方の「ペンタクルの9」のカードは、もしローズの成長のためを思うなら、もっとしつけを厳しくしなければならない必要があることを、ナンシーに告げているのでしょう。

【ポジション3とポジション5 ──意識のレベル】

ポジション3とポジション5は、意識のふたつのレベルを表しています。わたしたちはポジション5が示す心のもっとも内奥の部分の知識を意識化することによって、多くのことを学ぶことができます。ポジション3とポジション5は、次のようにペアとして対比することができます。

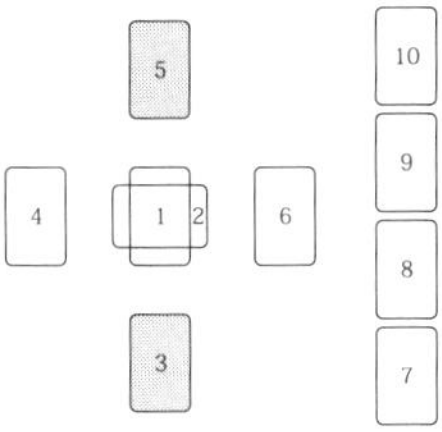

	ポジション3	ポジション5
（例1）	本当の気持ち	表向きの気持ち
（例2）	深層意識の真実	表層意識に現れていること
（例3）	ハイアーセルフ	エゴセルフ

（例1）本当の気持ち──表向きの気持ち

ワンドの10
〈ポジション3〉

カップの10
〈ポジション5〉

ニコルは、友人のアンから、彼女と一緒に暮らす子どもたちの居場所を、アンの別れた夫に嘘をつくようにと頼まれました。ニコルは、このことについてどうしたらよいのかをリーディングしました。

ニコルのリーディングでは、ポジション3に「ワンドの10」のカード、ポジション5に「カップの10」のカードが出ました。「カップの10」のカードからニコルは、アンへの友情、そして彼女をサポートすること、そしてこの家族の平和を保つことが、自分のしてあげるべきことだと思いました。一方で、より深いレベルを示すポジション3に「ワンドの10」のカードが出ています。そのことから、アンからの頼みを「NO」と言えず、ニコルは自分の立場を重荷と感じており、面倒な状況に巻き込まれたことに、うんざりしていることがわかります。

（例2）深層意識の真実──表層意識に現れていること

愚者
〈ポジション3〉

カップの5
〈ポジション5〉

- 121 -

かりにあなたが、自分が望んだわけではない辛い離婚を経験したばかりだとしましょう。そして、この嵐の時期を乗り越えたいと思いリーディングをしたところ、ポジション3に「愚者」のカード、ポジション5に「カップの5」のカードが出たとします。まず「カップの5」のカードが出ているということは、表面的な意識のレベルにおいて、あなたは失った関係性に対する悲しみと挫折を感じているのかもしれません。一方で、離婚はあなたによい機会であったことも示されています。というのも、深層意識を表すポジション3には、人生の新たな心踊る出発点にいることを示す「愚者」のカード出ています。あなたは心の深い部分では、自分を強く信じているはずです。離婚の悲しみを乗り越え、あなたの未来は明るいものであることが暗示されています。

(例3) ハイアーセルフ──エゴセルフ

運命の車輪
〈ポジション3〉

ソードの2
〈ポジション5〉

　以前わたしは、どうしたら自分の中にあるハイアーセルフを、もっと開放することができるのだろうと思いながら、リーディングを試してみたことがあります。そのとき、ポジション3に「運命の車輪」のカード、ポジション5には「ソードの2」のカードを引きました。
　スピリチュアルなレベルで「運命の車輪」のカードは、日常の背後にある神秘を示すと同時に、ハイアーセルフが、自分の心の奥でぐるぐると回っていることを表しています。それは自分の個としてのヴィジョンを、より大きなものへ拡張する準備が整っていることを暗示しています。けれども、自分自身が、ハイアーセルフの開放をブロックしていたようです。というのも、ポジション5の「ソードの2」のカードは、自分自身の恐れが、心の奥で知っていることを受け入れず、拒んでいるのだということを示唆しています。

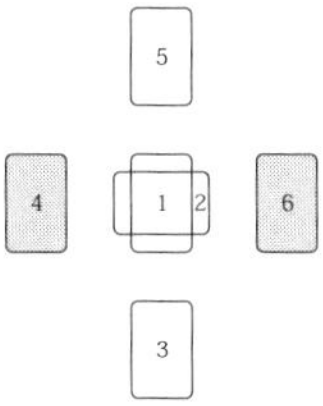

【ポジション4とポジション6——時】
　ポジション4とポジション6の対比は、鏡のイメージとして見なすことができます。このふたつのポジションのテーマは、いずれも時です。ポジション4は過去、ポジション6は近未来を表しています。このふたつのポジションは、次のようなペアとなる対比を示しています。

	ポジション4	ポジション6
（例1）	通り過ぎる	接近する
（例2）	手放す	受け入れる
（例3）	すでに経験している	これから経験する

（例1）通り過ぎる——接近する

カップのナイト〈ポジション4〉　カップのペイジ〈ポジション6〉

　ソフィアは、3人目の子どもを生もうかどうか迷っていました。彼女のリーディングでは、過去を示すポジション4に「カップのナイト」のカード、未来を示すポジション6に「カップのペイジ」のカードが出ました。これら2枚のコート・カードは、もし彼女が妊娠したら、何が起きるのかを明確に表しているとみなせます。今は大きくなった子どもたち（ナイト）に向けられている彼女の気持ち（カップ）が、赤ちゃん（ペイジ）のほうへと注がれるだろうということです。ちなみにこのリーディングでは、ナイトとペイジというコート・カードのランクが、子どもたちの年齢域を表すものとして解釈されています。

（例2）手放す——受け入れる

ペンタクルの7〈ポジション4〉　ワンドの8〈ポジション6〉

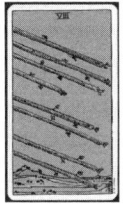

　転職の可能性についてのリーディングで、「ペンタクルの7」のカードがポジション4に、「ワンドの8」のカードがポジション6に出ました。「ペンタクルの7」のカードは、いったん立ち止まり状況を査定す

ることを意味し、転職を決める前に、ある程度の蓄えを持っておく必要があるということを示しています。ただしここでは、「ペンタクルの7」は、「手放す」ことを意味するポジション4に出ています。したがって、そのような懸念は、手放すべきであることが示されています。一方で、ポジション6に出ている「ワンドの8」のカードによって示されているのは、結論を出しすばやい行動を起こすべきだということです。「OK。あなたはもう転職について充分考えてきました。たとえどのような状況であろうとも、もう前に進んで動きだしなさい」とこの2枚のカードのペアは、告げているとも言えるでしょう。

（例3）すでに経験した──これから経験する

ワンドの5
〈ポジション4〉

カップの4
〈ポジション6〉

　仕事を辞めたジェフは、今パートタイムで働きながら次の仕事を探しています。ポジション4に「ワンドの5」のカード、ポジション6に「カップの4」のカードが出ました。「すでに経験した」ことを示すポジション4に出た「ワンドの5」のカードが示しているのは、以前の会社にはびこっていた、つまらない争いごとを象徴しているようです。その敵対的な空気は、彼が仕事を辞めた理由のひとつでしたが、ジェフにはまだ他にも直面しなくてはならない問題があるようです。「これから経験すること」を示すポジション6に現れた「カップの4」のカードは、彼が求めている仕事と出会う前に、いったん社会から身を引き、自分を見つめ直すときが必要であることを示しているのでしょう。

【ポジション7とポジション8──自己と他者】
　外的世界から自分が切り離されているように感じるときでも、わたしたちは実際には自分を取り巻く環境との間において、感情や思考といったレベルで、あるいは複雑な原因と結果といった関係で結びついています。ポジション7とポジション8のペアは、そういった自己と非自己の間の結びつきを表します。言い換えるならポジション7は自分自身を、ポジション8は他者を表しています。ただし、ポジション8の他者は、以下の例1のように自分以外の現実の人間を示すこともあれば、例2のような集団、あるいは例3のような人物ではなく一般的な環境などを意味することもあります。

- 124 -

(例 1) 自分と他の人物

正義 〈ポジション7〉　　恋人 〈ポジション8〉

　シンシアは、ポジション7に表れた「正義」のカードを理解するまでは、わたしに気持ちを分かち合おうとはしませんでした。わたしは「正義」のカードが、自分が過去に行ったことの結果を受け入れなければならないという意味を持っているということを伝えました。すると彼女は、自分が妊娠しているのではないかと心配していることを申し出てくれました。妊娠は、彼女とボーイフレンドのふたりにとっては、意図的に求めていたものではありませんでした。しかし、ポジション8に出ている「恋人」のカードは、彼女を安心させました。というのも、この他の人物のことを示すポジションが、ボーイフレンドを表していると見なすなら、彼には愛情があり、彼女の妊娠という事態に対して協力的な姿勢をみせてくれることでしょう。ちなみに「恋人」のカードは、性的な関係も暗示しています。

(例 2) 自分とグループ

ペンタクルの5 〈ポジション7〉　　司祭 〈ポジション8〉

　かつてわたしは、治療の一環として摂取するように勧められていた薬について悩んでいました。このことについてのリーディングを行ったところ、ポジション7に「ペンタクルの5」のカードが、ポジション8には「司祭」のカードが出ました。わたしは「司祭」のカードを、薬物を服用することの効能を強く信奉する現代の正統派医療の体制であると解釈しました。一方で「ペンタクルの5」は、わたしがその治療を断ると、現代の医療体制からは見放されてしまうことになりかねないことを暗示しているように思われました。

（例3）自分と環境

ペンタクルの4 〈ポジション7〉　　　ペンタクルのエース 〈ポジション8〉

かりにあなたが熱心な倹約家だったとします。しかし今、投機的なビジネスチャンスが巡ってきたため、銀行に預けるつもりだったお金を投資し、それを受けるべきであるかどうか迷っています。それについてのリーディングでポジション7には「ペンタクルの4」のカード、ポジション8には「ペンタクルのエース」のカードが出ました。「ペンタクルの4」のカードは、あなたの守りに入っている姿を示しています。けれども、「環境」を示すポジション8に出た、一方の「ペンタクルのエース」のカードは、この冒険が、大きな経済的報酬のチャンスの可能性を暗示しているとも言えます。

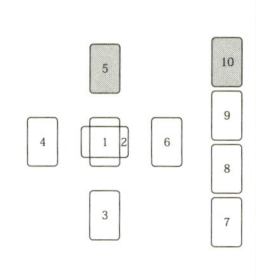

【ポジション5とポジション10】

ポジション6、ポジション10、ポジション5の3枚のカードは、いずれも未来を指し示します。ただしすでに見たポジション6が近未来を示すのに対して、ポジション10は、それより先の遠い未来であり、もし今のエネルギーがそのまま続けば、実際にやってくるだろう結果を意味します。一方でポジション5は、起こる可能性があるとあなたが考えている未来像を意味します。このふたつのポジションのペアでは、次のようないくつかの対比が考えられます。

	ポジション5		ポジション10
（例1）	肯定的な未来像	非適合	否定的な結果
（例2）	否定的な未来像	非適合	肯定的な結果
（例3）	未来像	適合／補強	予想された結果

（例3）のようにポジション5がポジション10に出たそれぞれのカードの意味が適合的で、お互いのエネルギーを補強し合っているときは、あなたの意志でその未来の実現を推し進めていくことができます。ですから、もし両方のポジションのカードが肯定的なものなら、そのまま予定のコースを進んでいけばいいわけです。けれども、もし両方のポジションのカードが否定的なものだったら、未来の結果を違ったものとするために、今のあなたの信念を変えていく必要があります。

（例1）肯定的な未来像――否定的な結果

ワンドの6
〈ポジション5〉

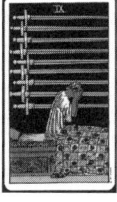

ソードの9
〈ポジション10〉

　あなたは博士号をとるために努力しています。そしてやがて口頭試問の日がやってきます。それがうまくいくかどうかを見るためにリーディングをしたところ、ポジション5に「ワンドの6」のカード、そしてポジション10に「ソードの9」のカードが出ました。この2枚のペアは、あなたに大きな注意を呼びかけています。肯定的な未来像を示すポジション5に出た「ワンドの6」のカードから、あなたが意気揚々とした勝利のパレードを思い描いていることがわかります。けれども、きたるべき結果は「ソードの9」のカードであり、「ワンドの6」のカードとは正反対の心を悩ます経験が表されています。あなたが目指すゴールを手に入れるためには、未来を見据え、きちんとした準備をしておく必要のあることが表されているのでしょう。

（例2）否定的な未来像――肯定的な結果

悪魔
〈ポジション5〉

ワンドの3
〈ポジション10〉

　あなたは普段、いつかは仕事を辞めて音楽の道を追求したいと思っています。けれども、実際にその道へと進むことに対して恐れを感じています。いつかは挑戦する勇気を持つことができるときがやってくるのだろうか、とあなたは不安になっています。
　ポジション5には「悪魔」のカード、ポジション10には「ワンドの3」のカードが出ました。「悪魔」のカードは、あなたが変化を恐れていることと、行き詰ってしまっていることを示しています。否定的な未来像を思い描いてしまっているあなたは、成功は手の届かないところにあり、所詮、仕事を辞めて音楽の道へと踏みだすことは、今持っているものを何もかも失ってしまうことになるかもしれないと恐れを抱いているようです。一方で「肯定的な結果」のポジション10に出ている「ワ

ンドの3」のカードは、もしあなたが今の安定した環境を離れ、大きな飛躍を試みれば、まったく新しい世界を発見するであろうことを示していると言えるでしょう。

(例3) 未来像と予想された結果の一致

ソードの7
〈ポジション5〉

塔
THE TOWER.
〈ポジション10〉

あなたの思春期の娘アリソンが、最近よそよそしく、秘密主義になっていることが気になって仕方がありません。あなたは彼女が何をしているのか心配に思っています。このことについてのリーディングで、ポジション5に「ソードの7」のカード、ポジション10に「塔」のカードがでました。「ソードの7」のカードは、何か隠しごとをするかもしれない娘に、どれだけあなたが心配しているかを暗示しています。一方、「塔」のカードは、もしあなたがアリソンとすぐに話し合わなければ、結果として周りを慌てさせるような、大きな問題が発生する可能性を示しているのでしょう。

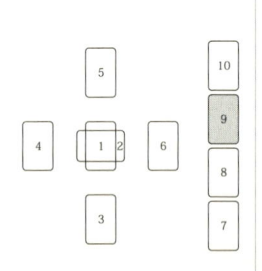

【ポジション9──ワイルド・カード】
　伝統的にポジション9は、質問者の「望みと恐れ」を表していると見なされてきました。ただしそれは同時に、以下の（例1）のように導きのカードとして読むこともできるポジションです。また、特定のポジションと対比の関係を作るというのではなく、すべての他のポジションに出たカードの持つ意味をまとめあげるために、ポジション9に出たカードはその助けともなります。ポジション9に出たカードを参照することによって、他のポジションのカードの解釈、及びそれらの意味の統合を可能にします。いずれにせよポジション9の解釈には、次のような例があげられます。

（例1）　　採用すべきアプローチ　あるいは進むべき道
（例2）　　キー・パーソン　問題、もしくは障害
（例3）　　驚きの要素

（例1）導き――進むべき道

　　カップのナイト　　　ペンタクルのナイト　　　カップの2
　　〈ポジション1〉　　　〈ポジション10〉　　　　〈ポジション9〉

　ラルフのリーディングに、2枚のナイトが出ました。ポジション1に「カップのナイト」のカード、ポジション10に「ペンタクルのナイト」のカードです。彼は、彼自身の中にあるふたつの異なる面、すなわち、芸術性と現実性を両立させるために悩んでいるのだ、とわたしは感じました。この解釈の鍵となったのが、ポジション9の「カップの2」のカードでした。すなわち「カップの2」のカードが、ラルフのふたつの相容れない内的な衝動を結びつけることの必要性を説いているのだとわたしは解釈したのです。

（例2）問題、もしくは障害

　　ソードの5
　〈ポジション9〉

　「ソードの5」のカードに対して、何年間かかけて学んだことは、それがわたしにとって特別に象徴的な意味を持っているものだということでした。このカードがわたしに示していたのは、そうすべきではないにも関わらず、いつも他の人のことよりも、まず自分自身のことばかり考えてしまっているということでした。このカードは、この本の契約についてリーディングしたとき、ポジション9の場所に現れました。そのときわたしは、もし契約を円滑な合意に導きたいなら、そういった自分を中心に置いてしまうということに気をつけなければならないのだと、即座に判断しました。
　もしかすると、タロットと親しんでいるうちに、あなたもある特定のカードが自分の人生にとって特別に象徴的な意味合いを持っていることを、発見するかもしれません。

(例3) 驚き

ワンドの5
〈ポジション9〉

　ある日、わたしは息子の先生から手紙を受けとりました。先生はクラスで起きた事件について、わたしに話をしたかったようです。このことについてのリーディングで、ポジション9には「ワンドの5」のカードが出ました。わたしはこのカードから、息子が学校生活の中で、他の生徒と何かぶつかり合う行動を取っているのではないかと推測しました。後になってわかったことですが、息子は鉛筆で、他の生徒を何度も何度も突っついていたのだそうです。それまで息子は、わたしの前ではそんなことをしたことなど一度もなかったので、とても驚きました。
　面白いことに、実際に「ワンドの5」のカードは、若者たちが、まるで鉛筆を象徴しているかのような長い棒を持ち、何度も打ち合っている姿が描かれています。これはまさしく、今回の息子の状況を、象徴的な形でわたしに示してくれているように思えました。

　最後に念のために言っておきますと、リーディングでは、必ずしもいつも対比されるペアとしてカードを見なさなければならないと言うわけではありません。あくまでペアを探すことは、たくさんあるリーディングのテクニックのひとつです。また、ここで示したペアについてのレッスンは、ひとつの例としての提案にすぎません。実際のリーディングの際には、自分の直観を信じ、あなたにとって意味があると思われるペアの組み合わせを見つけていってください。

レッスン15のためのエクササイズ

【エクササイズ15．1──
ケルティック・クロスでの伝統的なポジションのペア】

　デッキから10枚のカードを選び、裏向きにケルティック・クロスにレイアウトしてください。下記の6つの状況について、次のようなエクササイズを行ってください。

1. ケルティック・クロスのリーディングで、以下の（A）にリストアップした2枚のカードが出たと想定してください。
2. その2枚のカードを指示されたポジションに表向きに配置してください（すでにケルティック・クロスでレイアウトされていたカードはよけてください）。
3. この2枚のカードについて、ペアとしての解釈を簡単に書きだしましょう。ここではレッスン15の例を、モデルとして使ってください。
4. カードを裏向きに返します。
5. さらなる練習のために1から4のステップを、今度は（B）のリストのカードを使ってやってみてください。

　ここではそれぞれに掲載してある、わたしの解答例を参考にしてください。アンダーラインのあるフレーズはカードの意味、斜字体のフレーズは、ポジションの意味です。

《エクササイズ》
（問1）あなたの8歳の子どもが、学校から泣いて帰ってきました。彼は宿題を、きちんと言われたとおりにやらず、なおかつ雑な文字で書いてあったので、先生からしかられたのです。
　　　（A）ポジション1の「カップのペイジ」とポジション2の「ペンタクルのナイト」のカード
　　　（B）ポジション1の「ペンタクルの2」とポジション2の「審判」のカード
　〈解答例〉ポジション1―ポジション2
　　　（A）「カップのペイジ」―「ペンタクルのナイト」
　　　　　　わたしの息子は、すべてを心から受け止めてしまう優しく繊細な少年です。先生は、融通がきかず、厳格すぎます。常識を超えたレベルの完璧さを主張し、彼女はわたしの息子を厳しく扱いすぎています。
　　　（B）「ペンタクルの2」―「審判」

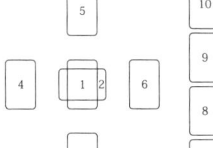

論点の中心は、学校とは<u>愉快</u>で楽しい場所であるべきであり、過酷な公共の<u>裁き</u>の場ではないということです。わたしは息子を、学校にうまく<u>適応</u>させ、すぐに<u>立ち直ることができる</u>よう手助けします。

(問2) あなたはパートナーが浮気をしているのではないかと心配しています。それが本当ではないと信じたいのですが、疑ってしまっています。
　　　(A) ポジション3の「カップの6」とポジション5の「月」のカード
　　　(B) ポジション3の「カップの7」とポジション5の「ソードのキング」のカード
〈解答例〉ポジション3―ポジション5
　　　(A)「カップの6」―「月」
　　　　　<i>表面上</i>は、<u>恐れ</u>と<u>疑惑</u>に襲われています。わたしは、自分を<u>紛らわせ</u>ようとしています。<i>深い真実としてそこには<u>善意</u>があるようです。おそらくパートナーは<u>無実</u>です。</i>
　　　(B)「カップの7」―「ソードのキング」
　　　　　<i>問題の原因</i>としては、わたしの<u>空想力が湧き上がる</u>に任せていることが出ています。わたしは<u>事実と虚構の区別</u>がつかなくなっています。事実を見いださねばなりません。<u>公正</u>で<u>正直</u>にならなければなりません。感情が<u>理性</u>を曇らせることのないようにしなければなりません。わたしは<u>真実に関心</u>を集中させる一方で、相手に対して愛情を持つことを忘れてしまっていないでしょうか。

(問3) 仕事仲間のひとりが、きちんと自分の責任を果たしていません。その問題は過去に遡りますが、でも今や彼の怠惰は、本当にグループに迷惑をかけています。
　　　(A) ポジション4の「ソードの2」とポジション6の「ワンドの3」のカード
　　　(B) ポジション4の「ワンドの10」とポジション6の「力」のカード
〈解答例〉ポジション4―ポジション6
　　　(A)「ソードの2」―「ワンドの3」
　　　　　わたしは<u>過去</u>に、トラブルの<u>警告サイン</u>を無視してきました。それに<u>対応する</u>のは<u>面白くなかった</u>ので、その問題を<u>避けて</u>きました。わたしは<u>リーダーシップ</u>を発揮しなければならないことになりそうです。チームは、<u>責任</u>

を持って方向性を指示してくれるものだ、とわたしをあてにしています。
　　（Ｂ）「ワンドの 10」―「力」
　　　　わたしはこの社員を、ずっとカバーしてきました。彼の分の仕事を引き受けるのは、他のみんなにとって大変なことです。けれども、わたしが耐えれば、彼はまだ役に立つようになるかもしれません。その役目を自分が引き受けるには、特別な決意が必要です。

（問4）7年間、あなたはパートナーと共同で店を所有し経営していました。今、彼女は自分の取り分をもらって辞めたいと思っています。けれどもあなたは、彼女の権利を買いとるためには、店を売らなくてはなりません。
　　（Ａ）ポジション7の「ペンタクルの 10」とポジション8の「死」のカード
　　（Ｂ）ポジション7の「カップのクイーン」とポジション8の「ペンタクルのクイーン」のカード
〈解答例〉ポジション7―ポジション8
　　（Ａ）「ペンタクルの 10」―「死」
　　　　わたしは今のまま続けたいと思っています。この店は繁盛して安定しています。そこにいると、わたしは安心し、幸せを感じます。けれども、パートナーはこの共同事業を終わらせて、何か他のことをはじめたいのです。
　　（Ｂ）「カップのクイーン」―「ペンタクルのクイーン」
　　　　わたしにとって、この店はただの仕事ではなく、心をこめてしていることです。パートナーについても同じように感じていました。けれども、彼女はもっと現実的で、実際的な観点を持っています。彼女にとって、仕事は仕事です。先へ進むことは、感情的に大きな問題ではないようです。

（問5）あなたは両親が認めてくれそうにない人とつきあっています。今までは関係を秘密にしていましたが、永遠に隠し続けることはできません。
　　（Ａ）ポジション5の「ソードの3」とポジション 10 の「世界」のカード
　　（Ｂ）ポジション5の「運命の車輪」とポジション 10 の「愚者」のカード
〈解答例〉ポジション5―ポジション 10

(A)「ソードの3」―「世界」
わたしは、別れにつながってしまうかもしれない、恐ろしい場面があるのではないかと心配しています。実際のところ、わたしの恐れは根拠のないものです。最後には、みんなで共に過ごすことができるでしょう。いつかは、わたしの心の望みを叶えられることを信じています。

(B)「運命の車輪」―「愚者」
わたしが大切にしているこの恋が、神秘的な要素を持っていることを、どちらのカードも示しています。今この関係は、運命的で大きなターニングポイントにあると思われます。もし自分の選択を確信し、自分の心を信じていれば、すべてはうまく行くことでしょう。それは新しいはじまりとなるに違いありません。

(問6) 税収の不正を調査されている政治家について、他者リーディングを行いました。

(A) ポジション9の「ワンドの2」とポジション4の「ソードの7」のカード
(B) ポジション9の「ワンドの8」とポジション8の「皇帝」のカード

〈解答例〉ポジション9―ポジション4と、ポジション9―ポジション8

(A)「ワンドの2」―「ソードの7」
この政治家は、過去に何か怪しいことに関わっていました。隠している不名誉な何かがあるようです。それは、彼の個人的な力と影響力を持つことへの欲望が、そのことに関する鍵であるように思われます。この政治家は、自分の欲しいものを追いかけることに対して、大胆であり専心します。

(B)「ワンドの8」―「皇帝」
この調査は、新しい情報が明るみに出ることで、最高潮を迎えるでしょう。この政治家は、司法制度が持つ力と権威に対して真っ向からぶつかることになるでしょう。

【エクササイズ15.2——ケルティック・クロスでの他のペア】

　以下では、ケルティック・クロスにおける、伝統的なものとは別に、新たなペアの組み合わせから作られる意味を考えてみます。それぞれについて、そのペアから学ぶべきことを、短い記述で書きだしてみてください。この後に掲載してあるわたしの解答例も参考にしてみてください。ここでひとつだけ例をあげておきましょう。たとえば、ポジション1—ポジション4のペアは、過去（ポジション4）の何らかのものが、どのように現在（ポジション1）に影響を与えているのかと意味づけることも可能でしょう。

《エクササイズ》
(問1) ポジション1—ポジション6
(問2) ポジション1—ポジション7
(問3) ポジション2—ポジション5
(問4) ポジション2—ポジション8
(問5) ポジション3—ポジション4
(問6) ポジション3—ポジション10
(問7) ポジション4—ポジション8
(問8) ポジション5—ポジション7
(問9) ポジション6—ポジション10

〈解答例〉
(問1) ポジション1—ポジション6
　現在の状況 (1) が、人々やものごとをいかに導いていくのか (6)。
　現在の状況 (1) は、近未来 (6) にどのように展開していくのか。
(問2) ポジション1—ポジション7
　あなたの状態 (7) が、現在の状況 (1) にどのように影響するか。
　あなたの理想的な態度 (7) が、現在の状況 (1) をどう改められるか。
(問3) ポジション2—ポジション5
　変化する要素 (2) は、あなたのものの見方 (5) にどう作用するか。
　対立する力 (2) は、別の結果 (5) を導く要因となりえるのか。
(問4) ポジション2—ポジション8
　環境 (8) についての対立する要素 (2) を知らせるふたつの情報源。
　他人の観点 (8) が、どのように支えてくれる要素 (2) として働くか。
(問5) ポジション3—ポジション4
　過去からの何か (4) が、どのように状況の根本要因 (3) となっているのか。
　忘れ去られた何か (4) が、どのように未知の要素 (3)

となっているのか。
（問6）ポジション3―ポジション10
無意識の影響（3）が、どのように予期される結果（10）
と関連しているのか。
隠された要素（3）が、予期される結果（10）にどう影響を
与えていくか。
（問7）ポジション4―ポジション8
過去の人物（4）が、どのように周囲の環境（8）に影響を
与えているのか。
他の人（8）が、過去のあなた（4）であることを、
いまだにどれだけ期待しているのか。
（問8）ポジション5―ポジション7
あなたの自己イメージ（7）が、どうあなたの態度（5）に
影響しているか。
あなたが自分に課している義務（7）が、どのように
望んでいる結果（5）の形へとつながっていくのか。
（問9）ポジション6―ポジション10
近未来（6）と最終的な結果（10）には、それぞれ
どのような可能性があるのか。
もし、これから有効なやり方（6）を採用していくと、
その先に起こること（10）はどうなるのか。

【エクササイズ15．3――
ケルティック・クロスでのペアについての再考察】
　エクササイズ7．1（P66）で行ったケルティック・クロスにおけるペアを再度考察し、そこに新たな理解の光を当ててみましょう。何らかの新しい洞察は発見できましたか？　明らかに意味的にペアになっていると思われるカードをチェックしてみると同時に、他にもペアになっているところはないか探してみてください。そこで何か驚くべきものが見つかるかもしれません。もちろん、そこにはまったく新しいことが、何も見つからない場合もあります。他者リーディングに関しても、この同じ方法で再度考察を試みることで、さらなる練習を行ってみてください。

レッスン 16：リバース（逆位置）のカード

タロット・カードをシャッフルしたとき、カードがしばしば逆の向きとして現れてしまうことがあります。ここまではそれを無視して、単にカードの向きを直すという形でお話してきました。しかしながら、ここではリバースのカードについて、改めてそれがどういう意味を持っているのかについて解説してみたいと思います。

人生のすべての出来事は、複数の力の混ざり合ったエネルギーによって形作られるパターンの現れです。1枚1枚のカードは、そういった人生の出来事を作りだす個々のエネルギーを象徴しています。ですからリーディングの際に、出てきた複数のカードは、全体として人生の出来事を形作るエネルギーの集合体を示しています。また、あなたがシャッフルし、カットすることで、カードはあなたの内部や周りにあるその瞬間のエネルギーを受けとります。

ただし、人生の出来事を形作るエネルギーは、いつも一定のレベルにあるわけではありません。あるときは強くパワフルになったり、他のときにはその力が弱まっていたり、あるいは現実に大きな影響を及ぼすこともあれば、逆にそのまま流れ去っていってしまったりします。こうしたエネルギーが、実際にどのように用いられるかは、あなたの置かれている状況が持つ諸々の要素によって異なってきます。

こうしたエネルギーの状態を端的に示すのが、リーディングの際のカードの向きです。たとえば、カードがアップライト（正しい向き）として出たときは、そのエネルギーは活発であり、自由な状態にあると言えます。ところがカードがリバースとして出たときは、エネルギーは十分に活発であるとは言えません。エネルギーが弱い状態か、あるいは力を失ってきている状態のため、実際に大きな力を発揮することは困難だと考えられます。もちろんリバースの場合でも、カードの示している状況が現実のものになる可能性がまったくないわけではありません。ただし、そのエネルギーが弱いため、それが完全に現れることは難しいでしょう。

具体的な例をあげるなら、「太陽」のカードは、あなたの想像するとおり、大きく広がり、事物を照らしだすエネルギーを持っています。アップライトの「太陽」のカードは、そういった活発なエネルギーが大いに力を発揮できる状態を示しています。それは、まさしく今、成功の確信に満ち、自分が大きく輝くときであるとも言えるでしょう。一方でリバースの「太陽」のカードは、アップライトのときとエネルギーの本質

「太陽」のカード
リバース

自体は変わらないのですが、その強度のレベルは低下しています。活力は何らかの理由で制限され、弱々しいものとなっていることを示しています。もしかすると、そのことは気力や熱意の減退として現れるかもしれません。あるいは、大きな力を求め、成功したいと望んでいたとしても、何かが自分を妨害しているように感じるかもしれません。

　以前、自分と妻の間に子どもができるかどうかを知りたいと望んでいる男性のリーディングの際に、「女帝」のカードのリバースが出たことがあります。わたしは、彼らが何度も子どもを作ろうと試みたのではないかと推測しました。というのも、このカード自体は、母性と生命の誕生を象徴するエネルギーの存在を示しています。けれども、リバースであることから、それを何かが阻んでいるのではないかと考えられます。わたしはこの男性に、今ある障害が取り除かれたなら、子どものできるチャンスがやってくると告げました。やがて、ふたりの間で「女帝」のカードの持つエネルギーが解放される何かが起こったのでしょう、今、彼らの間には、可愛い女の子の赤ちゃんがいます！

　リバースは、望ましくないカードとして読まれがちです。実際にこの男性は、子どもが欲しかったため、「女帝」のカードのリバースを見て肩を落としました。おそらく以前に、他の誰かが、彼に対して「女帝」のカードのリバースを、否定的な意味として読んだのかもしれません。リバースのカードは、それ自体として否定的な価値を持っているわけではありません。むしろそれは、あなたが何を成し遂げたいと望んでいるのかによります。たとえば、次の「ソードの3」のカードを例にすると、そのことがおわかりいただけると思います。

　「ソードの3」のカードは、悲嘆と裏切りのエネルギーを象徴しています。もしこのカードがアップライトで出たなら、傷ついた心が重要な意味を持つことになります。リバースの場合、同じエネルギーではあっても、その力は減少しています。おそらく痛みの強度も弱く、たとえあなたが孤独を感じていたとしても、アップライトのときよりはその苦しみも緩和されていると考えられます。そういう意味では、リバースの「ソードの3」のカードは、アップライトよりは受け入れやすいとも言えるでしょう。ただし、リバースであっても、喜ばしくないカードが現れると言うことは、そこに同じエネルギーが何らかの形で存在しているわけですから、注意すべきであることを示していることに変わりはありません。

　また、しばしばあなたがとても強いレベルで、そのエネルギーを感じているにも関わらず、カードがリバースで現れることもあるかもしれま

せん。その場合は、あなたが意識して努力すれば、そのエネルギーの強度を弱め、状況を改善することができるということを意味しているとも言えます。

　あなたがやりたくないと思っていることをしなければならず、プレッシャーを感じていることについてのリーディングで、「ワンドの7」のカードがリバースで出たとします。このカードは抵抗感を表しています。すなわち、あなたは自分の意志に反した状況に対して、強い反発心を持っているのでしょう。だとすると、「ワンドの7」のカードのリバースは、あなたの強い反発心を抑えるように示唆している可能性があります。その場合は、いったん反発心を引っ込め、その問題に対処する別の方法を探してみてください（ただし、ここでのリバースの解釈としては、それ自体のエネルギーが低い、すなわちあなたの反発心が弱まっているということもありえます。実際のところは、リーディングの当人であるあなたが、どちらの解釈が最善であるかを判断しなければなりません）。

　また、リバースのカードの意味は、しばしば通常の解釈をひねった形で表れてくることもあります。たとえば、「皇帝」のカードのリバースは、パワフルな権威を持った人物が、玉座から転げ落ちることを表していたり、「ワンドの10」のカードのリバースが、むしろわずらわしい責任から抜けだすようにと示唆していたりといったように。ただし、リバースが必ずしもこういった意味として解釈できるということではなく、必要に応じて、たまたまそういった意味を示す場合もあるということです。

　カード同士は、どちらかがリバースの場合でも、ペアの関係になり得ます。少し例をあげてみましょう。
「太陽」と「月」のカードは、明晰さということに関しては、ちょうど正反対の意味を持ちます。すなわち、「太陽」のカードは、その光によってものごとを明るみに出しますが、「月」のカードは、その暗さによってものごとを曖昧な状態にしてしまいます。たとえば、リーディングでリバースの「太陽」のカードと、アップライトの「月」のカードが出たとします。

「ワンドの7」のカード
リバース

太陽
〈リバース〉

月
〈アップライト〉

この場合、二通りの解釈が可能です。まずひとつ目として、アップライトの「月」のカードは、そのまま曖昧さを示します。さらに、先行きの見とおしに翳りがあることを意味するリバースの「太陽」のカードが、「月」のカードの曖昧さという意味を補強します。もうひとつは、曖昧さの中で迷っていることを示すアップライトの「月」のカードに対して、「太陽」のカードのリバースは、今はエネルギーが弱まっているけれども、本来はより明るく先を見通すことが可能であることを示しているとも解釈できます。

　さらに、リーディングで出たカードのリバースとアップライトの比率を見ることも有用です。
　多くのカードがアップライトで出ている場合、あなたのエネルギーは自由に、力強く発揮できることが示されています。全体的な状況としては順調で、あなたの目標も明確です。

　一方、ほとんどのカードがリバースの場合は、エネルギーは低く、状況ははっきりとしていません。方向性を見失い、障害や対立があり、自分が抑圧されているように感じるかもしれません。まだ、不安定な状況の中で、混乱した状況になっているのかもしれません。とはいえ、それは単に否定的な意味だけではなく、いまだ停滞しているエネルギーを活性化させれば、新しい方向性へと進む自由が残されています。

　わたし自身は、リバースを用いることをお勧めします。もし、あなたの直観がリバースを使うことを選んだなら、「タロット・リーディングでリバースを使うことにします」とはっきり口に出しておくのもよいでしょう。そうすることで、自分の決断を確かなものとしてください。もし、あなたがリバースを採用しないというのなら、リバースについては忘れてしまって結構です。しばらく経ってから、やはりリバースを使うようにしようと決めても構いません。ただし、そのときどきで切り替えていると混乱してしまうので、リバースを使うか使わないかは、はっきりと決めてしまったほうがよいでしょう。

　人生とは、たゆまぬエネルギーの流れ、あるいは神(スピリット)によって導かれたすばらしいダンスです。わたしたちがその流れを理解し、創造的に関わっていけば、すべてのものごとの可能性が開かれていきます。わたしたちは、エネルギーを意識的に導いていくこともできるし、その流れに身を任せていくこともできるのです。いずれにせよ、リバースのカードは、あなたの人生の中のエネルギーの流れの状態を認識する手助けとなり、リーディングにまた別の局面をもたらしてくれることでしょう。

レッスン16のためのエクササイズ

【エクササイズ16．1——カードのエネルギー】

アップライト（正しい向き）とリバース（逆位置）が混ざり合うように、カードをシャッフルしてください。詳しくは、付録E（P372〜373）を参照してください。カードをまとめて、片手で裏向きに持ち、一番上のカードを表に返して目の前に置きましょう。そして次の質問に答えてください。

1. 今のあなたにとって、このカードのエネルギーはどのようなことを意味していますか？　心に浮かんでくる言葉やフレーズに耳を傾けてください。一般的なカードの意味を思いだそうとするのではなく、答えが自ずと気づきの中に現れるまで待ってみてください。カードのエネルギーが、それ自身を表すようにさせてみましょう。
2. カードの向きによって示されているエネルギーのレベルはどうですか？　アップライトのカードは高いエネルギーを、リバースのカードは低いエネルギーを表しています。
3. カードのエネルギーを、あなたはどのように経験していますか？　再び、それについての答えが自ずと現れるまで待ってみてください。

ここでふたつ例をあげておきます。

《例》

「ワンドの9」のカード——アップライト
1. 忍耐
2. 高いレベル
3. わたしは学校でよい成績をとることを、固く決意している。

「ソードのクイーン」のカード——リバース
1. 想像を基にして判断する
2. 低いレベル
3. わたしは、なるべく妹を批判しないように努めている。

新しいカードを、1枚1枚表に返し、エクササイズを続けてみてください。もしこのエクササイズが、重荷に感じたり、しっくりこないと感じたら、無理して続ける必要はありません。大切なのは、リラックスして、楽しく取り組むことです。ここでも唯一の正しい答えなどはありませんので、何であれ自由に心に浮かんでくるのに任せてみてください。

【エクササイズ16．2——リバースのカードを解釈する】

「ワンドの9」のカード　アップライト

「ソードのクイーン」のカード　リバース

以下のシナリオについて、それぞれそこにあげられているリバースのカードを引いたと想定してください。短い解釈を書きだし、カードの通常のエネルギーが低いレベルであるかどうか、あるいは低いレベルである必要があるのかを考えてみてください。ここではふたつの例をあげておきます。アンダーラインのあるフレーズはカードの意味で、*斜字体のフレーズはリバースの効果*です。

《例》
　状況：事故で背中を痛め、大きな痛みがある。
　カード：「ワンドのクイーン」──リバース
　解釈例：この事故のせいで、わたしは良好な健康状態を失うことになってしまいました。

　状況：たとえ一晩中働いても、この仕事は間に合いそうにない。
　カード：「ペンタクルの9」──リバース
　解釈例：自分ひとりですべてをやろうとするのは、やめるべきです。

　これから例題を10個出します。その後にわたしの解釈例をあげておきますので参考にしてください。
　アンダーラインのあるフレーズはカードの意味、*斜字体のフレーズはリバースの効果*です。

（問1）状況：なぜ、わたしの恋愛生活は、こうも長く停滞してしまっているのだろう。
　　　　カード：「ワンドの3」──リバース
　　　　解釈例：わたしは決まりきった生活にはまっている。けれども、*いつものルーティンを壊して、新しい経験を求めるようなことはめったにしない*。

（問2）状況：わたしはやっと昇進できたけれど、それに伴って家族は引っ越しをしたくないと言う。
　　　　カード：「戦車」──リバース
　　　　解釈例：自分の道を突き進むわたしの望みは*妨害されることになった*。しかし、家族が幸せではないのなら、仕事での成功などあまり意味がない。

（問3）状況：友人はわたしに、新しいごみ埋立地への抗議に加わることを求めている。
　　　　カード：「ソードのエース」──リバース
　　　　解釈例：わたしは、この活動に*あまり関わりたくない*と感じている。

(問4) 状況：わたしはどんどん売り上げを伸ばしている！ 今のわたしは、驚くべきほどの営業能力を発揮している。
カード：「塔」——リバース
解釈例：わたしの幸運は、突然終わってしまう可能性がないとは言えない。

(問5) 状況：わたしは、いとこから彼の新しい会社に投資して欲しいと頼まれている。だが、わたしはためらっている。
カード：「ソードのキング」——リバース
解釈例：わたしのいとこは話がうまいが、この分野での技術的な知識を持っているわけではない。

(問6) 状況：わたしは、もうこれ以上ボーイフレンドに会いたくない。なぜだか、自分でもはっきりわからない。
カード：「カップの4」——リバース
解釈例：わたしは、この関係に興味を失いはじめている。まだ、それはわずかなことだけれど、身を引きたい衝動がだんだん大きくなってきているのを感じている。

(問7) 状況：わたしの娘が離婚して、しばらくの間、わたしと一緒に暮らしたがっている。
カード：「ペンタクルの6」——リバース
解釈例：この危機の間中、物質的にも感情的にも娘をサポートしていくその余裕が充分にあるか、確信が持てない。

(問8) 状況：生まれたての赤ちゃんが愛しいけれど、わたしは育児に追われ、睡眠不足でくたくただ。
カード：「カップのペイジ」——リバース
解釈例：赤ちゃんに対する愛情と優しさの感情は、睡眠不足によってかき消されている。

(問9) 状況：学校生活に我慢ができない。半年経ったらやめたいと思う。
カード：「節制」——リバース
解釈例：今は、忍耐力がかなり低くなっている。わたしは思い切った行動を起こしたくなっている。

(問10) 状況：わたしの瞑想の状態は、どんどん力を増している。ちょっと怖いくらいだ。

カード：「死」――リバース
解釈例：<u>大きな内面の変化</u>が起ころうとしているため葛藤している。しかし、わたしの中にある恐れが、それを妨げている。

【エクササイズ16.3――転倒した意味】
　下記のリストの各カードについて、アップライトの意味をもとにして、それがリバースとなったらどういう意味合いになりえるか、簡単な解釈を書きだしてみてください。その際に、ゆがめる、ひっくり返す、変化する、拒絶するなどのようなニュアンスを加えて、解釈を考えてみてください。解釈自体は、今のあなたの現実と必ずしも関わっている内容でなくても構いません。また、インスピレーションを働かせるために、実際にリバースのカードの絵を見つめながら行ってみてください。この後に掲載してあるわたしの解答例を、参考にしてください。ここで、いくつかの例をあげておきます。斜字体はリバースの意味です。

《例》
「世界」――リバース
 1. わたしの世界はすべて、*逆さまにひっくり返って*しまった。
 2. 彼女は外の世界を*拒絶*している。彼女は、ひとりで*自分自身の世界の中にひきこもって*いたい。

「カップのキング」――リバース
 1. わたしは彼女を信用しない。*誠実ではない*何かがある。
 2. わたしは社交的になろうとしている！　自分の思っていることを言いたい。

《エクササイズ》
(問1)「正義」――リバース
(問2)「ソードのペイジ」――リバース
(問3)「吊るされた男」――リバース
(問4)「ワンドの4」――リバース
(問5)「ペンタクルのエース」――リバース
(問6)「カップのナイト」――リバース
(問7)「ソードの6」――リバース
(問8)「司祭」――リバース
(問9)「ペンタクルの3」――リバース

〈解答例〉
　リバースの効果は*斜字体*です。

（問1）「正義」——リバース
　1. この判決はおかしい！　正義は完全に失われてしまった。
　2. この判決は、わたしにとっての正義の基準を完全に覆してしまった。

（問2）「ソードのペイジ」——リバース
　1. この子どもはとてもひねくれている。毎回、わたしに挑んでくる！
　2. この結果は不合理だ——わたしたちの期待していたことと反対だ。

（問3）「吊るされた男」——リバース
　1. わたしは上に向かっているのか下に向かっているのかわからない。どうにも、それを確かめるすべがない。
　2. 何もかもを犠牲にした。今のわたしを見て欲しい！　わたしは自分の足で立てるようになっている。

（問4）「ワンドの4」——リバース
　1. その祝福は、わたしの期待したものではなかった。わたしにとって、苦々しいものになった。
　2. 興奮しすぎてはいけない。冷静にならねばならない。

（問5）「ペンタクルのエース」——リバース
　1. お金をつかんでいられそうにない。指の間からこぼれてしまいそう。
　2. 安定感がない。わたしの下で地面が揺らぎ続けている。

（問6）「カップのナイト」——リバース
　1. ある日は元気で次の日は憂うつ。こんな気分の変化は辛い。
　2. わたしは何ら強い感情を持っていないふりをしているが、本当は持っている。

（問7）「ソードの6」——リバース
　1. この「ボート」は転覆しそうだ。
　2. 憂うつでいたくない。楽しむようにしよう。

（問8）「司祭」——リバース
　1. わたしは学校で落第する。
　2. 自分の信仰を、今までと同じようには保っていることはできない。

（問9）「ペンタクルの3」——リバース
　1. チームは方向性を変えた。
　2. 計画するつもりはない。わたしはそのときの思いつきで行動するつもりだ。

Lesson17 Creating the Story

レッスン 17：ストーリーを創造する

　このレッスンでは、リーディングでカードの要素をどのようにつなぎ合わせ、ストーリーが創られていくかを学びます。ストーリーを創ることはひとつのアートであるため、そのコツを簡単に言い表すことはできません。かりにここであなたが、基本となるいくつかのテクニックを学んだとしても、最終的にタロット・アーティストとして、独自のスタイルを確立していかなくてはなりません。そのためには努力も必要ですが、同時にそのプロセスの中でこそ、タロット・リーディングの面白さを、実感することもできるでしょう。

　もしあなたが、これまで他のタロットの本などで学んできたことがあるなら、まずここでそれらをすべて脇に追いやる必要があります。様々な解釈の原則を、ここではいったん忘れてください。わたしがこれまでにお話してきたレッスンとエクササイズでは、タロット・リーディングの可能性について、ほんのさわりを触れるだけに留めておきました。一方で、他のタロットの本の中には、カード同士の関係性についてシステマティックに説明されているものもあります。確かに、そういったやり方は魅力的なものです。しかしながら、ここでタロット・リーディングの本当の目的とは何かを考えてみましょう。それは、カードを通じて、あくまであなたの内なる知識を開放していくための道を見つけることなのです。

　多くのタロットの本の中で書かれているテクニックは、カードが何を言おうとしているのかを、理解しなくてはならないという考えが基になっています。けれども、リーディングの本質とは、実はそういうものではありません。また、かりにあなたが、リーディングを細かく分析していくものだと考えているのなら、今後あなたは総体的な意味を捉えるのが難しくなるでしょう。いずれにせよタロットのストーリーは、あなたの外からやってくるものではありません。あなたの内側から生まれてくるものなのです。内なる声に耳を傾け、それを表現しようとすることから、ストーリーは創られていくものなのです。

　もちろん、カードに関しての基本的な理解を完全に捨ててしまえとまでは言っていません。それにいくら価値があるとしても、結局のところ、カード自体の中にリーディングについての鍵があるわけではないということなのです。むしろカードは、単に自分がすでに知っていることを明らかにする手助けをしてくれるだけなのです。またカードは、あなたがストーリーを創るための環境を、準備することができるように導いてくれているのです。

タロットのストーリーを創るための秘訣は、意味を頭で考え、理解するというよりも、より深い知識へと眼を向け、同時にばらばらで断片的解釈を越えて、ひとつの統一された見方を作りだすことです。そのためには、自分のフィーリングを尊重し、それに気づきを持つことが必要です。ここでいうフィーリングとは、単なるムードや感情のことではありません。それはあなたのインナー・ガイドの言葉です。フィーリングは、自分が意識的に考えることよりも、もっと深い知識を外へもたらしてくれるものです。このより深い知識には、常に正しさの感覚が伴います。その正しさの感覚が、十全なものであると感じるときは、あなたの洞察が間違っていないことを証明していると言えるでしょう。

　内なる知識を開放するための最善の方法は、意識の流れに従って語ること、すなわち思い浮かぶまま、検討を加えることなく、またコントロールしようとせず、声に出して述べることです。話をまとめようとしたり、うまく話そうとする必要はありません。ただ単に、言葉があふれてくるままに任せればいいのです。

　このテクニックは、批判的な分析を行うことで「自我の開放」が、妨害されるのを回避するのに効果的です。したがって、あなたのインナー・ガイドの叡智が自然と現れてきやすくなるでしょう。そうすることで、あなたの内側にある何かが、まるで自由に解き放たれたように感じることでしょう。もしかすると最初は、ぎこちなくなってしまうかもしれません。けれども、実践を重ねるに連れ、進歩していくのが感じられるでしょう。やがて、自分の意志を介在させることなく、言葉の流れを作りだす能力が身についてくるはずです。こうして得られた洞察は、あなたをあっと驚かせるようなものにもなっていくこともあるでしょう。

　また内なる言葉を語るときに、急いで、続けざまに話そうとする必要はありません。途中で途切れたとしても構いません。ただし、そうなったときに意識的な思考を介入させてはいけません。単に、続きの言葉が生まれてくる衝動がやってくるまで、じっと忍耐強く待っていてください。ときにはカードの名前を何度か繰り返すことで、助けられることもあります。たとえば「カップのクイーン……カップのクイーン……カップのクイーン」と言った具合に、繰り返しカードの名前を口に出してみてください。そしてその後は、何かが考えやイメージの形で心に浮かんでくるかどうか待ってみてください。

　あなたの語るストーリーが、ただ自然と流れていくだけのときは、すべてをつなげてまとめるのに何の苦労もありません。一方で、ストーリ

「ペンタクルのエース」のカード
リバース

一に隙間や空白の部分が出てくることもあります。また、どうしてもいくつかのカードが、意味不明瞭なままになってしまう場合もあるでしょう。それはカード全体が示すことを把握することが、あなたにとってまだ適切な時期ではないということを意味しているのかもしれません。あるいは、ストーリーを構成するすべての要素が、そもそもあなたの現実の状況において、まだ存在していないからなのかもしれません。

いずれにせよ、いつもきれいに整合性の取れたストーリーを創れなくても、気にしないでください。知識は断片的な形でしかやってこないこともあります。その場合は、今のあなたに必要な情報は、全体としての知識ではなく、その部分だけで十分であることが示されているのかもしれません。とはいえ、すべてのカードが意味していることを時間を費やしてでも理解したい、とあなたが思う限りは、そこに到達するまでリーディングを続けてみても構いません。

わたしは以前、「ペンタクルのエース」のカードのリバースを、ケルティック・クロスのポジション9の位置に引いたことがあります。このときわたしは、このカードが自分に金銭や物質的なことにこだわらないようにと伝えているのだとすぐにわかりました。しかもこの気づきは、カードを見た瞬間すぐにわたしに訪れました。このリーディングでは、わたしが知る必要があったことのすべてが、このエースのカード1枚に凝縮されていました。したがって、他のカードについては解釈する必要性もないくらいでした。

優れたスプレッドは、カードが描くストーリーのパターンを簡単に作り上げます。すなわち、スプレッドの持つ構造自体が、ストーリーを自然と明らかにするようになっているのです。特徴のあるスプレッドには、カードを並べた際の形の違いだけでなく、それ相応の考案された理由や目的があります。本書で使われているケルティック・クロスの持ついくつかの特徴については、改めて後ほどお話するつもりです。

リーディングの話に戻りますが、自分の語りに勢いがなくなり、止まったとき、タロットのストーリーは終わりです。この後も場合によっては、いくつかの全体としてのストーリーからは少し離れた考えが浮かんでくることもあるかもしれません。しかし実際には、メインのテーマは語り終わり、すでにリーディングの本質的なメッセージを理解することは可能なはずです。

意識の流れに従って語ることは、わたしにとっては効果的な方法であるとはいえ、もしかすると人によっては、そうではないという場合もあるかもしれません。ただ静かに座って、カードの意味を拾い上げるような方法を好む人もいるでしょう。また、感じたことを書きだすことを好む人もいれば、システマティックな方法で、カードの相互関係のチャートを作っていくことを好む人もいるでしょう。わたしたちはみな同じではないのですから、タロットへのアプローチの仕方もまた、それぞれ違ったものになったとしても不思議ではありません。

　そういった意味で、ここでお話したストーリーというアプローチについて、最終的にどう考えるかはあなたへ残しておきたいと思います。いずれにせよリーディングにおいては、自分自身と自分の直感を完全に信じることが大切です。

　カードを正しく読もうなどという考えは、今すぐ追い払ってください。実のことを言えば、あなたは本当の意味で間違うことなどできません。むしろあなたの洞察は、そのときその場所に応じて常に正しいものなのだと思ってください。洞察はあなたの中からやってきたものであるということに意義があります。あなたと深い知識はつながっています。あなたはタロットを通して、普段知っていること以上のより大きな理解へと至ることができるのです。洞察が訪れたときは、それを信じてみてください。

Exercises for Lesson17

レッスン17のためのエクササイズ

【エクササイズ17．1——意識の流れに乗って話す】
　意識の流れに乗って話す練習は、自分の考えを大きな声で口に出せるときに行ってください（ほとんどの人にとって、これはひとりになれるときを意味すると思います）。どんな考えであっても、思い浮かんだことは、口に出してみてください。このエクササイズでは、自分の内側で思ったことを声に出し、それに「耳を傾ける」ことです。とにかく思い浮かんだことを口にしたら、次の言葉に耳を傾ける、という具合にやってみてください。

　これからの数週間、可能なときはいつでも、このエクササイズを実践してみてください。無理して話そうとせず、自然と言葉が口に出るのに任せてください。また、話の流れにあまり立ち入らないようにして、ポイントだけを押さえるようにしてください。このエクササイズは、すぐに簡単にできるとは限りませんが、努力してみる価値は充分にあります。

【エクササイズ17．2——タロットを使った即興】
　演劇における即興では、観客たちがいくつかのものの名前を叫び、役者たちはその要素をベースにした寸劇を組み立てる、ということが行われることがあります。このエクササイズでは、タロットを即興で組み立てる要素として用います。そしてあなたは、即興でストーリーを進行させる役者となってください。

　普段どおりカードをシャッフルしカットしてください。そしてカードを片手にまとめて裏向きに持ちます。最初の3枚をめくり一列に並べたら、それらのカードを使ってストーリーを創ってみてください。巧みなシナリオを創ろうとする必要はありません。どんなストーリーになろうとも、それが自由に展開していくのに任せてみてください。ちなみに、イタロ・カルビーノの『宿命の交わる城』[1]という小説では、登場人物たちがそれぞれのストーリーを、タロット・カードのイメージにそって話していきます。

　ひととおりできたら、新たに3枚のカードを引き直して、新しいストーリーを創ってみましょう。あるいは、最初の3枚はそのままで、さらに4枚目のカードを引いて、最初のストーリーに組み込んでみるのでもよいでしょう。そしてさらに1枚1枚、新しいカードを引きながら、どんどんストーリーを展開していきましょう。もし、このエクササイズが、負担やプレッシャーと感じる場合は、無理をして行う必要は

[1] Italo Calvino, The Castle of Crossed Destinies (New York: Harcourt Brace Jovanovich, 1969)〔イタロ カルヴィーノ（河島英昭訳）『宿命の交わる城』（講談社、1980年）〕

ありません。このエクササイズの核心は、自発的にストーリーが進行していくのを楽しむところにあります。

【エクササイズ17．3──
ケルティック・クロスによるストーリーの組み立て方】
　ケルティック・クロスの形に、10枚のカードを並べてみてください。セクション3（P326～339）で、このスプレッドの解釈の方法を読み、そのステップに従ってストーリーを創ってみてください。そこでのアプローチが、自分にぴったり合っているか、あるいは何かもたらすものがあるか、検討してみてください。

　次にもう一度、新しい10枚のカードをレイアウトします。今度は、違うストーリーの組み立て方を試してみましょう。まず結果のカード（ポジション10）からはじめ、リーディングの順番を逆に辿っていったり、あるいは目立つカードのペアからストーリーを組み立ててみてください。ストーリーを組み立てるための自分なりのアプローチを、新たに探求してみてください。やがてあなたは、自分にぴったりくるアプローチを、見つけることになるでしょう。ただし、様々なアプローチの可能性があることを知っておくことも大切です。

Lesson18 Some Final Thoughts

レッスン 18：まとめ

　わたしの家族は競馬が大好きです。各レースの勝ち馬を予想するために、その統計を熱心に分析しています。ときどきわたしも、競馬を一度も見たことがない友人を連れて、家族と一緒に競馬を見に出かけることがあります。過去の経験から勝馬を予想する家族とビギナーズラックで当てる友人。一方で、その真ん中にいるわたしは、競馬の知識が増えていくだけで、残念ながらなかなか勝つことができません。

　かりに今あなたが、タロットに関してビギナーと熟練者の間にいて、わたしの競馬と同じような状況に置かれているとしても、自信を失わないでください。まず、今まで学んできたカードについての知識は、これから先のあなたのリーディングを支えてくれるしっかりとした土台となっていくことは間違いありません。また、さらに実践を重ねていくことで、テクニックで分析するという段階を超えて、より直観的なリーディングが行えるようになっていくことでしょう。そして、ゆくゆくあなたのリーディングの能力は、しっかりとした信頼の置けるものとなっていくはずです。ただし今の段階で、あなたがタロットを本当に学んでいきたいという気持ちがないというなら、カードを学び続けていく必要はありません。いずれにせよわたしにとって、タロットは信頼できる強い味方です。とはいえ、最近のわたしは、いつでもタロットに頼り切ってしまうのではなく、何か特別に困った問題が起きたときや、タロットが自分の助けになると感じるときだけ、カードに向かうようにしています。

　ところで、もしかするとあなたは、ニュートラルな気持ちでリーディングを行うのではなく、つい自分の願望をそこに込めてしまっているのではないでしょうか。また、状況がどうであれ、カードを並べるとき、ついポジティヴで元気づけられるようなカードが出てくることを、あなたは望んでしまってはないでしょうか。もちろん、そう思うことは、極めて自然なことでしょう。わたしの経験では、リーディングの際、人々は真っ先に、状況がよさそうかどうかを知りたがります。そして喜ばしいカードが出ると機嫌がよくなり、一方で、もしいやなカードが出たらがっかりしてしまいます。実際に「塔」のカードが出て、それを平静に受け止めるのは難しいことです。当たり前ですが、わたしたちは人生に恐ろしいことが起きて欲しくはないですし、むしろいつも何かよいことが起きるのを待ち望んでいます。

　とはいえ現実には、完全によいことづくめの人生などはなく、よいことと悪いことが混在しているのが普通です。さらに突き詰めて考えてみ

ると、わたしたちが思っているほど、よいこと、悪いことの間に明確な線を引くことは簡単ではありません。たとえば、もしあなたが事故で片足に傷を負ったとします。確かにそのこと自体は、望ましくない悪いことだと感じられて当然です。けれども、その回復の過程で、あなたに大きな精神力が養われたとしたらどうでしょう。その事故は、一概に悪いことだったと言い切ってしまうことはできないのではないでしょうか？

もっとわかりやすい例で言えば、かりに仕事を首になったとします。けれどもその後、代わりにもっとよい仕事が見つけられたとしたらどうでしょう。そのように考えると、ある出来事を完全にポジティヴとネガティヴのどちらかに区分けしてしまうことは、意外と難しいことなのではないでしょうか？

「塔」のカード

そもそもタロット・カードも、それ自体がよいとか悪いという性質を持っているわけではありません。カードはある一定のエネルギーや影響を単に表しているに過ぎません。むしろこの情報を、あなたの人生の中で生かしていけるかどうかは、自分次第なのです。たとえば「塔」のカードが、打ち砕かれることや、何かしらの転落を示していたとしても、それを必ずしもネガティヴなものとして捉える必要はありません。しばしば「塔」のカードは、激しい感情の爆発や劇的なものごとの変革を意味しますが、それらは閉塞していた状況からの解放へとつながることだってあるのです。そう、むしろ閉ざされた空間の中で淀んでいた空気を入れ替えることで清浄化したり、あるいは新しいエネルギーを解き放つことにだってなり得るのです。

あなたの望んだ道筋に沿って、未来の出来事を形作る力が与えられるかどうかは、状況に対してどれだけ認識の明晰さを保つことができるかにかかっています。認識の明晰さは、恐れることなく状況に向き合うことのできる強さとあなたのインナー・ガイドの叡智が組み合わせられることによって生まれてきます。リーディングの際にもたらされる情報は、完全に受動的な犠牲者の立場として受けとるべきではありません。むしろあなたは、その情報をクリエイティヴに用いる積極的な行為者となるべきです。カードはあなたの周り、あるいはあなたの中にあるエネルギーのパターンをイメージとして与えてくれます。したがって、カードを通じてあなたは、エネルギーを視覚的なものとして認識し、扱うことができるようになります。

また、リーディングで描きだされる結果は、現在の時点での様々な影響から導きだされるものであり、あくまで今の時点におけるひとつの予想に過ぎないのだということを、常に覚えておいていてください。かり

にあなたが、未来へと影響を及ぼす現在の力がどのようなものであるかをしっかりと見極められれば、それをあなたの望む形へと改めたり、もっとその力を強めることも可能となるでしょう。未来は決してあらかじめ固定されてしまっているものではありません。ですから、リーディングの際のストーリーから導きだされた結果は、絶対的なものではなく、あくまで可能性を示唆しているに過ぎないということを忘れないでください。必要な一歩を踏みだすための希望と勇気を失わなければ、現在の時点から推定される未来の方向を転換することも、あるいはその傾向を確実にすることも可能なのです。そもそもわたしたちは、もっとも深い心のレベルでは、現状がどのようなものであるかをすでに知っています。タロットのストーリーは、あなたが現在に対して気づきを持って行為をなすことができるように、そのすでに知っていることを、単に気づかせてくれるだけなのです。

また、もしかするとカードをリーディングするときに、自分が客観的になれないことを心配している人がいるかもしれません。すなわち、リーディングの結果は、あくまで自分が見たいと思っていることに過ぎず、本当のことではないのではないかという懸念です。実は、それこそがまさに大事なポイントなのです！　タロットは、自分の思っていることを明確化する手助けをしてくれます。タロットの情報は、自分の中にないものをもたらすのではなく、自分の中にあるものを引きだすからこそ、あなたはその答えを受け入れることができるのです。タロットは、あなたの中にある漠然とした無意識的なものを意識化してくれます。ですから、カードを誤って解釈してしまうというより、むしろあなたが自分の中にあるものに気づかず、無意識のままでいてしまう可能性のほうがあり得ます。タロットとは、あなた自身の意識を映しだす鏡のようなものです。タロットを学んでいくに連れて、その鏡は更に透明さを増し、あなたはもっと深いレベルの問題に気がつくようになるのです。

タロットの実践は、カードを通してもたらされる、そこに込められた叡智を理解することが基本です。何はともあれ、まずはそれを信頼し受け入れなければなりません。とはいえ、後に結果として、人生の中でのあなたの経験が、その有用性を「証明」してくれることになるでしょう。あなたがカードを信頼すればこそ、あなたのタロットの実践はよりよいものへと変わっていくはずです。あなたのタロットの実践が、大きく飛翔できることを祈っています！

レッスン 18 のためのエクササイズ

【エクササイズ 18.1——何を信じるか？　に戻って】
　レッスンのエクササイズ1（P20）で、あなたがタロットについて、今の時点で何を信じ、何を信じていないかを書きだしてみました。

　　　0％＝「わたしは遊び以外で、タロットを使うことには、まったく懐疑的です」
　　100％＝「わたしはタロットが、自分に個人的ガイダンスを明確に与えてくれることを完全に確信しています」

　あなたが最初に書いたことを見る前に、このエクササイズをもう一度やってみてください。終わったら、あなたの最初の答えと見比べてみてください。この一連のレッスンをはじめてから、あなたが学び、経験してきたことすべてを振り返るために、ここでいったん小休止を入れてください。

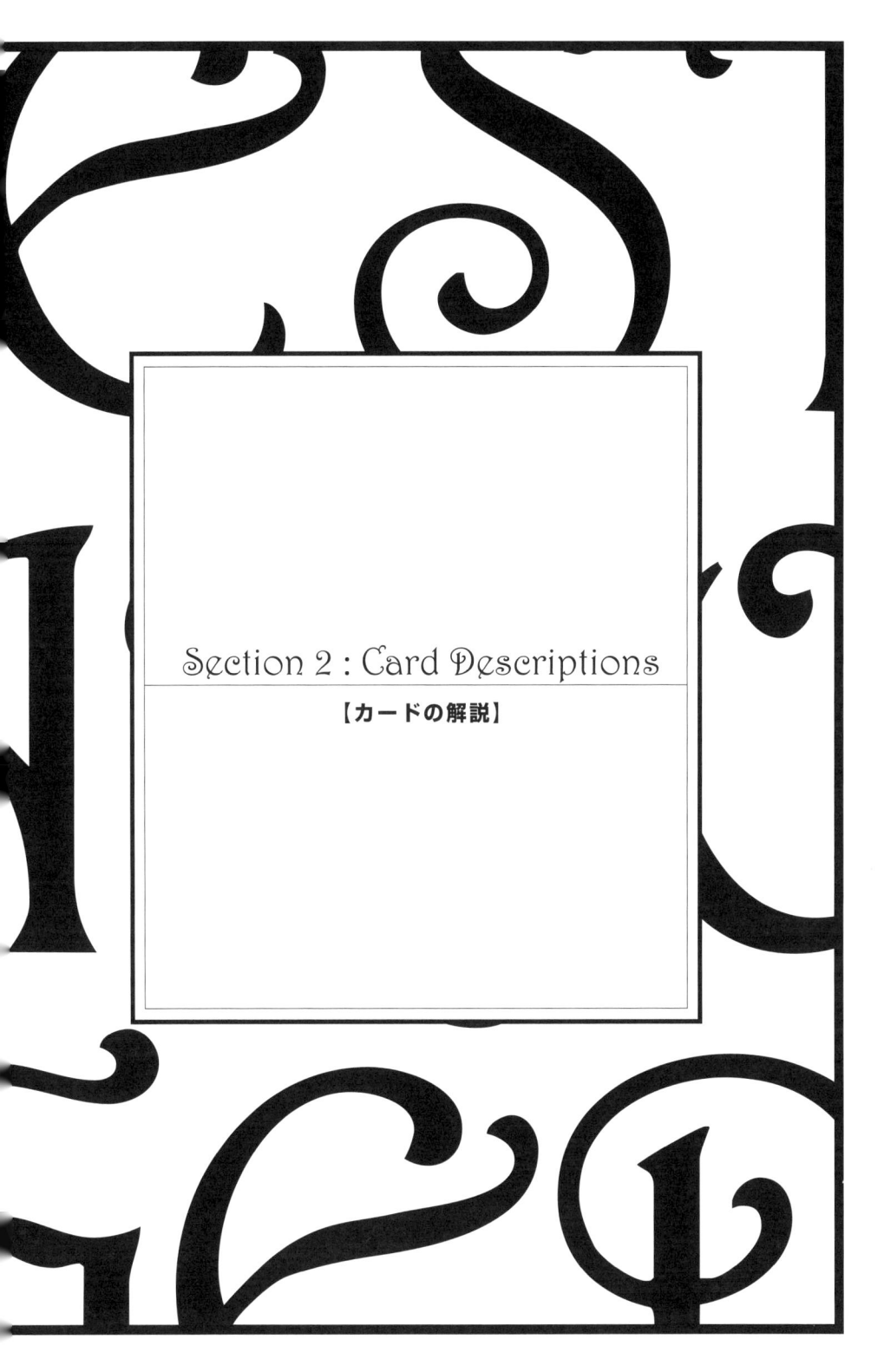

Section 2 : Card Descriptions

【カードの解説】

Introduction to the Card Descriptions

カードの解説についてのイントロダクション

　ここでは、この章のカードの解説を読むにあたって、あらかじめ知っておくべき点について説明しておきます。

◆**名前と絵柄**
　ここで使用する各カードの絵柄と名称は、すべてユニヴァーサル・ウェイト・デッキのものを用いています。

◆**キーワード**
　それぞれのカードの主要なテーマを表現する、3つから5つのキーワード、もしくはフレーズを、各カードの右側に記してあります。

◆**アクション**
　アクションの項目には、キーワードが示すそれぞれのカードのエネルギーが、現実にどのように表現されるかをシンプルなフレーズで記してあります。たとえば、「女司祭」のカードでは、アクションの項目のところに「目に見えない世界に心を開く」、「秘密や隠されていたものを感じとる」という例をのせていますが、これらはこのカードのキーワードのひとつである「神秘」というエネルギーを、実際にあなたが経験するときの状態を示したものです。すなわちアクションの項目は、それぞれのカードの持つダイナミックなエネルギーが、現実にどのようなものとして表れるのかということを示しています。

◆**反対の意味を持つカード**
　この項目には、反対の意味を持つ場合のあるカードを、何枚かリストアップしました。ただし、これらのカードは、必ずしも常に、意味が反対関係になるとは限りません。あくまでリーディングや質問の状況によって、反対の意味が生まれてくる可能性が高い、ということを示唆しているにすぎません。なお、ペアとなる反対の意味を持つカードについては、レッスン14（P107～118）、及び付録C（スート）とD（ランク）でも説明していますので、そちらもご覧ください。

◆**互いの意味を強めるカード**
　この項目には、類似した意味を持ち、さらに互いの意味を強める場合のあるカードを、何枚かリストアップしました。ただしこれらのカードは、必ずしも常に、互いの意味を強めるというわけではありません。あくまでリーディングや質問の状況によって、互いの意味を強める可能性が出てくるということを示唆しているにすぎません。なお、互いの意味を強めるカードについては、レッスン14（P107～118）でも説明していますので、そちらもご覧ください。

◆**コート・カード同士のペア**
　コート・カード同士は、それらの特有の性格によってペアを形作りま

す。相互の作用を理解するために、2枚のコート・カードのランクとスートを比べてみましょう。コート・カードのペアについては、レッスン14（P107 〜 118）、及び付録C（スート）と付録D（ランク）でより詳しく解説しています。

◆**エース同士のペア**

エース同士のペアは、意味的に対立を形作るわけではなく、双方のスートのエネルギーを引きだし、新しい方向性を生みだす、特別なチャンスともなります。

◆**説明**

ここはリーディングにおいて、カードが暗示する意味についての補足説明です。大アルカナは哲学的で包括的な意味を示すのに対して、小アルカナはより具体的で日常の出来事を表わしています。

◆**リバース（逆位置）について**

カードのリバース（逆位置）に関しては、特に説明を加えていません。というのもリバースの意味は、アップライト（正しい向き）の意味と大きく異なるものではないからです。むしろ、そのカードの示す本来のエネルギーが、弱まっていることを示唆しているとみなします。何らかの理由により、カードの示しているエネルギーが自由を奪われ、通常どおりには表れず、完全に発揮されていないということをリバースは示しているのです。その理由としては、たとえば次のようなことが考えられます。

・今はまだ、時期尚早である
・勢いとパワーを失っている
・妨害されている、あるいは制限されている
・必要なものがまだそろっていない
・状況に適していない
・本人が拒否している
・うわべだけの状態

リバースについてのより詳しい説明は、レッスン16（P137 〜 145）をご覧ください。

Part 1 : The Major Arcana
【大アルカナ】

◆大アルカナキーワード　Tarot Keywords Major Arcana

愚者 FOOL (0)	魔術師 MADICIAN (1)	女司祭 HIGH PRIESTESS (2)
はじまり 自然 信頼 一見愚かに見える	アクション 自覚 集中 力	ノンアクション 無意識の気づき 潜在能力 神秘
女帝 EMPRESS (3)	皇帝 EMPEROR (4)	司祭 HIEROPHANT (5)
育てる 豊かさ 感覚 自然	父性 組織 権力 統制	教育 信念体系 従うこと 集団への帰属
恋人 LOVERS (6)	戦車 CHARIOT (7)	力 STRENGTH (8)
結びつき セクシュアリティ 自分への信頼 価値観	勝利 決意 自己主張 厳しい制御	力強さ 忍耐 思いやり 穏やかな抑制
隠者 HERMIT (9)	運命の車輪 WHEEL OF FORTUNE (10)	正義 JUSTICE (11)
内省 探求 導き 孤独	運命 ターニングポイント 動き 自分自身のヴィジョン	正義 責任 決断 原因と結果

吊るされた男 HANGED MAN (12)	死 DEATH (13)	節制 TEMPERANCE (14)
手放す 逆転 一時中止 自己犠牲	終結 除去 移り変わり 容赦のない力	節制 バランス 健康 結合
悪魔 DEVIL (15)	塔 TOWER (16)	星 STAR (17)
束縛 物質主義 無知 希望のなさ	突然の変化 開放 転落 啓示	希望 インスピレーション 惜しみなく与えること 平穏
月 MOON (18)	太陽 SUN (19)	審判 JUDGEMENT (20)
恐れ 幻影 想像力 戸惑い	啓蒙 偉大さ 生命力 確信	審判 復活 内なる呼びかけ 赦し

世界 WORLD (21)
統合 完成 関わり合い 達成

0.The Fool

【愚者】

はじまり
自然
信頼
一見愚かに見える

Actions
◆アクション
【はじまり】
　新しい段階に入る
　新たな道への出発
　視野を広げる
　何か新しいことをはじめる
　冒険のはじまり
　旅に出かける
　未知の世界へ向かって進む

【自然にふるまう】
　今を生きる
　先のことを気にしない
　思いがけないことをする
　衝動的に行動する
　解放された感覚
　人を驚かせる　心配しない

【信頼する】
　流れに身を任せる
　開放的でいる
　心配と恐れを手放す
　守られ愛されていると感じる
　喜びの中を生きる
　純粋な心を思いだす
　信じること

【自分の愚かさを認める】
　自分の選択を引き受ける
　「愚かな」道を選ぶ
　夢想を追い求める
　自分自身に正直になる
　常軌を逸したチャンスにも飛びつく
　心の求めに従う

Opposing Cards: some Possibilities
◆反対の意味を持つカード
【司祭】
　慣習に従う
　型にはまった行動
【死】
　終わり
　終了する
【悪魔】
　ひねくれてみる
　不信
【ソードの2】
　経験から遠ざかる
　緊張感
　押しとどめる
【ペンタクルの4】
　順序と規則正しさ

Reinforcing Cards: some possibilities
◆互いの意味を強めるカード
【吊るされた男】
　ものごとに誠実である
　流れに従う
【星】
　純粋さ
　信仰
　信頼
【審判】
　再生
　新たなはじまり
【ワンドの3】
　視野を広げる
　未知の領域へと進む

◆説明

　0という数を割り当てられた「愚者」のカードは、大アルカナの一番はじめに位置づけられます。ただし、その性質は他のカードと幾分異なっています。

　中世のヨーロッパの宮廷には、王侯貴族おかかえの道化師がいました。彼らは本来、普通の人たちが守らなければならない日常のルールに縛られることのない特別な存在でした。そして彼らはいつも冗談を言い、人々をからかっていました。「愚者」のカードは、そんな中世の道化師たちのイメージに、そのルーツを持っています。

　このカードが表しているのは、予測不能で驚きに満ちた世界です。そしてどんなときでも、無限の可能性と生まれながらの自然で無垢な状態を、わたしたちに思い起こさせます。この世にはすべて確実に決まっているものは何もないということ、逆に言えばどんなことでも起こり得るという可能性。また、ものごとはいまだ硬直化せず、柔軟に変わり得ることを、このカードは示しているのです。

　また「愚者」は、人生を肯定し、信頼と期待を持って生きていくことの大切さも表しています。たしかに人によっては、そんな「愚者」の姿をあまりにも純粋すぎると思うかもしれません。しかし、その純粋さこそが、彼を生き生きとさせる喜びの源なのです。

　リーディングの中で「愚者」のカードは、新たなはじまり、あるいは方向転換などを示しています。そして、それは結果としてあなたを、冒険、驚き、個人的な成長の道へと導いてくれるものとなるでしょう。「愚者」のカードが出ているときは、どうか自分の中の心の声を信頼してください。決断すべきことに直面したとき、あるいは疑いの気持ちを持ったとき、たとえ自分の心に自然に浮かんできた答えが、どんなに常軌を逸していたり、馬鹿げているように思えたとしても、それを信じて従うべきであると「愚者」のカードは告げているのです。

1.The Magician

【魔術師】

アクション
自覚
集中
力

Actions ◆アクション
【アクションを起こす】
　なすべきことをする
　自分の潜在的な可能性に気づく
　可能性を実現する
　口にしたことを実行する
　計画を実行する
　魔法のような結果をもたらす
　才能を活かす

【意識的な行為】
　自分が何をし、なぜそうするの
　　かを理解する
　自分の動機を知る
　目的をはっきりさせる
　すでにわかっている状況でも確
　　認する

【集中する】
　ひとつの目的に集中する
　専念する
　意志の力を注ぐ
　中心にいると感じる
　気が散るものを追いだす
　ゴールに焦点を絞る

【力を使う】
　強い衝撃を作りだす
　ヴァイタリティを持つ
　奇跡を起こす
　エネルギーに満たされる
　活力を感じる
　創造的になる

Opposing Cards: some Possibilities
◆反対の意味を持つカード
【女司祭】
　実行しない
　直観
　無意識への入り口
【吊るされた男】
　行動を中断する
　動かない
【カップの7】
　集中力と熱心さの欠如
【ソードの4】
　静かな休息
　エネルギーを蓄える
【ソードの8】
　混乱とあいまいさ
　力不足

Reinforcing Cards: some possibilities
◆互いの意味を強めるカード
【戦車】
　焦点を絞る
　集中する
　力強さ
【ワンドの2】
　個の力
　強い力を行使する
【ワンドの8】
　すばやい行動
　動きはじめる
【ペンタクルの8】
　焦点を合わせ集中する

◆説明

　このカードに描かれているのは、活動的な男性原理の元型(アーキタイプ)であり、それを完全に体現している「魔術師」です。「魔術師」は、宇宙に遍く力を創造という目的のために使用します。

　ここで絵柄の中の「魔術師」の姿について注目してみましょう。そのポーズは、たとえるなら雷のエネルギーを吸収する避雷針のような役割を果たしていることを示しています。「魔術師」の片方の腕はインスピレーションの源である聖なる領域へと向けて伸ばされています。一方で聖なる領域からの力強いエネルギーをこの世界へともたらすために、もう片方の腕は地面へと向けられています [*1]。彼の意志の力は、奇跡的なことを成し遂げることができるため、それがまるで魔法のように見えることもあるでしょう。

　何が「魔術師」をそれほどまでに力強くしているのでしょうか？　まず、彼は行動することを恐れてはいません。自分自身を信頼し、自らの信念に向かって進むことをいとわないのです。また、彼は自分が何を目的としているのか、そしてなぜそれを行うのかということをはっきりと自覚しています。さらに彼は自分の置かれている状況を的確に理解しているため、ためらうこともありません。決意に対して、ひたむきに焦点を絞ることができるのです。自分の力が聖なる源からきていることを忘れないでいる限り、彼は奇跡を起こす力を現実の世界にもたらすことのできる完璧な伝達者であると言えるでしょう。

　リーディングの中で「魔術師」のカードが示しているのは、もしあなたが自分の力を確信し、気づきと集中力を持って行動するなら、創造性をもたらす原初の力を、自分自身のものとすることができるということです。自分が求めていることが何であるかを正しく理解し、その求めるものを得るための行動を起こすこと。そしてそれを行うのは、今まさにこの瞬間である、と「魔術師」のカードは告げています。

---

*1
Rachel Pollack, Seventy-Eight Degrees of Wisdom: A Book of Tarot. Part 1: The Major Arcana (London: Aquarian, 1980), p.30.

2. The High Priestess

【女司祭】

ノンアクション
無意識の気づき
潜在能力
神秘

Actions
◆アクション
【活動から身を引く】
　関わり合いから身を遠ざける
　干渉することなしに進行して
　　いくものごとを見守る
　影響に対して受容的になる
　心を静める
　受動的になる
　じっと待つ

【無意識へアクセスする】
　直観を重んじる
　内なるものに導きを求める
　内なる声を信じる
　夢と想像力に心を開く
　より大きな現実に気づく

【潜在能力を見いだす】
　可能性を知る
　起こり得ることに心を開く
　隠された才能を見つける
　ものごとの進展に任せる
　自然に花開かせる

【神秘の力を感じる】
　目に見えない世界に心を開く
　閉ざされたエリアに近づく
　未知なる事に心を開く
　重要な何かを思いだす
　秘密や隠されているものを
　　感じとる
　閉ざされたものを捜し求める
　　影(シャドウ)の部分を受け入れる

Opposing Cards: some possibilities
◆反対の意味を持つカード
【魔術師】
　意識的に行動する
　考える
　知っていることや明白なこと
【ワンドの2】
　大胆にふるまう
【ワンドの7】
　アグレッシヴになる
【ワンドの8】
　計画を行動に移す

Reinforcing Cards: some possibilities
◆互いの意味を強めるカード
【隠者】
　内面を見つめる
　身を引く
　導きを求める
【吊るされた男】
　活動を中断する
　待つ
【ソードの4】
　静かに休む
　熟考する

◆説明
　カードに描かれている「女司祭」は、潜在意識の守り手です。彼女は、心の中の無意識を意識の領域から隔てる薄いヴェールの前に座っています。「静かなる心で受け入れなさい。わたしが神であることを」。人の内面世界の秘密を知る彼女は、わたしたちに無言の招待状を差しだしています。
　「女司祭」のカードは、「魔術師」の男性的な力との間のバランスをとる女性原理を表しています。タロットの中で女性性を表す元型(アーキタイプ)は、この「女司祭」と次の「女帝」のカードのふたつに分け持たれています。形のある確かなものを重んじる男性文化に対して、「女司祭」のカードは、女性性に象徴される神秘的で不可知の世界を表しています。一方で「女帝」のカードは、人生という厳しい試練の場において求められる、女性性のもうひとつの側面が象徴する大事な役割を表しています。
　リーディングにおける「女司祭」のカードは、ものごとのより奥深い領域へと目を向けるようにと告げています。それは目に見える表面的な世界を越え、その背後にある隠された領域にあるものが何であるか探求することを意味します。
　また「女司祭」は、あなた自身忘れかけている、自分の中に眠る大きな潜在能力とその果てしない可能性を思いだすようにと告げています。ただしこのカードは、必ずしもゴールに到達するために、いますぐアクションを起こさなければならない、ということを意味しているわけではありません。待つこと、そして焦らないことも、このカードが示しているひとつのテーマです。ときには、機が熟していく中で、開花していくのに任せること。自分が求めているものは、そういった沈黙のときを通じて得られるものであることを、このカードはそっと気づかせてくれるのです。

3. The Empress

【女帝】

育てる
豊かさ
感覚
自然

Actions ◆アクション
【育てる】
　子どもを生む
　命を育む
　養育し世話をする
　世界を守る
　優しさを表現する
　子どもたちとともに過ごす

【豊かさがやってくる】
　豊かさを享受する
　十分な報酬を受けとる
　裕福な生活に浸る
　必要以上に所有する
　豊かさを感じる

【感覚を味わう】
　喜びを与え受けとる
　身体の感覚を重んじる
　美を鑑賞する
　健康的な活力に満ちる
　自然のままのたくましさ
　身体を活発に使う

【自然への応答】
　植物や動物と関わる
　自然を抱きしめる
　地球とつながっていると感じる
　アウトドアに出かける
　自然のリズムと調和する

Opposing Cards: some Possibilities　◆反対の意味を持つカード
【皇帝】
　父性
　命令と規律
　規則正しさ
【死】
　死の本源
【ペンタクルの4】
　所有欲の強さ
【ペンタクルの9】
　優雅
　洗練

Reinforcing Cards: some possibilities　◆互いの意味を強めるカード
【恋人】
　性的な満足
　喜び
【星】
　自由にあふれ出るような愛
【カップの9】
　感覚を享受する
【ペンタクルの7】
　物質的な報酬
【ペンタクルの10】
　富裕
　ぜいたく
　肉体的な心地よさ

◆説明

「女帝」と「女司祭」は、大アルカナの中において女性性の元型(アーキタイプ)を分け持つカードです。「女帝」のカードは、大自然の恵みと大地のリズムを支配し、豊穣と生命を司る母なるものを表しています。あらゆる感覚的な喜びや快楽、そしてすべての形あるものの中に宿る新たな命の息吹は、いずれも母なるものによってもたらされるものです。

また「女帝」のカードは、わたしたちにその存在の基盤である自然界とのつながりを強めるように働きかけます。極端に文明化された生活へ浸りすぎることで、生命の根源から遠ざかってしまうわたしたちに対して、「女帝」のカードはしっかりと大地に足をつけ、自然と共に生きていくことの大切さを改めて思いださせてくれるのです。

リーディングにおける「女帝」のカードは、母性に関する様々な面を象徴します。それは一般の意味での母親も表していますが、それだけではなく生命を生みだし、愛に満ちた保護や世話を通して養い育てる、といった広い意味での母性をも意味しています。

「女帝」のカードは、あらゆる種類の満ち足りた豊かさを象徴します。特に食べ物、快楽、美といった感覚的な喜びをもたらしてくれます。またこのカードは、物質的な報酬も示しますが、真の豊かさとは、惜しみなく与えることや寛大な精神(スピリット)と共にあることを理解することによって、はじめて得られるものであるということを示しています。生命の本質を理解し、豊かな人生の素晴らしさを享受すること。それが「女帝」のカードからのメッセージなのです。

4. The Emperor

【皇帝】

父性
組織
権力
統制

Actions ◆アクション
【父性】
　家族のつながりを強める
　方向性や傾向を定める
　保護し防御する
　成長へと導く
　安全と心地よさをもたらす
　理由を説明する

【しっかりした組織を作る】
　混沌から秩序を生みだす
　分類する　規則化する
　形と構造を与える
　組織化する
　論理を適用する
　順序よく整理する
　計画を固める

【権力を行使する】
　リーダーシップの役割を引き受ける
　命令する
　思いどおりに支配する
　組織を代表する
　強い立場にいる
　正式な連絡がくる
　方向性を定める

【統制する】
　法と秩序を守る
　確実な原理から操作する
　ルールとガイドラインを適用する
　法の制度内で行う
　行動の基準を設定する
　規則に従う

Opposing Cards: some Possibilities ◆反対の意味を持つカード
【女帝】
　母性
　豊かで自然な流れ
【カップの7】
　浪費
　無秩序
【ソードの5】
　ルールをねじ曲げる
　法を破る

Reinforcing Cards: some possibilities ◆互いの意味を強めるカード
【司祭】
　ルールに従う
【正義】
　正義と法的義務に関わる
【ワンドの2】
　権力を持つ
【ワンドの3】
　指導者の地位を引き受ける
【ペンタクルの4】
　コントロール
　組織
　規律

◆説明

　カードに描かれている「皇帝」の姿は、このカードの本質的な性質をとてもよく表しています。彼は厚い石板で作られた玉座に、背筋をまっすぐ伸ばし威厳のある姿で腰を下ろし、その瞳はこちらを直視しています。支配者としての完全なる権力を持っていることに対して、彼は自信を持っているのです。

　「皇帝」のカードは、組織、秩序、規則を象徴しています。それは「女帝」のカードの持つあり余るほどの豊かさのとめどもない流れに対して、バランスを取る役目を持っています。時間どおりに電車は走り、ルールどおりに試合は行われ、ものごとの管理者には敬意が払われる、といった秩序ある世界を、「皇帝」のカードは象徴していると言えるでしょう。

　無秩序の状態に対して、「皇帝」のカードは、組織化することを求めます。したがって、野放しになりがちな末端、あるいは規則に従わない要素は、しっかりと引き締めなければならないことをこのカードは示しています。ただし、すでに過剰に支配を受けている状況に対しては、その束縛の力を加減するよう働きかけることもあるでしょう。

　リーディングの中での「皇帝」のカードは、権威に直面すること、あるいは権力とコントロールを手に入れることを表しています。秩序の管理者という意味において、しばしば「皇帝」のカードは、法的な問題に関連すること、あるいは規律に従った活動などを意味する場合もあります。また、あらゆる種類の官僚的な人物を示唆することもあるでしょう。「皇帝」のカードは、もちろん一般的な意味での個人としての父親を示しますが、同時に指導者、保護者、家族を養う役割を持つ父親など、より広い意味を持った元型的（アーキタイパル）な父性をも象徴しています。

5. The Hierophant

【司祭】

教育
信念体系
従うこと
集団への帰属

Actions
◆アクション
【教育を受ける】
　知識を求める
　知識を得る
　理解を深める
　学び習得する
　より深い意味合いを探求する
　さらに多くを見いだす

【信念体系を共有する】
　文化的な遺産を受け継ぐ
　よき伝統を学ぶ
　慣習や作法を遵守する
　世の中の常識を学ぶ
　規律に従う
　信頼すべきものを知る

【従うこと】
　ルールに従う
　オーソドックスなアプローチを採用する
　慣習から外れない
　システムに順応する
　適応する
　計画にそって進む
　期待されていることを行う
　組織の一員になる

【集団へ帰属する】
　ひとつの活動に打ち込む
　グループの活動にエネルギーを捧げる
　組織に参加する
　チームの一員として働く
　忠誠心を持つ
　決められたものごとの枠内にとどまる

Opposing Cards: some Possibilities
◆反対の意味を持つカード
【愚者】
　常識を外れたふるまい
　異端的
【恋人】
　個人的な信念
【ワンドの2】
　集団から離れる
　パイオニアになる
【ソードの7】
　一匹狼になる
【ペンタクルの2】
　臨機応変に対応する
　ときに応じて変化する

Reinforcing Cards: some possibilities
◆互いの意味を強めるカード
【皇帝】
　ルールに従う
【カップの3】
　グループを優先する
【ペンタクルの3】
　チーム、もしくはグループの
　　一員として働く
【ペンタクルの8】
　学ぶ
　勉強する
【ペンタクルの10】
　順応する
　ルールに従う
　保守的

◆説明

　まれなケースを除いて、どんな人間も文化の中で育ち成長します。わたしたちは他者と共に暮らすことによって、様々なことを学んでいくのです。このカードが表しているのは、そういった公共の中での学びであり、特に集団の中での学びです。

　また「司祭」のカードは、秘密の知識を解釈する人物です。大アルカナの5番目であるこのカードにおいて、司祭は公式の教会の中にいる宗教的な人物として描かれています。彼は儀式の際の凝った祭服を身につけており、その役割はふたりの新参者を教会の教えへと導くことです。絵には、まさに教会への参入の儀式が行われようとしているところが描かれています。

　ルールやそれぞれの役割分担によって形作られる組織化されたグループは、「司祭」のカードに関連しています。したがって、教会だけでなく、学校、クラブ、チーム、仲間、結社などはすべて、「司祭」のカードが象徴するものだと言えるでしょう。そういったグループ化された環境ではいずれも、ものごとの見方、ルール、手順、形式的な慣習などに関する特定の信念体系(ビリーフ・システム)が重要視されます。グループに属するメンバーたちは、そのしきたりに従うことで一員として認められ、さらにその集団への帰属意識を強めていくのです。タロットの中には、この「司祭」のカードを含め、人と人の結びつきという主題を特にフォーカスしているカードは、全部で3枚あります。「カップの3」と「ペンタクルの3」が他の2枚となります。

　リーディングにおいて「司祭」のカードは、しばしば専門家、もしくは知識の豊富な教師のもとで学ぶことを表しています。また、教育機関、及び学ぶことの大切さも示しています。また、「司祭」のカードはルール、もしくは決められた状況に従う必要性を表しています。さらに「司祭」のカードは、刷新を求め、自由な精神を持ち、独自性を主張しようとするにも関わらず、それができずに葛藤していることを意味することもあるでしょう。というのも集団へ帰属することは、利益をもたらす反面、ときにはその人の自由を奪ってしまうこともあるからです。きまりや伝統といったしきたりを守ることも大事なことですが、その一方で慣習に盲従するのではなく、自分自身を信じることが必要なときもある、そのことを忘れないことが大切です。

6. The Lovers

【恋人】

結びつき
セクシュアリティ
自分への信頼
価値観

Actions　◆アクション
【他者との結びつき】
　絆を確立する
　愛を感じる
　深い結びつき、もしくは結婚
　血縁関係を承認する
　他者との共感
　近しくなる
　つながりを作る
　親密になる

【セクシュアルになる】
　結びつきを求める
　望んでいたことを経験する
　愛し合う
　他人に開放的になる
　情熱に応える
　肉体的な魅力を感じる
　内なるエネルギーを感じる

【自己への信頼を確立する】
　一般的なものの見方を疑う
　状況を理解する
　自分自身に正直でいる
　自分なりの哲学を確立する
　自らの基準に基づいて行動する
　決意を固める

【価値観を定める】
　誘惑と闘う
　正しいことと間違っていることの選択
　倫理あるいは道徳上の選択に直面する
　結果でものごとを判断しない
　気になっていることを明らかにする

Opposing Cards: some Possibilities　◆反対の意味を持つカード
【司祭】
　確固とした信念
【隠者】
　ひとりになる
　他者と関係を持たない
　性的関心がない
【カップの5】
　親しい関係を失う
【ソードの3】
　拒絶する
　別離

Reinforcing Cards: some possibilities　◆互いの意味を強めるカード
【女帝】
　性的関係の成就
　喜び
【カップの2】
　結びつき
　結婚
　つながり
【カップの9】
　性的な喜び
【カップの10】
　家族のつながり
　絆を作る
【ペンタクルの10】
　ずっと続く結びつき
　家族のつながり

- 176 -

◆説明

「恋人」はわかりやすいカードのひとつです。愛と性は人を魅了する主題ですが、タイトルから想像されるとおり、このカードはその両方を意味しています。お互いを結びつけようとする愛の力はパワフルです。そして愛の最も高次の形態とは、自分自身を超えた高みへと人を導いていくことなのです。だからこそ天使は、このカードに描かれた男女間の絆を祝福しているのです。

この6番目のカードは、しばしばリーディングの中で、深い愛情——あらゆる力の中でもっとも強いもの——に基づいた結びつきを示唆しています。その結びつきは、必ずとは言わないまでも、その多くの場合、性的なものを意味しています。とはいえ「恋人」のカードの象徴するものは、より広い意味においてみれば、必ずしも恋愛に限られるわけではありません。ひとつの関係性の中に置かれ共にあるものであれば、それが人、考え方、出来事、動作、集団など、何であれ、それらを互いに引き寄せる力を示しているとも言えるでしょう。

またこのカードは、重要な難しい選択や、その際に付随する、考えなければならない問いかけがあることをも表しています。あるタロットデッキ[*1]の中では、「恋人」のカードは、ふたりの女性——乙女と誘惑する女性——の間にいるひとりの男性を描いています。この古典的な三角関係が象徴するのは、わたしたちが正しい選択と間違った選択の間で心を揺さぶられているときに直面する、大きなジレンマです。

「恋人」のカードは、道徳的あるいは倫理的な岐路に立たされ、高次の道と低次の道の間でどちらかに決めなければならない選択の道を指し示しています。また、そのような決意をする際に、自分自身の置かれた状況を理解し、自分自身の判断を信じることが必要であることをこのカードは示しています。すなわち、間違った道へと進んでしまわないためには、自分の信じる道に従うことこそが大切なのです。

---

*1
たとえば、マルセイユのタロット (Turnhout, Belgium: Carta Mundi, 1996). Distributed by U.S.Games.

7. The Chariot

【戦車】

勝利
意志
自己主張
厳しい制御

Actions ◆アクション
【勝利を達成する】
　ゴールに到達する
　勝利する
　成功する
　優勢になる
　頂点に立つ
　競合を打ち倒す

【意志の力を使う】
　成功を堅く決意する
　目的を明確にする
　誘惑を乗り越える
　何ものにも邪魔をさせない
　努力を続ける
　エネルギーを集中させる
　ゴールを定める

【自分自身を主張する】
　自分を中心に考える
　アイデンティティを確立する
　自分が誰なのかを知る
　自信を持つ
　自分に正直になる
　興味のあることを探求する

【厳しく制御をする】
　感情を支配する
　衝動を抑制する
　自制心を持ち続ける
　怒りを抑える
　自分自身の道を行く
　力を制御する
　権威を示す

Opposing Cards: some Possibilities
◆反対の意味を持つカード
【力】
　穏やかな抑制
【吊るされた男】
　神の意志を受け入れる
　他者を優先する
【塔】
　挫折
　自尊心をくじかれる経験
【ソードの8】
　混乱
　自己不信
【ソードの10】
　力不足
　落とし穴にはまる
　他者を優先する

Reinforcing Cards: some possibilities
◆互いの意味を強めるカード
【魔術師】
　意志の力を行使する
　集中する
【ワンドの2】
　権限を持つ
　優位に立つ
【ワンドの6】
　勝利の凱旋
　自分に自信を持つ
【ペンタクルの4】
　コントロール
【ペンタクルの9】
　自己コントロール
　自制心

◆説明

　ジュリアス・シーザー[訳注1]が戦車に乗り、意気揚々とローマに凱旋する姿が描かれています。彼は敵を倒し、広大な新しい土地を手に入れました。これが「戦車」のカードの核心となるイメージです。7番目のこのカードは、意志の力と自己統御を通して得た勝利を表しています。何といっても「戦車」のカードにふさわしいのは、軍隊のイメージです。というのもこのカードは、自制心、勇気、決意、確信を持った行為などの戦闘に関連した力を象徴しているからです。

　また「戦車」のカードは、自我のポジティヴな状態を表しています。健全な自我は、強く自信に満ちています。自分が求めているものが何か、そしてそれをどうやって手に入れるのかを知っているのです。確かにあまりにも強い自我を持った人に、わたしたちはいらいらさせられることがありますが、その一方で、困難な場面などにおいてそういった人物は、断固とした態度で、しばしばわたしたちを導いてくれる存在ともなりえます。

　リーディングにおける「戦車」のカードは、特に厳しい自制心が働いているとき、あるいは働かせる必要があるときに、しばしば出てくることでしょう。厳しい自制心とは、それがもっとも好ましい場合、単なる冷徹さを意味するのではなく、強い意志と大きな自信に裏打ちされたものであると同時に、迷いのない確かな方向づけを与えてくれるものです。したがって「戦車」のカードは、自分自身をコントロールすること、もしくは自分を取り巻く環境さえコントロールすることができることを意味しています。

　さらにこのカードは、勝利をも象徴しています。勝利と言っても様々なタイプがある中で、ここで表されているのは勝つか負けるかふたつにひとつの勝負です。あなたの勝利は、競争相手を打ち負かしナンバーワンになることです。あなたが本当にその栄誉を受けるにふさわしい状況に置かれているのならば、必ずや勝利の栄光を手に入れることができるでしょう。

訳注1
ガイウス・ユリウス・カエサル（Gaius Julius Caesar）（前100-前44）のこと（ジュリアス・シーザーは、その英語読み）。古代ローマの軍人・政治家であり、また文筆家としても有名。

8.Strength

【力】

力強さ
忍耐
思いやり
穏やかな抑制

Actions
◆アクション

【力強さを見せる】
持ちこたえることのできる力
勇気を失わない
揺るぎない決意
敗北しても勇気を奮い起こす
スタミナを維持する
岩のような揺るぎなさ

【耐え忍ぶ】
たとえ失敗しても冷静に対処する
他者を受け入れる
時間をかける
落ち着きを保つ
怒りの感情に囚われない
辛抱強さを見せる

【思いやりを持つ】
他人に対して寛大になる
許容する
他人の気持ちを理解する
受容する
欠点を許す
優しくなる

【穏やかに抑制する】
説得する
共に働く
間接的に導く
影響を及ぼす
慈悲に基づく力
愛の力を証明する

Opposing Cards: some Possibilities

◆反対の意味を持つカード
【戦車】
厳しい抑制
【カップの8】
疲労
力の欠如
【ソードの6】
ぼんやりする
放心状態
【ペンタクルの5】
不健康
弱々しさ

Reinforcing Cards: some possibilities

◆互いの意味を強めるカード
【吊るされた男】
時間をかける
忍耐
【ワンドの9】
スタミナ
忍耐力

◆説明

　通常、わたしたちは「力」を、屈強な体つきを連想させる肉体的なものと考えがちです。しかし、力はそういった肉体的なものだけではありません。むしろ、このカードが表す力は、内なる力です。内なる力は、たとえるなら心の筋肉を鍛えることで作られていくものです。それは苦しいときに根気強さ、勇気、決意、落ち着きをもたらし、わたしたちを支えてくれる力です。古来、高潔な人とは、内なる力を持つ人のことでした。そして世界が闇に覆われたときには、内なる力を持つ人が、人々から頼りにされてきました。8番目のこのカードが表しているのは、このような内なる力であり、どんな状況にも乱されることのない決意を支えるエネルギーなのです。したがってこのカードは、決して派手ではないものの、揺るぎのない確固たる力を持っているのです。

　また「力」のカードは、忍耐と思いやりをも表しています。不愉快な状況に陥ったときに怒りに身を任せるのは簡単なことです。しかし、怒りを鎮めるには特別に大きな力を必要とします。そう、他者を受け入れ、失敗を許すこと、そして穏やかに対処することには、このカードが示す内なる力が必要なのです。「戦車」のカードは、支配と権威によるコントロールを意味しますが、「力」のカードはより繊細な力であり、愛を失うことのない力なのです。このカードの力がどのようなものであるかは、力の象徴であるライオンが、女性の優しい手に導かれ飼いならされているところに象徴されています。

　肉体的な力ではなく、こういった穏やかな力が状況として必要とされるときこそ、リーディングにこのカードは現れてきます。どんな状況であれ、絶望したりあきらめたりすることはないということを、このカードは教えてくれます。あなたは耐え忍び、状況を克服するための内なる力を持っています。もしあなたが、どんなに強く押してもうまくいかないというのなら、しばらくの間、手を引き、辛抱することが必要です。また、もし周囲の人々や環境が、あなたをいらいらさせているのなら、あなたの中の愛と寛容の精神に基づく力の存在を思いだしてください。その力は、あなたがどんなに苦しい状態にあっても、決して失われることはないということを忘れないでください。

9. The Hermit

【隠者】

内省
探求
導き
孤独

Actions
◆アクション
【内省的になる】
　熟考する
　心の内側へ集中する
　感覚に重きを置かない
　心を静める
　答えを自分の中に探す
　理解すべきことがある

【探求する】
　より大きな理解を求める
　何かを探し求める
　どんなことをしても真実を求める
　自己探求の旅に出る
　現状にとどまらない
　新しい方向性を求める

【導きを受ける／与える】
　助言者のもとへ行く
　／助言者になる
　賢い忠告を受ける／与える
　導師の教えを受ける／導師になる
　信頼できる教師になる
　／〜のもとへ行く
　助けられる／助ける

【孤独を求める】
　ひとりになることが必要
　静けさを求める
　世間から身を引く
　隠遁生活をする
　気を散らすものを手放す
　プライベートな世界にとどまる

Opposing Cards: some Possibilities
◆反対の意味を持つカード
【恋人】
　関係を持つ
　セクシュアリティ
【世界】
　世界と共にある
【カップの2】
　つながりを作る
　パートナーシップ
【カップの3】
　集団に入る
　誰かと一緒にいる
【カップの9】
　官能的な喜び

Reinforcing Cards: some possibilities
◆互いの意味を強めるカード
【女司祭】
　心の内側を見る
　身を引く
【カップの4】
　身を引く
　内省的になる
【カップの8】
　より深い意味を求める
【ソードの4】
　熟考する
　穏やかになる
【ソードの7】
　ひとりになる
　他人から距離を置く

◆説明

　ヨーロッパにおける伝統的な「隠者」は、あごひげを持つ気難しい老人で、苦難と隔絶の生活を送るために人々との関係から身を引いた人物です。9番目のこのカードは、その伝統的な「隠者」の姿を描いたものです。「隠者」は、内なる世界へと沈静していくために、社会で生きることから身を遠ざけ、自らの内側にこそ見つけられる答えを求めます。そして彼はその答えが、静けさと孤独によってのみ得られるものであることを知っているのです。

　人生において、わたしたちは当たり前のことに疑問を持ちはじめるという瞬間が訪れることがあります。そのとき、わたしたちは慣れ親しんだ世界よりも、最も深い真実が存在すると感じ、それを探しはじめるのです。しかしこの探求は、孤独なものとなります。というのも、答えは外的世界にあるのではなく、わたしたち自身の内部にあるからです。カードに描かれている「隠者」は、ランタンを手に、本当に誠実な者を探し求める旅に出たギリシャの禁欲主義者ディオゲネス[訳注1]を思い起こさせます。ディオゲネスの物語は、一切の余分なものを捨て去ることによって「隠者」が見つけようとしている真実の探求を象徴しています。

　実際のリーディングにおける「隠者」のカードは、しばしば気を散らす瑣末なものから身を遠ざけ、ひとりになって内省し熟考する時間が必要であることを示唆しています。活発にエネルギーが高まっているときこそ、バランスを取るため、あえて内なる心の中心へと意識を向けなければならないこともあるでしょう。そう、今はいったん身を引き、静かにしていることが必要だと、「隠者」のカードは示しているのです。

　また、リーディングにおいて「隠者」のカードが出ているということは、それがどんな分野であれ探求する必要があることの暗示です。特に、ある状況に対して、より一層の深い洞察や真実を見つけださなければならない必要があるときはなおのこと。「求めよ、されば見つからん」。そう「隠者」のカードは告げています。また、「隠者」は導き手でもあります。賢い者からの導きに助けられた人は、やがて成長し、今度は他者のために手助けをすることになる。そのことも、このカードは示しています。

訳注1
ディオゲネス（前412？ - 前323）は、古代ギリシャの哲学者。キュニコス派の思想を体現して、禁欲的な生活を送った賢者として知られている。

10. The Wheel of Fortune

【運命の車輪】

運命
ターニングポイント
動き
自分自身のヴィジョン

Actions ◆アクション

【運命を感じる】
　与えられたチャンスを活かす
　運命の糸車を感じる
　思いがけないことの中に好機を見いだす
　運命の巡り合わせを受け入れる
　運命の働きを感じる
　奇跡を目撃する

【ターニングポイントに立つ】
　転換する　違う方向へ動く
　物事が一変する
　運命の中に変化をもたらす
　ことの推移を見守る
　物事の変化に驚かされる

【動きを感じる】
　変化を経験する
　人生のテンポがスピードアップすると感じる
　新しい展開のほうへ押し流される
　世界に活気が戻ってくる
　巻き込まれる

【自分自身のヴィジョン】
　すべてのものごとがいかにつながっているかを知る
　さらなる気づきを得る
　ものごとのパターンとサイクルが見えてくる
　見通しが広がる
　より大きな視野が開ける
　自分の役割と目的を知る

Opposing Cards: some Possibilities ◆反対の意味を持つカード

【ソードの2】
　行き詰まる
　袋小路に突き当たる
【ソードの4】
　休息
　静けさ
　スローペース
【ペンタクルの4】
　変化をブロックする
　動きがない
【ペンタクルの7】
　方向転換する前の調査

Reinforcing Cards: some possibilities ◆互いの意味を強めるカード

【ワンドの8】
　速いペース
　すばやい展開

◆説明

　ギリシャ神話には、3人の運命の女神[訳注1]がいます。彼女たちは、人間が生まれたときから、それぞれの運命を操る糸をつむいでいます。運命を糸つむぐ車の回転として見る。それは古来、運命の車輪が、捉えどころのない人間の運命の変転を表すためのイメージとしてみなされてきたことと関連しています。この10番目のカードのテーマは、このような人間の運命を車輪のようにイメージすることと、まさしく関連しています。

　「運命の車輪」のカードの特徴的なポイントは、大アルカナの中でも絵柄に人間の姿が描かれていないところです。このことは、このカードのテーマの核心が人間の領域を超えていることを意味しています。絵に描かれている雲が象徴する人間の世界を超えた高次のレベルでは、すべての人の運命が、その人の一生を表すタペストリーの中にあらかじめ編み込まれている、ということをこのカードは示しています。通常、タロット・カードは、各々の人にその都度、人生の道筋を、自ら定めるよう気づきをもたらしてくれますが、しかしときには、それよりも最も大きな変えることのできない運命のサイクルを教えてくれることがあります。人生の中で訪れるチャンスが、たまたま思いがけない偶然によってもたらされたものと見えたとしても、それはあらかじめ定められた運命の大きなプランの一部でもある、というのがこのカードが示すテーマでもあるのです。

　リーディングの中で「運命の車輪」のカードは、自分を超えた大きな力と共にやってくるヴィジョンや悟りを表しています。もしあなたが何らかの問題を抱え、困難な状況に置かれているなら、一歩下がり、改めてより大きな視野ですべてを見渡すことが必要です。そうすれば、答えが見つけられるだろうということを、このカードは示しています。

　また「運命の車輪」のカードは、予期せぬ出会いや運命の意外な進展をも象徴しています。突然やってくる出来事は予測不可能であり、あなたが知り得ることは、ただ今ものごとが変化しているということのみです。このカードが出ているときは、まさしく回転する車輪が連想させるような、方向の転換、周期の繰り返し、そして急速な動きなどが、しばしば実際に起こることを示しています。「運命の車輪」のカードがもたらす変化のエネルギーは、人生の流れがスピードアップしたような感覚を、あなたにもたらすかもしれません。「運命の女神は車輪を何度も何度もぐるぐる回す。どこで彼女がその回転を止めるのか誰もわからない」[訳注2]。そう、「運命の車輪」のカードは、どこに置き去りにされるかわからない大きな竜巻に、運ばれていってしまうような経験となることもあるでしょう。

訳注1
ここで言うギリシャ神話の3人の運命の女神とは、モイライと呼ばれる三姉妹のこと。長女クロトが運命の糸を紡ぎ、次女ラケシスがその糸を手繰り寄せ、三女アトロポスがその糸を断ち切る。彼女らによる運命の糸の長さで、人間の運命や寿命が決まるとされている。

訳注2
ここで言われている「彼女」と言うのは、前出のギリシャの運命の三女神のことではなく、おそらくローマの運命の女神フォルトゥーナのことだと思われる。フォルトゥーナは、車輪を回転させることによって、人の運命を変転させる。なお、タロットに登場するフォルトゥーナについて詳しくは、拙著、『タロット大全』（紀伊國屋書店、2004年）、534-538頁。

11. Justice

【正義】

正義
責任
決断
原因と結果

Actions ◆アクション
【正義を重んずる】
　公正さを求める
　倫理的な基準にかなったふるまいをする
　法に関する事柄に巻き込まれる
　誠実であることを貫く
　平等であることを求める
　偏見を持たない
　正しいことを行う

【責任を引き受ける】
　過去のつけと負債を返済する
　自分がしたことの釈明をする
　真実を認める
　関係性を認める
　問題を調停する
　するべきことをする

【決断のための準備をする】
　問題のあらゆる側面を比較する
　未来への方向性を定める
　すべての要素のバランスをとる
　正しい行いへの決意をする
　あらゆることを配慮した上での選択

【原因と結果を知る】
　自分がもたらした結果を受け入れる
　自分がいかに今の状況を選んだかを知る
　カルマの影響に気づく
　出来事の道理がわかる
　出来事の間にあるつながりを見つける

Opposing Cards: some Possibilities ◆反対の意味を持つカード
【ソードの2】
　真実から目をそらす
　自分の役割を否認する
【ソードの5】
　誠実さの欠如
　必ずしも正しいことを行わない
【ソードの7】
　責任を回避する

Reinforcing Cards: some possibilities ◆互いの意味を強めるカード
【皇帝】
　正義
　規制
　法の発令
【審判】
　決定
　過去の行為・失敗を受け入れる
【ワンドの10】
　責任を引き受ける
　釈明する義務
【ソードの9】
　過去の事柄への罪悪感
　失敗を認める
【ペンタクルの7】
　自分の立場を定位する
　未来への方向性を定める

◆説明

　11番目のこのカードには、正義というテーマが、わたしたちに馴染み深い姿として描かれています訳注1。彼女は一方の手に平等と公正な判断をもたらす天秤を、もう一方の手には揺るぎない判決を下す剣を持っています。タロットの中の「正義」のカードは、人生とは究極的には公正で理にかなったものであるということを表しています。確かに、人生において予想だにしなかった好ましくない変転が起きると、人はその正義を疑うこともあるでしょう。それにも関わらず「正義」のカードは、聖なるバランスの法則が人生に働きかけていることを、わたしたちに気がつかせてくれるのです。ここで「皇帝」と「正義」のカードの共通点に注目してみると、どちらのカードも普遍的な秩序(ユニヴァーサル・オーダー)を表したものという点で共通しています。ただし、「皇帝」のカードはものごとの根源的な構造の中に、「正義」のカードはカルマの影響として、出来事の原因と結果があるということをそれぞれ示していると言えるでしょう。

　このカードには、法廷の場を包む厳粛な雰囲気があります。実際に、このカードは法的な事柄全般を表します。けれども、このカードが象徴するのは、必ずしも文字どおりの法的な事柄に限定されているわけではありません。法廷とは判決が下され、ものごとが決定される場所です。それはあくまで公正で偏見に囚われず、真実を追求するという正義の原理を実現するための公的な場だと言えます。

　リーディングの中での「正義」のカードは、ものごとが正しく行われているか、あるいは自分が正当に受けとるべきものを得ているかどうかなどがテーマとなるとき、しばしば登場します。また、過去の失敗、あるいはよい行いが、現在の事柄に影響を与えているような場合にも表れるでしょう。すなわち今のあなたの状況は、あくまであなたの過去の行為が「原因」となり、それが「結果」となって返ってきているということを、「正義」のカードは示しているということなのです。

　場合によって「正義」のカードは、すべきことをしなくてはならないという合図であることもあります。その合図は、責任を負わなくてはならない、そしてつけを返済しなくてはならないときがきた、ということを意味していることもあるでしょう。その場合、もしあなたが過去の失敗に気づき、それを改めなければ、その問題にずっとつきまとわれることにもなるでしょう。いずれにせよ「正義」のカードは、注意深く問題を検討し、あなたの未来の方向性に関わる重要な決断を下す必要があるということを告げています。

訳注1
ここで「馴染み深い」と述べられているのは、ヨーロッパでは伝統的に「正義」という観念を図像的に表現する際に、天秤と剣を持った女性の姿として擬人化されるのが一般的であるということによる。
なお、正義の図像について詳しくは、拙著『タロット大全』(紀伊國屋書店、2004年) 476-479頁。

12. The Hanged Man

【吊るされた男】

手放す
逆転
一時中止
自己犠牲

Actions
◆アクション

【手放す】
感情を開放する
あるがままを受け入れる
成り行きにゆだねる
あがくことを止める
防御することをやめ、心を開く
コントロールすることをあきらめる
神の意志を受け入れる

【逆転する】
世界の見方を反転させる
考えを変える
これまでの優先順位をひっくり返す
新しい角度から見る
古い秩序をひっくり返す
反対のほうを向く

【行動を一時中止する】
反応するのをやめる
時間の流れの外にいる
そのままじっとしている
強要することをあきらめる
今を生きる
ベストな好機を待つ

【犠牲にする】
殉教者になる　主張を放棄する
自分にとって大事なことを脇に
　置いておく
二歩進むために一歩下がる
より高次の目的のために目先の
　ことをあきらめる
他者を優先する

Opposing Cards: some Possibilities
◆反対の意味を持つカード

【魔術師】
行動する
遂行する
【戦車】
自己主張
【ワンドの7】
挑戦的な態度
反抗してあがく
【ワンドの10】
苦心して行う
【ペンタクルの4】
待つ
支配

Reinforcing Cards: some possibilities
◆互いの意味を強めるカード

【愚者】
あるべき姿を信頼する
流れのままに進む
【女司祭】
活動を休止する
待つ
【力】
忍耐
時間をかける
【ソードの4】
休息
活動を休止する
【ソードの10】
犠牲
殉教

◆説明

「吊るされた男」のカードは、タロットの中でもっともミステリアスなカードのひとつです。それは一見シンプルでありながらも複雑な要素からなり、また興味を引くものでありながら容易な理解を阻む難しさがあります。それはこのカードが、様々な点で本質的な矛盾をはらんでいるからです。「吊るされた男」は、わたしたちの人生におけるパラドックスを象徴するゆえに、わたしたちをすっきりしない気持ちにさせるカードです。ここでいうパラドックスとは、本来、矛盾し両立しないように思えることが、同時に真実であるという事態のことです。そう、「吊るされた男」のカードは、相反する事柄の中に隠されている本当の真実を、わたしたちに示しているのです。

「吊るされた男」のカードで学ぶべき大事なレッスンは、ものごとを手放すことで「コントロール」し、明け渡すことで「獲得する」という逆説です。この12番目のカードに描かれている男性の姿は、自らすすんで十字架に死すという究極の自己放棄の形でありながらも、なお聖なる悟りの絶頂の輝きにあります。彼は自身を犠牲に供しながらも、勝利者であることを表しているのです。また、その場にとどまることによって「前に進む」こと、一時停止することでこの宇宙のすべてのときを知り得ることができる、ということを「吊るされた男」のカードは告げているのです。

　リーディングの中で「吊るされた男」のカードは、最も明白であると思えることが、常に問題解決のための最善の糸口とは限らないということをわたしたちに気がつかせてくれます。自分の意志を押し通したいと最も強く求めているときこそ、その思いを手放すべきであること。自分のやり方を貫きたいと最も強く求めているとき、その思いを捨てるべきであること。そして行動を起こしたいという最も強い思いに駆られるときこそ、待つべきときであることを「吊るされた男」のカードは告げています。そう、意外なことにも、そのときの望みとは正反対の動きをすることによって、探し求めているものは見つかるということを、このカードは教えてくれているのです。

13. Death

【死】

終結
移り変わり
除去
容赦のない力

Actions
◆アクション
【終結させる】
　次の扉を開けるために扉を閉める
　何かを終わりに持ち込む
　一連の出来事を完成する
　仕事を未完成で終わりにする
　過去に背を向ける
　道を分かつ

【移り変わりを経験する】
　状態が変化する
　既知から未知への移り変わり
　路頭に迷う
　ものごとの移り変わりの狭間で
　　待つ
　中間の段階にいる

【余分なものを除去する】
　不必要なものを切り捨てる
　古い考えを水に流す
　剥きだしの自分になる
　重要なものに集中する
　基本に立ち戻る

【容赦のない力を体験する】
　押し寄せる変化の流れの中にいる
　逃れられない状態にとらわれる
　避けることのできないことを
　　経験する
　強大な動きの一部になる
　宿命に従う
　必然の運命を受け入れる

Opposing Cards: some Possibilities
◆反対の意味を持つカード
【愚者】
　はじまり
【女帝】
　誕生
【審判】
　復活、新たなるスタート

Reinforcing Cards: some possibilities
◆互いの意味を強めるカード
【塔】
　激しい衝撃
　強大な力
【ワンドの8】
　結論、終結
【カップの5】
　喪失、別れ
【カップの8】
　先へ進む
　終わらせる

◆説明

「死」！　何ともそれは強大な力です。13番目のカードに登場する骸骨が象徴する闇を、何ら不安を感じることなく見つめることができる人などいるのでしょうか？　いよいよこのカードにおいてわたしたちは、巨大な未知の世界であると同時に、人間にとってのもっとも深い恐れへと目を向けることになります。現実の世界では、わたしたちは死を存在の消滅であると考えるゆえに死を恐れます。しかしながら、タロットの世界において（実際の命もだとわたしは思いますが）、死とは完全な終わりなのではなく、新しい状態に移り変わることを意味しています。かりに形が失われたとしても、命はその本質において永遠のものです。成長し、動き、そして生きるために、新しいものを生みだすために古いものは「死」ななければならないのです。

当たり前のことですが、タロットのワークの中で、13番目のカードは、実際の肉体的な死とはまったく関係ありません。そのようにこのカードを見なすのは、あまりにもこのカードの持つより広い意味を狭めてしまうことになってしまいます。ですから、信頼できるカード・リーダーなら、このカードを決してそのようには解釈しないでしょう。ここでの死は、わたしたちの肉体レベルで起こることではありません。単なる物理的な次元を超えたあらゆるレベルにおいて、死は絶えず起こっています。もっと言うなら、すべての瞬間において、わたしたちは死んでいます。というのも、現在が死ぬことによってこそ、未来は開かれていくのですから。

リーディングにおいて「死」のカードは、大きな変化のはじまりとなる重大な終わりをしばしば意味します。それはひとつの時代が幕を閉じる瞬間のシグナルです。そんなとき、悲しみや変化に対する抵抗感だけではなく、安堵の気持ちと達成感を感じることもあるでしょう。

また、「死」のカードは、ものごとのもっとも根源的なものに目を向けることをも示唆しています。ですから死にゆくことが、本当に重要な何かへと、あなたの気持ちを向けさせるということもあるでしょう。そのときこのカードは、あなたに不必要なものを切り捨てるべきだということを、気づかせてくれるに違いありません。

「死」のカードは、容赦のない冷酷な力を、あなたが思い知らされることをも意味しています。人間にとって死は避けることのできないことであるのと同様に、このカードは逃れられない何らかの出来事を示しています。そんなときは、自らの宿命に従い、自分が連れて行かれる場所をしっかりと見つめることこそが、最善のアプローチとなるはずです。

14. Temperance

【節制】

節制
バランス
健康
結合

Actions ◆アクション
【節制する】
　中間の立場を見つける
　節度を示す
　度を越さない
　厳しい意見を和らげる
　中庸を見つける
　和解に到達する
　極端に走らない

【バランスを保つ】
　調和の中にいる
　釣り合いをとる
　正反対のものを共に取り入れる
　すべての側面に気づく
　協力を促進する
　中心で安定する

【健康を感じる】
　エネルギーと活力を取り戻す
　ヒーリング
　健康に恵まれる
　回復する
　健康を謳歌する

【力を結合する】
　必要なものをひとつに集める
　他者と結びつく
　合併する
　正しい調合を見いだす
　統合を実現する
　すべてのものをひとつにする

Opposing Cards: some Possibilities ◆反対の意味を持つカード
【塔】
　極端さ
　バラバラになる
【ワンドの5】
　不一致
　競争
　アンバランス
【カップの7】
　過剰
　耽溺する
【ソードの5】
　不和
　調和の欠如
【ペンタクルの5】
　不健康

Reinforcing Cards: some possibilities ◆互いの意味を強めるカード
【世界】
　統合
　総合
　結合
【カップの2】
　コネクション
　共に働く
【カップの3】
　力を合わせる
　共に働く
【ペンタクルの2】
　バランス
　正しい調合を見いだす
【ペンタクルの3】
　チームワーク
　結びつく

◆説明

　世の中には、静かで落ち着いた雰囲気をかもしだすタイプの人がいます。彼らは多くを語ることなく、ゆったりと落ち着いた面持ちでやるべきことに取り組みます。また、極端に走ることなく、偏ることなく、常に変わらないことを重んじるそういった人たちの存在は、心を安らがせてくれるものです。そう、「節制」のカードとは、そんな穏やかなエネルギーなのです。

　穏やかであるためには、節度と自制心が求められます。誘惑に満ちた世界では、欲望に囚われないよう、しばしば心の調和を維持する努力も必要とされます。このように言うと、もしかすると常に節度と自制心が要求される「節制」は、賢明であるけれども、ちょっと退屈な状態であると思ってしまう人がいるかもしれません。確かに「節制」のカードのエネルギーは、表面的には何も起こっていないように見えるでしょう。しかしその中心にあるのは、台風の目のような穏やかさであり、たとえ辺り一面に風が渦巻いていても、その中心にはすべてを均衡へともたらす静寂の場所があるのです。

　リーディングにおいて「節制」のカードは、過激なカード（たとえばナイトのような）が一緒に現れたときには、特に節度が必要であることを示しています。このカードはまた、バランスの必要性も意味します。特に対立する派閥をひとつにするきっかけを見つけるためには、歩み寄りと協調が何よりも不可欠であることを教えてくれています。「落ち着かせる（temper）」ことは、そもそも新しい要素を混ぜ合わせることによって穏やかにすることを意味しています[訳注1]。わたしたちが異なる立場の葛藤に、理想的な融合と解決を見いだすためには、結合と再結合の繰り返しが必要なのです。

　また、「節制」のカードは、肉体、精神、感情のすべての面における健康を表すカードです。したがって、病気や体調不良が気になるときも、このカードは生命力と健康を約束してくれることでしょう。

訳注1
落ち着かせるという意味を持つ英語のtemperは、その語源のラテン語において「混ぜ合わせる」という意味がある。

15. The Devil

【悪魔】

束縛
物質主義
無知
希望のなさ

Actions　◆アクション
【束縛される】
　望まない状況を受け入れる
　つきまとわれる
　意思に反して縛りつけられて
　　いると感じる
　自立心を失う
　人に甘んじてコントロールされる
　中毒となり虜になる
　他のものに服従する

【物質的なものにこだわる】
　見せかけにとらわれる
　物質的なものだけを信じる
　スピリチュアルなものから遠ざかる
　獲得し消費する
　感覚的なものに耽溺する

【無知のままでいる】
　知らないままでいる
　狭い範囲の中で活動する
　制限される
　暗闇の中にとどまることを選択する
　未知のものを恐れる
　うわべにだまされる

【希望がないと感じる】
　最悪な状況であると思い込む
　絶望する
　信仰の欠如
　世界の冷たさを感じる
　ネガティヴに考える
　暗い未来を予感する
　疑う

Opposing Cards: some possibilities　◆反対の意味を持つカード
【愚者】
　信頼感を持つ
　信じる
【星】
　希望
　信仰
　楽観主義
【ワンドの4】
　自由
　開放
【カップの6】
　善意
　無実
　純粋な喜び
【カップの10】
　喜び
　平和
　祝福

Reinforcing Cards: some possibilities　◆互いの意味を強めるカード
【カップの7】
　わがままにふるまう
　浪費
【ソードの8】
　混乱
　制限
【ソードの9】
　絶望
　失われた喜び

◆説明

　ルシファー。メフィストフェレス。サターン。暗黒の王子。彼のことを何と呼ぼうとも、「悪魔」は、悪や望ましくないことのシンボルです。わたしたち人間の視点からは、ときに世界は光と闇の間で葛藤しているかのように見えます。そしてわたしたち人間は、世界から悪は消えてなくなり、善のみが広がっていって欲しいと願います。しかしながら実際には、ちょうど光があるところに必ず影ができてしまうように、善と悪を完全に分離してしまおうとすることは、そもそも不可能なのです。暗闇とは光の不在であり、真実を見えなくしてしまう錯覚によって悪は引き起こされます。この15番目のカードは、わたしたちが悪と結びつく錯誤へと陥ってしまう可能性を示しているのです。

　第1に錯誤は、無知からやってきます。すなわち、真実を知らず、そもそも知らないということにすら気がつかないことです。第2の錯誤は、物質主義に囚われることです。すなわち、形のあるもの以外信じないことです。かりにわたしたちが、自分の通常の五感に感知されるもののみしか信じていないとするなら、どんなに物質的なものを越えたスピリチュアルな存在としての聖なるものを切望していたとしても、その真実の源との結びつきを失ってしまいます。それは本当の意味で希望を失うことであり、喜び、そして光に向かって歩んでいく道筋が、奪われてしまうことになるのです。

　伝統的に「悪魔」のカードは、悪を象徴するものとは言え、リーディングの中では、そこから連想されるような恐ろしい結果を、単に意味するわけではありません。むしろこのカードは、不健全で、非生産的な状況に陥ってしまっていることを、あなたに知らせてくれたりもします。もしかすると、あなたは暗闇の中に置かれてしまっているのかもしれません。たとえば、真実から目をそむけ、自分にとってよくないとわかっている（わかっていない場合もあります！）人、考え、物、行動パターンなどに囚われてしまっているのかもしれません。しばしばこのカードは、自分自身や将来を疑ってかかるネガティヴな考え方を、映しだしていることもあるでしょう。

　また、現実の人生において、わたしたちはたびたび過ちを犯してしまうこともあります。この15番目のカードは、その過ちへと注意を向けなくてはならない状況にあることを、わたしたちに知らせてくれています。「悪魔」のカードが出てきたら、自分自身が当然だと思い込んでしまっている事柄に対しても、注意深く見直しをしてみることが必要です。そして間違ったものの見方をしていないか、あるいはよくない状況に陥っていないか、確認してみてください。いずれにせよ、そもそもの誤った状況に陥ってしまわないよう、常に高いヴィジョンをしっかりと持ち続けることを忘れないでいることが、何より大切なことです。

16. The Tower

【塔】

突然の変化
開放
転落
啓示

Actions

◆アクション

【突然の変化を経験する】
　大変動を体験する
　計画が中断される
　驚かされる
　危機を通過する
　決まりきった日常がおびやかされる
　カオスの中に入る

【開放する】
　爆発
　感情を爆発させる
　怒りを放出させる
　自己防衛を打ち壊す
　見せかけを打ち破る
　すべてを解き放つ

【転落する】
　高慢さがくじかれる
　崩壊を経験する
　高みから没落する
　運命が下降する
　エゴが吹き飛ばされる

【啓示を受ける】
　突然、真実を悟る
　隠されていたものが暴かれる
　洞察のひらめきが訪れる
　幻想を見透かす
　答えを得る
　すべてがぱっとわかる

Opposing Cards: some Possibilities

◆反対の意味を持つカード

【戦車】
　勝利
　コントロール
【節制】
　中庸
　結びつく
　抑制する
【星】
　穏やかさ
　静穏
【ワンドの6】
　喝采
　プライド
【カップの10】
　平和
　穏やかさ

Reinforcing Cards: some possibilities

◆互いの意味を強めるカード

【死】
　衝撃が押し寄せる
　パワフルな力
【太陽】
　悟り
　啓示
【ペンタクルの5】
　厳しいとき

◆説明

「塔」は心をかき乱すカードです。火事、稲妻、そしてギザギザの岩のほうへと落ちていく人。これらは明らかにトラブルを意味しているように見えます！　突然のドラマティックな大変動、あるいは運命の逆転を表すこの16番目のカードは、変化を嫌う人には歓迎されないカードです。一般的に人生の中で日々の変化は、ゆっくりと順応していくための時間を与えてくれるものですが、その一方で「塔」のカードが示すのは、急激で突発的に起こる大きな変化なのです。

　映画の中で、フラフラして訳のわからないことを言っている人物に対して、主人公が平手打ちをするといったシーンがあります。主人公は、相手をその状態から抜けださせるために、他の方法を試してみますが、結局はぴしゃりと痛みを与えることに頼らざるをえないのです。それに似て、突然の危機の訪れは、人生があなたの目を覚まさせようとするひとつの方法なのです。何かが間違っているのにも関わらず、あなたはそれに対して何の手立てもとりません。もしかするとプライドが高すぎるのでしょうか？　そんなとき人生は、何らかの方法であなたのエゴを取り除こうとするでしょう。あるいは、自分の中で怒りを押さえつけようとしているのでしょうか？　だとしたら今のままでは、せき止めていたものが、やがて爆発することになるかもしれません。あるいは、決まりきった生き方に囚われているのでしょうか？　だとしたら、それを覆すような驚くべき変化が訪れるかもしれません。

「塔」のカードが示すのは、ときには不快な経験を伴う形で、あらゆることを完全に変えてしまうような変化です。あなたはそんな事態に対して、どのように対処するのでしょうか？　ここで大事なことは、必要性があったからこそ、その崩壊が起こったのだということを認めることです。とはいえ、必ずしも好ましいとは言えないその変化を喜んで受け入れるなどということは、いくら何でも難しいでしょう。ただし大事なのは、その変化の中に含まれているポジティヴな要素を見つけることです。というのも、最終的にあなたが新しい方向性へと強いられて動かざるをえなくなったとしても、実際には、それが大きな開放感へとつながっていくかもしれません。あるいは、自分の置かれている状況について深い洞察が訪れ、ものごとの理解の新たなレベルへと到達することになるかもしれません。

17. The Star

【星】

希望
インスピレーション
惜しみなく与えること
平穏

Actions　◆アクション
【希望を取り戻す】
　未来に確信を持つ
　ポジティヴに考える
　信じる
　祝福を感じる
　トンネルの終わりに光が見える
　大きな期待を抱く
　成功を待ち望む
【インスパイアされる】
　やる気を取り戻す
　内面の力に気づく
　はっきりと道がわかる
　より高次のレベルへ向けて鼓舞
　　される
　創造する
　答えを受けとる
【惜しみなく与える】
　与え、分かち合うことを求める
　富を分かち合う
　心を開く
　受けとったものへのお返しをする
　愛を流れるままにする
　無条件で与える
　何ものも制限しない
【平穏であること】
　心の静寂を体験する
　リラックスする
　静穏でいられる中心点を見つける
　安らかなままでいる
　理想的な落ち着きを味わう
　トラブルに巻き込まれても穏や
　　かでいる
　調和を楽しむ

Opposing Cards: some Possibilities　◆反対の意味を持つカード
【悪魔】
　絶望
　不信感、悲観
【塔】
　大変動
　カオス
【月】
　悩まされる
　邪魔される
　不安
【ソードの2】
　感情の流れをせき止める
【ソードの9】
　罪
　苦悩

Reinforcing Cards: some possibilities　◆互いの意味を強めるカード
【愚者】
　無垢
　信頼
　期待
【女帝】
　出し惜しみしない
　自然にあふれでる愛
【カップの6】
　善きことを欲する
　分かち合い
【カップの10】
　喜び
　ポジティヴな感情
　祝福

◆説明

　人々はいつも、インスピレーションと希望の源として星々を見上げてきました。星々の輝きには、わたしたちをより高次のレベルへと誘う何かがあるのでしょう。わたしたちは天上に目を向けるとき、しばし地上の嘆きを忘れ去ります。同様に、この「星」のカードにも、この世界を超えた別世界へと想いを向かわせる何かがあります。たとえば、それはわたしにとって、ソプラノの透き通る高い声を思い起こさせます。「星」のカードのもとでは、日々の暮らしの厳しさやどうすることもできない状況も、きれいに取り除かれ、ものごとの純粋な本質だけが残ります。そしてわたしたちの気持ちは高揚し、星々の祝福を感じるのです。

　悲しみと失望に苦しんでいるとき、「星」のカードが出たなら、それはもっとも歓迎すべきことです。どんなに辛いときでも、希望は潰えることなく、暗いトンネルの終わりには、必ず光が見えてくるのだということを思いだしてください。「星」のカードは、未来への希望を剥ぎとっていく「悪魔」のカードとは、正反対のカードです。最後には、心の安らぎを見つけることができることを約束してくれています。

　また「星」のカードは、心を開き、恐れや疑いを手放すことを、わたしたちに教えてくれます。そればかりか、あなたの所有しているものが何であれ、それを他者へと惜しみなく与えるべきときがやってきたことをも示しています。

　「星」は、インスピレーションを与えてくれるとはいえ、現実的な解決策や最終的な答えを用意してくれるカードではないということも忘れないでください。確かにわたしたちは、希望なくして何ごとも成し遂げることはできません。ただし希望とは、ただのはじまりにすぎません。

　リーディングで「星」のカードが出たとき、自分は正しい道のりにいるのだと思って間違いありません。あなたの願いやそのゴールは祝福されています。必要なのは、そのことに気づき、ポジティヴな行動を起こすことなのです。「星」のカードの光を、ぜひあなたの歩みのガイドとしてください。

18. The Moon

【月】

恐れ
幻影
想像力
戸惑い

Actions　◆アクション
【怖れを感じる】
　内なるデーモンが解き放たれる
　何とも言えない懸念を感じる
　恐怖に苦しむ
　自分を影の世界に明け渡す
　勇気に欠ける
　不安な気持ちが勝る

【幻影を信じる】
　誤った状況を受け入れてしまう
　自分自身をだます
　非現実的な考えに囚われる
　真実に対して思い違いをしてしまう
　ものごとを歪んだ形で経験してしまう
　空想を追いかける

【想像力をかきたてられる】
　はっきりした夢やヴィジョンを持つ
　ファンタジーに心を開く
　無意識を探る
　普通ではない考えを抱く
　風変わりで奇妙なことを考える

【戸惑いを感じる】
　方向性と目的を失う
　明らかにトラブルとなる考えを持つ
　混乱する
　取り乱しやすくなる
　分別を失う
　当てもなくさ迷う

Opposing Cards: some Possibilities
◆反対の意味を持つカード
【星】
　穏やかになる
　安らかさ
　平和
【太陽】
　確信
　明晰さ
　啓蒙

Reinforcing Cards: some possibilities
◆互いの意味を強めるカード
【カップの7】
　幻影
　非現実的なアイディア
　ファンタジー
【ソードの2】
　自分をだます
　真実を見ない
【ソードの8】
　混乱
　不明瞭

◆説明

　かりに今あなたが、自分の部屋をぐるりと見まわしてみたとしましょう。きっとそこには、よく見慣れた当たり前の光景が見えることでしょう。そう、すべてがまぎれもなく、あなたの思ったとおりに見えているはずです。もちろん、目を閉じ、再び目を開いても、部屋は先ほどと同じに見えることも、あなたは知っているはずです。その一方で、あるときあなたは、自分の慣れ親しんでいた光景が失われ、周囲が何とも捕らえどころのない世界へと変化してしまうような体験をしたことはないでしょうか？　この「月」のカードが表しているのは、まさしくそんな不安定な世界の体験です。

　通常、わたしたちはほとんどの時間を、まるで小さなポケットの中で生きているかのように、安心できる環境の中で過ごしています。それは逆に言えば、安心できる環境の外で待ち受けている神秘的な世界へと背を向けていることを意味します。とはいえ時々、慣れ親しんだ世界の外を、想像力が覗かせてくれたり、空想や拡張された意識の状態によって、そこへ乗りだしていってしまうこともあるでしょう。またはドラッグ、狂気、何らかの激しい体験などを通して、いきなり日常の外の世界へと連れだされてしまうこともあります。

「月」のカードは、暗がりと夜の世界の中の光を示します。そこは恐るべき場所であるとはいえ、決して怖がることはありません。ふさわしい状況において、「月」のカードはあなたを魅了し奮い立たせるのです。そして、あなたの想像するすべてのことが、実現できることを約束してくれています。「月」のカードは、あなたを未知の世界へと導き、人生に通常とは異なる何かをもたらします。

　残念なことに、わたしたちはたいてい「月」のカードを恐れています。リーディングでこのカードは、もっとも夜が深まったときに訪れる恐れと不安、そして幻影をもしばしば表しています。月夜の薄暗い光の中で、人は簡単に道を見失ってしまいます。あなたを迷いへと導く誤った観念や欺瞞に囚われないように気をつけてください。実際に「月」のカードは、道に迷ってあてもなくさまようことをしばしば示しています。そんなときは、改めて自分自身の目的を明確にし、本来の道へと引き返すことが必要です。

19.The Sun

【太陽】

啓蒙
偉大さ
生命力
確信

Actions ◆アクション
【啓発される】
　理解する
　カオスの背後にある意味に気づく
　洞察の新しいレベルへと到達する
　知的進歩が起こる
　問題の核心をつかむ
　真実に気づく

【偉大さを感じる】
　卓越する
　注目され抜きんでる
　栄光の瞬間がやってくる
　すぐれた先例を作り上げる
　キラキラと輝く
　独自性を示す
　注目の的となる

【生命力を感じる】
　輝きを増す
　感激に満たされる
　喜びを実感する
　活力を感じる
　力がみなぎっていく
　素晴らしい健康を享受する

【確信を持つ】
　自由と開放を感じる
　真実の自分を誇りに思う
　成功できることを確信する
　自信がある
　自分の価値を信じる
　自分の能力を信用する
　自分自身を許す

Opposing Cards: some Possibilities ◆反対の意味を持つカード
【月】
　混乱
　方向感覚の喪失
　幻影
【カップの8】
　疲労
【ソードの6】
　憂鬱
　物憂げ
【ペンタクルの5】
　衰退する
　くたびれる

Reinforcing Cards: some possibilities ◆互いの意味を強めるカード
【塔】
　啓蒙
　啓示
【世界】
　達成
　偉大な成就
【ワンドの2】
　個の力
　生命力
　輝き
【ワンドの6】
　喝采
　名声

◆説明

　光輝。晴れやかさ。ひらめき。そういったわたしたちの言葉の多くが、太陽の光の力と栄光をまさしく反映したものとなっています。わたしたちが部屋の電気をつけたとき、暗い隅々までが光によって照らされ、はっきり見えるようになります。それと同じように、心に光を灯したとき、わたしたちは啓蒙され、真実が明らかとなり理解が訪れます。いずれにせよ光のエネルギーは、視野を広げると同時に、わたしたちに輝きをもたらしてくれるものなのです。

　古来人々は、光りと暖かさの源として太陽をたたえてきました。様々な文化の神話の中で、太陽は力強さと勇気に満ちた偉大な神として語られています。そして太陽の神は、地上の生命を誕生させることを可能にした、生命エネルギーそのものでもあります。わたしたちのタロットの中の「太陽」のカードも、活力と輝きを表しています。そういった意味で、「太陽」のカードは、決して内気でおとなしいものではありません。

　リーディングでは、まずはあなた自身が、かりに太陽の神であったらと想像してみてください。そうすれば、この19番目のカードの持っている意味が理解しやすくなるでしょう。

　あなたはどう考え、どう感じますか？　もしかするとあなたは、自分の中に完全なる自信がみなぎるのを感じるかもしれません。それはうぬぼれではなく、心からの深い確かな力のはずです。あなたは無限のエネルギーと健康な輝きに満ちています。そして偉大さと輝かしさで際立っています。

「太陽」のカードが出たとき、あなたの着手したことすべての最終的な成功の可能性が示されていると思ってください。何と言っても「太陽」のカードは、まさに今、自分を光り輝かせるときがやってきたことを告げているのですから。

20. Judgement

【審判】

審判
復活
内なる呼びかけ
赦し

Actions
◆アクション
【判決をくだす】
　報いのくる日
　もみ殻から小麦を取り去るように、
　　よいものと悪いものを分ける
　正直な評価をする
　障害から解放される
　批判力を発揮する
　明確な立場をとる
　難しい選択をする
【復活を感じる】
　可能性が目覚める
　変容する
　新たな希望を喜ぶ
　新たなきっかけが作られる
　新たな光の下ですべてをみる
　喜びを発見する
【呼びかけを聞く】
　自分の本当の使命に気づく
　内なる確信を感じる
　行動へと向かう衝動を感じる
　重要なことを決断する
　新しい方向性へと導かれていく
　　のを感じる
　するべきことがわかる
　求めに応じる
【赦しを感じる】
　浄化され、リフレッシュした
　　ことを感じる
　罪悪感と悲しみを手放す
　自分自身、及び他者を赦す
　過去の失敗を償う
　重荷を降ろす
　罪が洗い流されたと感じる

Opposing Cards: some Possibilities
◆反対の意味を持つカード
【死】
　死
　終わり
【カップの5】
　後悔
　失敗
【ソードの9】
　罪の意識
　咎め
　罪深さを感じる

Reinforcing Cards: some possibilities
◆互いの意味を強めるカード
【愚者】
　生まれ変わる
　新しいスタート
【正義】
　決断する
　過去の失敗や行いを認める
【ペンタクルの7】
　決断する段階

◆説明

　この20番目のカードに描かれているのは、人々が天使の呼びかけに立ち上がっている姿です。これは信仰が天へと届いたとき、すなわち「審判」の日を描いたものなのです。ただし、人々はいまだ裁かれておらず、救われるかどうかは定かではありません。果たして彼らはどうなるのでしょう？　彼らは救済に値しない人々なのでしょうか？　彼らは犯した罪によって、神の面前に出ることを拒まれたのでしょうか？　いかにして審判は赦しを与えることができるのでしょうか？　このようにいまだ判決が定まっていないときというのは、落ち着かないものです。

　実のところ、「審判」は二通りの形があります。苦痛を与える厳しい声が言います。「あなたのしたことは間違っている。あなたは悪人で、赦しを与える価値もない」と。この種の判決では、悪人は見放され、いかなる救いの可能性も残されていません。それは選択の余地のない非常に一方的な裁きです。一方で、問題を査定し、あらゆる側面から状況を考慮し、真実をはっきり見極めるという判決の仕方もあります。そして、その人を単に非難することではなく、過ちから立ち直る道の選択と可能性を見つけていく方法です

　リーディングの中での「審判」のカードは、決断の必要性があることの合図です。しかもそれは、しばしばあなた自身が決めなくてはならないことである場合もあります。そのようなときには、まずは問題を注意深く検討してみてください。そのとき余計な判断を入れずに、あるがままを見つめることが大事です。もしあなたが自分自身の行いに対して判断を下すような場合は、結果ではなくこれまでのプロセスから学ぶべきものを見つけてください。そして自分自身の価値観を見失わず、大事なものを選びとり、正すべきことがあれば、それを正すようにしてください。

　一方でこのカードは、救済されるという実感も示しています。そう、天使に呼びかけられたとき、まさしくあなたはすべての罪と重荷を手放し生まれ変わるのです。過去とその失敗は過ぎ去り、あなたは新しくはじめる準備ができたのです。まさしく天命（コーリング）が、自分のすべきことに揺るぎない確信を与えてくれることもあるでしょう。もしあなたが元気をなくし、希望や解放を求めているのなら、「審判」のカードは、まさに復活のときが近づいていることを教えてくれています。

21. The World

【世界】

統合
完成
関わり合い
達成

Actions
◆アクション
【統合する】
　すべてがひとつであることを感じる
　共同で行う
　動的な調和を実現する
　結びつける
　統合された状態を生みだす
　共に結びつく
　調和の中で行動する

【完成する】
　ゴールに到達する
　成功する
　心からの望みを達成する
　夢が叶う
　花開く
　素晴らしい解決策を見つける

【関わり合う】
　貢献する　ヒーリング
　もてなしを与える
　天賦の才能を活かす
　自分のものを分かち合う
　自分自身を明け渡す
　つながりを感じる
　活発になる

【達成感】
　今を享受する
　人生の喜びを味わう
　心の平和を感じる
　満足感を得る
　やすらぎを見つける
　祝福を感じる

Opposing Cards: some possibilities
◆反対の意味を持つカード
【隠者】
　孤立
【カップの4】
　関わり合いの欠如
　無関心
　退く
【ワンドの5】
　異なる目的で動く
　統一性の欠如

Reinforcing Cards: some possibilities
◆互いの意味を強めるカード
【節制】
　調整
　統合
　コンビネーション
【太陽】
　達成
　成功
【カップの9】
　心からの望みを達成する
【カップの10】
　幸福
　満たされた気持
【ペンタクルの10】
　豊かさ
　物質的面での充足

◆説明

　感謝祭の日。あなたはちょうどおいしい食事を終え、手には温かいコーヒーのマグカップを持っています。友人や家族が最近のおかしな失敗談などを話題にしています。赤ん坊がテーブルの向こうからあなたに赤ちゃん言葉で話しかけています。足もとではよくなついた犬がお腹をこすりつけてきています。あなたはとても幸福で満足し、そして本当に感謝の念に満たされています（少なくともお皿の片づけをはじめる前までは）。その瞬間、世界のすべてはあなたのものです。

　誰でもこのような感覚には身に覚えがあるでしょう。それはいつでもどこでも起こり得るものであり、非常に喜ばしいものです。それは家で枯葉をかき集めているときだったり、ノーベル賞を受ける世界の桧舞台に立ったときなどにも感じることがあるでしょう。そう、それは静穏でシンプルなひとときであったり、あるいは興奮と栄光に満ちた瞬間だったりもするのです。いったいこの感覚は何なのでしょう？　そしてどこからやってくるものなのでしょうか？　この21番目のカードは、わたしたちにそれを見つけだす手助けをしてくれます。

　幸せの最も大きな要素は、全体がひとつであるということ、すなわちすべてのものが調和のもとにあるという感覚です。ただし、それは静的で固定された状態ではなく、動的な状態での調和です。相互の関わり合いもまた重要です。幸せを感じるためには、わたしたちは自分を取り囲んでいるものとの間につながりを感じなくてはなりません。また、目標を持ち、それに向かってうまく進んでいることからくる充実感も必要です。これらの要素がともに組み合わさったとき、わたしたちは満たされ、世界から祝福されているように感じるのです。

　「世界」のカードが示しているのは、まさにそのような瞬間であり、またわたしたちが、それに向かっていっている状態であるということです。リーディングの中での「世界」のカードは、自分が心の底から求めていることを実現する状況にいる、というとてもポジティヴなサインです。それが何であるのかは、あなた自身の状況によりますが、いずれにせよ、それがかけがえのない価値のあるものだと感じることは間違いありません。

　ただし、忘れないで欲しいのは、21番目のこのカードは、積極的な他者への貢献と奉仕のシンボルでもあるということです。「世界」のカードが示しているすべてのものが、調和のもとにひとつであるという状態を感じるためには、まず自分自身を他者へと明け渡さなくてはなりません。それこそが、本当の幸せの根源にあるものなのですから。

Part 2 : The Minor Arcana
【小アルカナ】

◆小アルカナキーワード　Tarot Keywords Minor Arcana

	ワンド WANDS	カップ CUPS	ソード SWORDS	ペンタクル PENTACLES
エース ACE	創造的な力 熱意 自信 勇気	感情的な力 直感 親密さ 愛	精神力 不屈の精神 正義 真理	実質的な力 繁栄 実際的 信頼
2 TWO	個の力 大胆さ 独創性	結びつき 和解 魅力	抑圧された感情 逃避 行き詰まり	ジャグリングする 柔軟性 楽しむ
3 THREE	探検 先見の明 リーダーシップ	豊かさ 友情 コミュニティ	悲嘆 孤独 裏切り	チームワーク 計画する 能力
4 FOUR	祝い 自由 興奮	自分自身への没頭 無関心 自分の内側へ目を向ける	休息 黙想 静けさの中での準備	所有欲 コントロール 変化を抑える
5 FIVE	意見の相違 競争 困難	喪失 奪われる 後悔	私利私欲 不和 あからさまな誹謗中傷	困難なとき 体調不良 拒絶
6 SIX	凱旋 喝采 自尊心	善意 無垢 子ども時代	憂うつ 回復 旅行	持っている／持っていない 資産 知識 力
7 SEVEN	攻撃 抵抗 信念	願望的思考 選択肢 だらしなさ	逃げ去る 一匹狼 隠れた卑劣さ	評価 報酬 方向転換
8 EIGHT	素早い行動 結論 ニュース	より深い意味 先へ進む 疲れる	制限 混乱 無力	勤勉 知識 細部

	ワンド WANDS	カップ CUPS	ソード SWORDS	ペンタクル PENTACLES
9 NINE	防御 忍耐 根気	望みを満たす 満足 感覚的な喜び	心配 罪悪感 苦悩	規律 自己への信頼 洗練
10 TEN	多くを引き受けすぎる 重荷 努力	喜び 平和 家族	最悪の状況から抜けだす 被害者意識 犠牲	裕福 永続性 慣習
ペイジ PAGE	クリエイティヴになる 熱中する 自信を持つ 勇敢になる	感情的になる 直観的になる 親密になる 愛情に満ちる	頭脳を働かせる 正直になる 公正になる 不屈の精神を持つ	結果を出す 実際的になる 繁栄する 信用する / 信頼に値する
ナイト KNIGHT Positive	魅力的 自信 大胆 冒険好き 情熱的	ロマンティック 想像的 繊細 洗練 内省	率直 権威的 鋭敏 見識がある 論理的	確固とした 注意深い 徹底的 現実的 一生懸命働く
ナイト KNIGHT Negative	浅はかさ うぬぼれ 向こう見ず 落ち着かない 短気	感情的すぎる 空想にふける 神経質 気どりすぎ 内向的	無遠慮 威圧的 辛辣 自説に固執する 無情	頑固 冒険心に欠ける 脅迫的 悲観的 過労
クイーン QUEEN	魅力的 誠意 精力的 快活さ 自信	愛すること 優しい心 直観的 サイキック スピリチュアル	正直 明敏 率直 機知 経験豊か	養う 寛大 現実的 よく気がつく 信頼がおける
キング KING	クリエイティヴ 鼓舞する 力強さ カリスマ的 大胆さ	聡明 穏やか そつがない 思いやり 寛容	知的 分析的 理路整然としている 公正 道徳的	意欲的 熟達 頼りがいがある 支援する 安定

Ace of Wands

【ワンドのエース】

創造的な力
熱意
自信
勇気

Actions

◆アクション

【創造的な力を発揮する】
よりよい方法を考案する
可能性を広げる
大きな可能性を開く
夢を心に抱く
自分自身を表現する
想像力を刺激する
才能を発揮させる
解決策にたどり着く

【熱意を見せる】
興奮と熱意を感じる
刺激的な気分になる
世界へ立ち向かっていく準備をする
他者を鼓舞する
前向きな気持ちになる
110パーセント与える

【自信を持つ】
自分を信じる
能力を確信する
成功を確信する
高い自尊心を持つ
自分の道に信念を持つ
物事がうまくいくことを確信する

【勇気を持ち続ける】
挑戦的な課題に取り組む
限界を超える
自分の信念を貫く
しっかりと立場を主張する
恐れに立ち向う
求めているものへと向かっていく

Ace-Ace Pairs

◆エース同士のペア

エース同士のペアは、新しい勇気があなたの人生に湧き起こってくることを示しています。「ワンドのエース」の創造性、熱意、冒険、勇気、個の力が、次のような他のスートのエースが持つキーワードを導いていくことになります。

【カップのエース】
深い感情
親密さ
調和
思いやり
愛

【ソードのエース】
知性
論理
正義
真実
明晰さ
忍耐力

【ペンタクルのエース】
繁栄
豊かさ
信頼
安全
確かさ

◆説明

「ワンドのエース」は、創造性、興奮、冒険、勇気、個の力が持つ可能性を象徴しています。リーディングでは、まだあなた自身が気づいていないけれども、自分の人生に大きな情熱の種となるものが眠っていることを示しています。やがて芽を出す種には、どんな形にもなり得る可能性があります。それは創造的なアイディアとなっていくかもしれませんし、前向きな気持ちをかきたてるものかもしれません。あるいは大胆な行動を促すものとなるかもしれません。一方、表面的には、何らかのオファー、ギフト、好機、出会いといったことなどが訪れるかもしれません。あるいは、偶然の一致などの共時的な(シンクロニスティック)出来事が起こる可能性もあるでしょう。

「ワンドのエース」が出たときは、その力強く確かなエネルギーが、あなたのためにどのように働くのかを試してみてください。そのためには、まずはあなた自身、大胆で勇敢になる必要があります。ときには、欲しいものを得るために、リスクを負わなくてはならないこともあるかもしれません。しかし、求める道を探求することは、あなたを奮起させ、限界を超えて進んでいかせることになるでしょう。何はともあれ、しっかりと主導権を握り、情熱の赴くまま新たなる高みを目指して進んでください。

ワンドは、個の力と実行力を表すスートです。中でも「ワンドのエース」は、その情熱に火を灯すときがやってきたことを、あなたに告げています。ですから、きっとあなたは、これから待ち受けるすべてのことに、ベストを尽くしていくに違いありません。

また、「ワンドのエース」は創造力のカードです。その力の影響を受けて、あなたはインスピレーションを具体的な創造へと形作っていくことができるでしょう。ものごとに対するありふれたつまらない考え方は忘れてください。あなたにはもっと独創的な答えを見つけだす力があるはずです。自分自身の持っているクリエイティヴな可能性を信じてください。そうすれば、あなたが成し遂げようとすることに限界はなくなるはずですから。

Two of Wands

【ワンドの2】
個の力
大胆さ
独創性

Actions

◆アクション

【個としての力を獲得する】
注目と尊敬を集める
自分の周りを見渡す
世界を自分のものにする
影響力を奮う
命令をする
権威を握る
自分の立場によって他者を支配する
目標を成し遂げられる

【大胆になる】
思い切ってやりたいことをする
リスクを負う
賭け事が思いどおりに行く
直面した状況に立ち向かう
主導権を握る
意見を述べる
恐れに直接立ち向かう
勇敢に難局に当たる
勝利をつかみとる

【独創性を発揮する】
誰もやったことがないことをやる
独自のスタイルを作り上げる
先駆者になる
普通とは異なるアプローチをする
何か新しい物を考案する
群れから離れる
人には理解されない自分なりの道を歩く

Opposing Cards: some Possibilities

◆反対の意味を持つカード

【女司祭】
受動的になる
舞台裏にとどまる

【司祭】
順応する
集団のやり方に従う

【ソードの8】
力不足
行動することを恐れる

【ソードの10】
犠牲になっていると感じる
力不足

【ペンタクルの10】
規律に従ってゆく、平凡になる

Reinforcing Cards: some possibilities

◆互いの意味を強めるカード

【魔術師】
個の力
強い力を行使する

【皇帝】
権威

【戦車】
個の力
支配

【太陽】
生命力
輝き
偉大さ

◆説明

「ワンドの2」のカードは、個の勇気と偉大さを称賛しています。このカードは、「魔術師」と同じようなエネルギーを持っているものの、ひとつ重要な違いがあります。「魔術師」のカードは、力の元型であり、したがってその創造性と力のエネルギーは非個人的であることを意味しています。一方で「ワンドの2」の力は、あくまでパーソナルな力であり、より現実と結びついた力を象徴しています。それは、あなたにエネルギーを与え、大きなことを成し遂げるよう鼓舞します。また、「ワンドの2」の力に満たされた人は、まるで磁石のように、ある特定の空間内のあらゆるものを引きつけることができるでしょう。

　真実の力は、いつも聖なる場所からやってきます。それはわたしたちを通り抜け、世界へと流れてゆきます。この流れこそが、すばらしい発展と満足をもたらしてくれるものなのだということを理解したときに、わたしたちは聖なるものから祝福されていることを知ることになるでしょう。逆に問題となるのは、自分自身に力の源があると錯覚し、自分はそれを流す導管のようなものにすぎないということを忘れ、聖なるものとのつながりを失ってしまったときです。自分は力を持っているのだという自己陶酔は、わたしたちの分別を失わせます。そればかりか自分の本当の望みや目的が見えなくなってしまうことにもなりかねません。

　リーディングで「ワンドの2」のカードは、権力というテーマがその状況の大きな問題となっていることを示しています。あなた、もしくは他の誰かが、権力を所有しているか、あるいは権力を欲している可能性があります。

　また、「ワンドの2」のカードが出たときは、自分の持つ力を賢明に使っているかどうか、目標と行動を注意深く見直してみてください。力は、単なる私欲のためにではなく、本当に価値ある目的のために使ってこそ、喜びが伴うものです。「ワンドの2」のカードが示す力の恩恵を、ぜひともあなたの環境をポジティヴなものへと変えていくために使ってみてください。

　また「ワンドの2」のカードは、型破りな独創性をも意味します。したがって、このカードが出てきたときは、問題を打ち破るため、大胆でクリエイティヴな行動へ打って出るときがやってきたのだと信じてください。古くさく役に立たないアプローチは捨て去り、もっと自分を自由にしてみてください。その結果は、きっと驚くべきものとなるはずです。

Three of Wands

【ワンドの3】

探検
先見の明
リーダーシップ

Actions

◆アクション
【知らない世界を探検する】
　見知らぬ領域を探求する
　新たな冒険へと乗りだす
　視野を広げる
　安全な地を後にする
　何か違うことに取り組む

【先見の明を持つ】
　先行きを想像する
　より大きな可能性を探し求める
　先の計画をする
　何が起こるのか知っている
　予感を感じる
　先にある障害を予期しておく
　長い目で見る

【リーダーシップを示す】
　他者に道を示す
　中心となる役割を担う
　必要な方向性を与える
　集団を付き従わせる
　責任あるポジションを引き受ける
　先例を示す
　代表者の役割を務める

Opposing Cards: some Possibilities

◆反対の意味を持つカード
【ソードの2】
　事実から目を背ける
　動かないままでいる
【ペンタクルの10】
　保守的になる
　安定を重視する

Reinforcing Cards: some possibilities

◆互いの意味を強めるカード
【愚者】
　視野を広げる
　未踏の領域に踏み込む
【皇帝】
　リーダーシップ
　方向を示す
【カップの8】
　旅に出る
　旅をスタートする
【ペンタクルの3】
　計画
　将来に備える

◆説明

「ワンドの3」のカードには、崖の上に立ち、海の向こうの遠い山を見つめる人物が描かれています。高みから彼は、前方にあるすべてのものを見つめています。このカードはヴィジョンと先を見抜く洞察力を表しています。わたしたちがもっと遠くを見たいと思うときは、より高い場所へと上らなければなりません。上に行けば行くほど、目下の状況から引き離されますが、逆に視野の領域は広がり、眺望もどんどん広がっていきます。

　リーディングで「ワンドの3」のカードは、長期的な視点でものごとを捉えるようにとあなたに告げています。瞬間の熱情に身を任せるのではなく、いったん状況から退いて、熟考することが大切です。そして、より大きな枠組みの中に、現状を置いてみてください。今の状況に囚われることなく、きたるべきことへの予感や直感を通して、先を見通す想像力を働かせるべきであることを、このカードは示しているのです。

　遠い先を見るということは、「ワンドの3」のカードが持つリーダーシップというもうひとつ別の意味合いに関連しています。遥か先を見ることができるということは、すなわち最良の未来へと他者を導く知識を持っていることを意味します。未来へと続く道を知っているからこそ、後についてくる人々へとそれを示すことができるのです。「ワンドの3」のカードが出たときは、自らのヴィジョンに従い、他の人たちを導くときがやってきたと思ってください。

　また、リーダーは遠い先を見通すだけではありません。必要ならば、そこへ先に到達することを求めるでしょう。「ワンドの3」のカードは冒険のカードです。同じように崖っぷちに立った「愚者」のカードの人物と比べてみてください。「愚者」のカードでは、転落しそうになっていることにも気づかず、無邪気に先へ足を踏みだそうとしています。一方で「ワンドの3」のカードの人物は、何をすべきかをはっきりとわかったうえで、その一歩を踏みだすべきであると思っています。あくまで彼の勇気は、自然に湧き起こってくるものというより、確かな裏づけに基づくものなのです。

　「ワンドの3」のカードは、恐れることなく新たな領域へと進んでいくよう、勇気づけてくれるカードです。ぜひあなたも、水平線を越えた未知なる海へと向かって、船を漕ぎだしてみてください。

Four of Wands

【ワンドの4】

祝い
自由
興奮

Actions
◆アクション
【祝う】
　ハッピーな出来事に喜ぶ
　成功を感じる
　記念日、人生の重大な出来事、
　　特別な日などを過ごす
　仕事の成功を祝う
　成果がもたらされる
　受けるに値する報酬を受けとる
　式典や祭典などに参加する

【自由を求める】
　重苦しい状況から抜けだす
　束縛から自由になる
　解放される
　新たな可能性を開く
　不幸な環境から逃げだす
　自分の決意を主張する
　制限から開放される

【心が躍る】
　喜んではしゃぐ
　わくわくする
　期待して楽しみに待つ
　そのひとときに熱中する
　喜びを感じる
　その瞬間を味わう
　びっくりさせられる

Opposing Cards: some Possibilities
◆反対の意味を持つカード
【悪魔】
　束縛
　不自由
【ワンドの10】
　負担
　耐えがたい状況にいる
【カップの4】
　無感動
　刺激がない
　平坦な感情
【ソードの6】
　軽い憂うつ
　陽気さに欠ける
【ソードの8】
　制限
　不自由

Reinforcing Cards: some possibilities
◆互いの意味を強めるカード
【カップの3】
　興奮
　気持ちの昂揚
　祝福
【ペンタクルの2】
　楽しみ
　興奮
　パーティー

◆説明

　子どもの頃、バースデーケーキのろうそくに火が灯されるのを見て、ワクワクしたことを覚えていますか？　あるいは、ジェットコースターの順番を並んで待っていたときや、初恋の人とダンスを踊ったときのことはどうでしょう？　実は、「ワンドの4」のカードの核心にあるのは、まさにそういった胸躍るような経験なのです。わたしの息子も幼い頃、その気持ちを「ハッピーダンス」という踊りで、よく表現していたものです。彼は喜びの気持ちを抑えられず、ぐるぐると走り回っていました。もちろん、成熟した大人になっても、そんな気持ちが失われてしまうわけではありません。わたしたちはみな、今にも外に出たがっている、はしゃいだ小さな子どものような自分を、内側に持ち続けているのです。

　そういった興奮を呼び起こすような経験や出来事を、リーディングにおける「ワンドの4」のカードは表します。それがどんな経験や出来事であるかは人によって異なりますが、その心躍るような感覚は同じです。それは、思ってもみなかったようなときに訪れるものですが、「ワンドの4」のカードは、驚きや、ぞくぞくするような感覚がやってくる知らせとなります。

　また一方で、結婚式、記念日、誕生日、祝勝パーティーなどといった祝いの席をもこのカードは意味します。これらのイベントは厳粛な面を持つこともありますが、同時に人生の喜びを感じる絶好の機会です。「ワンドの4」のカードは、しばしば自由を意味することもあります。自由と言っても様々な形がありますが、いずれにせよそれは、常にウキウキした気持ちをわたしたちにもたらすものです。肉体・精神・感情面どの場合でも、その束縛から解放されたとき、わたしたちは意気昂揚し、発展と喜びに満たされた新しい状態へと進んでいけます。もしあなたが今、不自由さや束縛を感じているなら、自由へ向かう足掛かりとして、「ワンドの4」のカードのエネルギーを活用することもできるでしょう。今こそ、あなたが当然手にすべき開かれた未来の可能性を、恐れることなくぜひ求めてみてください。

Five of Wands

【ワンドの 5】
意見の相違
競争
困難

Actions
◆アクション
【意見が合わない】
　全員が異なる目的を持っていると感じる
　意見の相違によって分裂する
　口論　論争　言い争い
　討論に巻き込まれる
　他者と関係がこじれる
　細かいことに難癖をつける

【競争する】
　コンテストのスリルを味わう
　対抗者に立ち向かう
　挑戦に立ち上がる
　ゲームやスポーツに関わる
　自分の記録を超えることに挑戦する
　成功のために全力を尽くす
　戦いを待ち受ける
　ライバルを持つ
　新たに力をつけてきた者に挑戦される

【困難を経験する】
　人からの要求に悩まされる
　わずかに停滞する
　細部に気を配る必要がある
　いらいらさせられる
　つまらないことに悩まされる

Opposing Cards: some Possibilities
◆反対の意味を持つカード
【節制】
　バランス
　一致
　共に働く
【世界】
　統合
　共に働く
【カップの2】
　真実
　賛同
　集まる
【ペンタクルの2】
　スムーズにことが動く
　人々が集まる
【ペンタクルの3】
　チームワーク
　協力

Reinforcing Cards: some possibilities
◆互いの意味を強めるカード
【ワンドの7】
　対立
　戦い
【ワンドの10】
　葛藤
　困難
　抵抗にあう
【ソードの5】
　仲違い
　人々がお互いに対立し合う

◆説明

　朝起きてバスルームに向かうとき爪先をぶつけ、シャワーを浴びはじめたら今度は石鹸がないことに気がつきました。朝食のときには、ジュースをシャツにこぼしてしまい、車に乗りこんだらバッテリーが上がっていました。「ひどく、不愉快で、好ましくない、悲惨な一日」[*1]になりそうです。そういった些細なトラブルは、取るに足りないことだからこそ、余計にあなたをいらいらさせます。

　「ワンドの5」のカードは、まるで周囲があなたに喧嘩を挑んでいるかのように感じるときを表しています。何ごともスムーズにいかず、なぜかすべてのものが、本来の目的の妨害となってしまっているかのような状態です。

　このカードに描かれている人々は、まるでお互いに戦っているかのようです。そこには、お互いに協力し合おうという努力はなく、意見の一致もなさそうです。このカードが出てきたときは、まずは不安定な状況に備えておくことが必要です。あなたの目標とする地点に到達するためには、忍耐と根気強さが求められます。とはいえ、決してそれは大きな障害があることを意味しているわけではありません。ただ、多くのちょっとした面倒なことが待ち受けているということなのです。

　また、このカードは競争を意味します。それにふさわしい状況の下で競い合うことは、興奮を生みだし、更なる努力とベストを尽くすことを引きだすため、むしろ有効に働くこともあるでしょう。リーディングで「ワンドの5」のカードが現れたとき、競い合うという状況に関連した実際の出来事がないか改めて見直してみてください。あなた自身がコンテスト、レース、ゲームなどに参加している最中であったり、あるいはあなたに対抗し、そのポジションを狙っているライバルの存在が見つかったりするかもしれません。もしくはあなたは、自分が置かれている環境に発生した競争の激化した状態に嫌気が差している（あるいは闘争心がかきたてられている）のかもしれません。

　競い合う気持ちは、不和の種となってしまう場合もあります。ですので、あなたと周りの人たちが、本来の到達すべき結果を得るために、競い合う気持ちをプラスの原理として働かせることが大切です。競い合うことがどうしてもプラスの原理として働かないというのであれば、お互いに協調し合える環境を作っていくことが必要となるでしょう。

[*1] Judith Viorst, *Alexander and the Terrible, Horrible, No Good, Very Bad Day* (New York: Atheneum, 1972) からの引用。

Six of Wands

【ワンドの6】

凱旋
喝采
自尊心

Actions
◆アクション
【勝利する】
　太陽の下で輝けるときを迎える
　真実を立証する
　賞を獲得する
　向かってくる人たちに対して
　　優勢を示す
　トップに躍り出る
　成功を成し遂げる

【喝采を受ける】
　認められる
　賞賛を得る
　賞や表彰を受ける
　称賛や賛美を受ける
　拍手喝采をうける
　評価を得る

【自尊心を持つ】
　健全な自尊心を持つ
　自分の才能を誇示する
　自信を持つ
　注目される価値があると感じる
　自分自身のしっかりとした意見
　　を持つ
　自分自身を打ちだす
　尊大になる
　恩に着せる
　うぬぼれを持つ

Opposing Cards: some Possibilities
◆反対の意味を持つカード
【塔】
　卑下する
　歓迎されない
【カップの5】
　喪失
　敗北
【ソードの10】
　自分を低くみる
　最悪の状況
【ペンタクルの5】
　拒絶
　認められない

Reinforcing Cards: some possibilities
◆互いの意味を強めるカード
【戦車】
　勝利
　自信
【太陽】
　歓迎する
　名声を得る
【カップの9】
　自己満足
　やりたいことを成し遂げる

◆説明

「ワンドの6」のカードは、大アルカナの「戦車」のカードとよく似ています。このふたつのカードは、共に勝利と凱旋を象徴しています。人生の中で人は、勝利を目指し、ナンバーワンになることを欲することがあります。アスリートや政治家、あらゆる分野の一流の人たちの表情が、勝利を夢見て輝いているのを、わたしたちは見てとることができます。彼らにとって、勝利すること、自分が一番であることは、とても価値あることなのです。

　リーディングで「ワンドの6」のカードは、あなたが目標に向かってがんばっているときや、成功はもう目前というときに出てくるでしょう。あなたが長いこと求めていたものは、気がつけばもう自分の手もとにあります。あなたは、喝采、名誉、報奨を得ることだってできるのです。かりに、まだ勝利が近づいていることを感じられないのなら、やれることはすべてやってみてください。そうすれば、求めている結果は、あなたのもとへと近づいてくるはずです。このカードが示す勝利は、誰か他人を打ち負かすことを、必ずしも意味するわけではありません。むしろ自分自身、あるいは自分を取り巻く不利な環境と戦い、さらにはハンディキャップなどを乗り越えた上での勝利を意味します。

　また「ワンドの6」のカードは、健全な自尊心も示しています。自分の才能への自信は、成功するためには大事な要素です。ただし、過剰なプライドの高さは、うぬぼれや自我肥大へとつながってしまうことは言うまでもありません。このカードが現れたら、他人に対して、過度な優越感を持ってしまっていないか自分を見つめ直してみてください。成功を手にできたのは、本当は自分だけの力ではなかった、ということを人は簡単に忘れてしまいがちです。聖なる領域から天賦のものとして与えられたわたしたちの才能は、他者からの愛とサポートのもとで発展し、最後にわたしたちを通して表現されます。そのことを考えるなら、過剰な自尊心の中に浸っていることは愚かなことです。

　詩人ダンテは『煉獄』の中で、大きな罪としての高慢を、魂が天国に近づくために、最初に打ち勝たなくてはならないもの[*1]としています。「ワンドの6」のカードが現れたら、勝利を謳歌し、自分に自信を持ってください。ただし、ダンテの言葉も、どうか心に留めて置いてください。

あわれ、人の力に自惚るるこの空しさ！
次にくる野蛮の時世を迎えることなくば、
　木末の緑色かえぬ間のいかにはかなき！

俗世の名聞は、むなしきこと一吹きの風と異ならず、いまこなたへ吹くかと思えば、はやかなたに吹き、所変わればその名も変わる[訳注1]

*1
Dante Alighieri, *The Purgatorio*, John Clardi, trans. (New York: New American Library, 1957), p.123.

訳注1
左記のダンテの詩はダンテ・アリギエーリ（寿岳文章訳）『神曲 Ⅱ 煉獄編』（集英社、2003年）、143-144頁より引用。

- 223 -

Seven of Wands

【ワンドの7】

攻撃
抵抗
信念

Actions ◆アクション

【攻撃的になる】
求めるものを追いかける
自己主張する
攻撃態勢を取る
攻撃をしかける
戦う
論点を強調する
有利な立場を奪う

【抵抗する】
プレッシャーに耐える
自分の立場を守る
挑戦者に対抗する
批判と闘う
屈服しない
「ノー」と言う
権威に反抗する

【信念を示す】
確信を持つ
しっかりとしたポジションを保つ
確固としたところを見せる
自分が信じるもののために立ち
　上がる
自分が正しいことを確信する
断固として行動する
しっかりと足場を固める

Opposing Cards: some Possibilities ◆反対の意味を持つカード

【女司祭】
受動的になる
しり込みする
【吊るされた男】
待つ
手放す
【ペンタクルの3】
チームワーク

Reinforcing Cards: some possibilities ◆互いの意味を強めるカード

【ワンドの5】
対立
戦い
【ワンドの9】
立場を守る
屈服しない
【ソードの5】
争い
ひとりでも立ち向かう精神

◆説明

「ワンドの7」のカードは、立ち上がるというテーマに関連しています。立ち上がるという力強い行動は、よくも悪くも、世界のエネルギーの流れを変化させます。わたしたちの人生のほとんどは、あたかも川の流れのままに流されていくかのように進んでいきます。単なる成り行きや感情に任せた人生では、努力することなしに、ものごとは前へと流されていくでしょう。けれどもその一方で、しばしばわたしたちは、流れのままに流されていくのではなく、あえて流れに逆らい、完全にコースを変えようと欲することもあります。

「ワンドの7」のカードに描かれている人物は、戦いの最中にいるように見えます。彼は攻撃しているのでしょうか、それとも攻撃されているのでしょうか。おそらくそのどちらでもあるのでしょう。わたしたちが立ち上がろうと決意するとき、それに対する抵抗のエネルギーが働きます。わたしたちが断固とした立場を取るとき、まったく同様に相手もそれに抗す態度を取ろうとするものです。例えるならそれらは、一枚のコインの表と裏のように切り離すことのできないものです。「ワンドの7」のカードは、攻撃と防御を表しています。すなわち、あなたが攻撃すれば相手は防御し、相手が反撃すればあなたが防御することが示されているのです。

　確かに闘う価値のある争いもありますが、その多くは、ただトラブルを引き起こすだけであることも事実です。もしあなたが葛藤の最中にいるのなら、その中であがくことに本当に価値があるのかを自分に問いかけてみてください。それは本当に重要なことですか？　それは意義のあることですか？　そこで手に入れた結果は、あなた、もしくは他の誰かに、価値あるものを与えることとなりますか？　このような問いに対してイエスと言えるならば、その問題に対して勇敢さと積極さを発揮してください。あなたの立場を守り、決して屈することのないように。逆に、もし先ほどの問いに対する答えがノーであるなら、その争いから身を引くことを検討してみてください。これについては、自分に正直になる必要があります。もしあなたがその問題に、たくさんの時間とエネルギーを注ぎ込んできたのなら、状況から身を引くことには抵抗感が働くことでしょう。けれども、その争いにもはや価値がないのであれば、そこに関わり続けていることはあなたのプラスにはなりません。

　また、「ワンドの7」のカードは強い信念をも示しています。断固とした立場を貫くためには、あなたは自分自身とその想いを信じなくてはなりません。最後までやり抜くためには、誠実さと強さが必要です。もしあなたの主張が本当に正当なものであるなら、それを実現するために「ワンドの7」カードが持つエネルギーを活用してみてください。

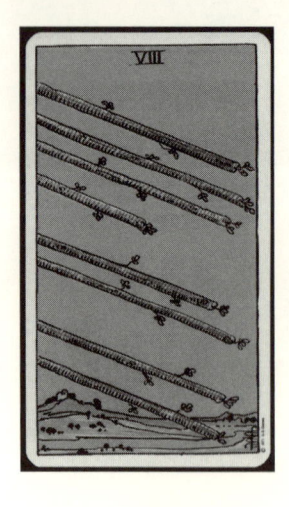

Eight of Wands

【ワンドの8】
素早い行動
結論
ニュース

Actions

◆アクション

【素早く行動する】
動きだす
鉄は熱いうちに打て
自分自身をオープンに表現する
計画を行動に移す
新しい領域に飛び込む
ギアをハイにいれる
変化についてゆく

【結論に達する】
努力が最高潮に達する
すべての要素をひとつにする
これまでの活動にまとまりを
　つける
素晴らしい終わりにする
うまい解決策を見つける
未完成のことが完結する

【ニュースを受けとる】
重要なメッセージを受けとる
必要な情報のかけらを手にいれる
失くしたパズルのひとこまを
　見つける
真実を発見する
会話の中から重要な意味を発見
　する
さらに学習する

Opposing Cards: some Possibilities

◆反対の意味を持つカード
【女司祭】
待つ
控える
【ソードの4】
急がない
準備する
【ペンタクルの7】
査定
行動の前に蓄える

Reinforcing Cards: some possibilities

◆互いの意味を強めるカード
【魔術師】
行動を起こす
計画を実行する
【運命の車輪】
速いペース
素早い発展
【死】
結論
終結
【カップの8】
仕上げる
一連の出来事の終わり

◆説明

　映画『十戒』の中で、モーゼは杖で水に触れ奇跡を起こしました。モーゼの杖は、『十戒』の中では出来事を生じさせるもととなる力の象徴ですが、わたしにとって、このカードに描かれているワンドはモーゼのそれを思いださせます。というのも、このカードに描かれているワンドは、活動のはじまりとそれに付随する影響を象徴しています。行動する前に、わたしたちはその成り行きについて想いを巡らし、熟考し、推測し、空想し、ときには人と話し合ったりもします。こういった行動をする前の想像は、言うならば「空気」、すなわちこのカードの絵に描かれている空の領域と関連しています。その後やがて、わたしたちは行動を起こしますが、そのとき思い巡らしていたアイディアは、「地」の領域へともたらされ、現実化されることになるのです。

　リーディングで「ワンドの 8」のカードは、まさに今こそ自分自身を強く主張するときであることを示す合図となっていることがよくあります。必要となるものすべての準備は整い、後はあなたが躊躇しない限りは、ものごとは動きはじめます。今、まさしく鉄は熱い状態です。ですからすぐに打ってください！　もし、事態が動きはじめているなら、それは急激に進んでいくことでしょう。もしかすると、まるでつむじ風に巻き込まれてしまったように感じるかもしれませんが、舞い上がった塵はすぐに治まり、あなたの計画がどれだけ進んだかが明らかになるはずです。

　また「ワンドの 8」のカードは、何らかのニュースや情報が飛び込んでくることも意味していますので、何か重要なことを見聞きすることになるのかもしれません。そのニュースや情報は、表向き見えづらい形でやってくるかもしれませんので注意が必要です。しばらくの間は、ニュースや情報を見逃さないよう、やってくるものすべてに関心を向けるようにしておいてください。

　さらにこのカードは、終わりという意味を象徴する場合もあります。遅かれ早かれ、すべての活動は、収まるところに収まります。そう、このカードの 8 本のワンドは、ものごとが動きはじめることを示すだけではなく、動きに終わりをもたらすことも意味しているのです。空想の世界を飛翔する 8 本のワンドは、「地」の領域へともたらされ現実化することによって、もはや飛ぶことをやめてしまうことにもなってしまうのです。もし「ワンドの 8」がリーディングで出てきたら、何であれあなたがやってきたことに、まとまりをつけるときなのかもしれません。その場合、過去を祝福し、新しいことへ向けて動きはじめる準備を行うことが大切です。

Nine of Wands

【ワンドの9】

防御
忍耐
根気

Actions　◆アクション
【自分自身を守る】
　悪意があることを想定する
　一番悪い状況を予測する
　特別に警戒する
　疑い深くなる
　油断せず慎重に行動する
　他のものを保護する
　過去の攻撃を忘れない

【忍耐強くなる】
　妨げにも関わらずやり遂げる
　「できない」と答えない
　終わりまで通してものごとを見る
　打たれても立ち上がる
　決意を曲げない
　何度もトライする

【根気を見せる】
　疲れていても続ける
　決意を持続する
　秘められた力を引きだす
　意志の力でものごとをひとつに
　　まとめる
　肉体的な力を示す
　ペースを持続する

Opposing Cards: some Possibilities
◆反対の意味を持つカード
【カップの3】
　友情
　人を信用する
【カップの6】
　無邪気
　善いことを信じる
【カップの8】
　退屈
　疲労

Reinforcing Cards: some possibilities
◆互いの意味を強めるカード
【力】
　耐久力
　決意
　気力
【ワンドの7】
　立場を守る
　耐える
【ソードの2】
　防衛的になる
　閉じこもる
【ペンタクルの8】
　粘り強さ

◆説明

「ワンドの9」のカードに描かれた人物は、明らかに困難なときを過ごしてきた様子がうかがわれます。頭と腕に包帯が巻かれ、棒に寄りかかっていますが、おそらく彼は何らかの戦いを経てきた戦士なのでしょう。しかしながら、彼はまだ立ち続けています。傷ついてはいてもダウンしてはいません。

わたしたちはいやな経験をしたとき、うんざりしたり、傷ついた気分になります。たとえ肉体的に傷ついていなかったとしても、わたしたちの心は傷を負います。心の傷は、人への信頼感を持ち、心を開くこと、あるいはものごとに対する無邪気さを失わせ、用心深く自己防御的な態度を作る原因となっていきます。

リーディングで「ワンドの9」のカードは、用心して進まねばならないことを告げています。そう、傷つけられる可能性があるので油断しないようにしなければならないのです。もし、あなたが既に傷を負っているのなら、このカードに描かれた人物が今どのように感じているのかわかるはずです。人生の中で与えられるレッスンは、希望を打ち砕かれてしまっているようなときには、特に厳しく感じられるものです。そんなときは、守りに専心してしまったとしても無理はありません。ただし、人生に敵意や憎しみを持つことだけはやめてください。たとえあなたを傷つけた経験であったとしても、それは同時にあなたを強くしてくれているということも確かなことなのです。

また、「ワンドの9」のカードのもうひとつの側面には、力というテーマがあります。「ワンドの9」のカードに描かれた戦士は、タフで精神力があり、あらゆる障害にもめげず、物事を貫く内なる気力があります。映画『ターミネーター』では、俳優アーノルド・シュワルツェネッガーが、未来から送り込まれたアンドロイドの役を演じました。あきらめることを知らないそのアンドロイドは、最後は目を光らせたただの電子回路のフレームワークの姿となってしまいましたが、それでもまだ目的に向かって床をはいずって進み続けました。これはある意味、「ワンドの9」のカードの精神が、どのようなものであるかを示していると言えます。このカードはあなたに、どんなことがあろうとも、負けずに進み続けるようにと伝えています。あなたの中には、状況に打ち勝つために必要となる秘められたエネルギーがあります。かりにたとえ今、あらゆる人やものごとが、あなたを妨害しているように思えたとしても、決してあきらめないようにしてください。

Ten of Wands

【ワンドの10】
多くを引き受けすぎる
重荷
努力

Actions

◆アクション
【多くを引き受けすぎる】
必要以上にやりすぎる
「NO」と言わない
すべての責任を負う
他人の負債を引き受ける
責任の大部分を担う
超過勤務をする
全部の仕事をひとりで背負う
特に負担の重い責任を負う

【重荷と感じる】
リラックスできる時間が
　まったくない
単調な仕事に縛りつけられる
限界まで課せられている
責任を引き受ける
義務感を持ち続ける
やりたくないことでもやり遂げる
ごたごたした状況を整理する
多くのやるべきことを丸投げ
　される

【努力する】
困難な戦い
何ごとも困難な状況の中でやら
　なければならない
妨害にあう
状況に抗って進む
獲得するためには働かなければ
　ならない
簡単にできることなど何もない
　とわかる
肉体労働

Opposing Cards: some Possibilities

◆反対の意味を持つカード
【愚者】
　心配ない
　その瞬間を生きる
【吊るされた男】
　ゆだねる
【ワンドの4】
　重荷から開放される
　圧迫から逃れる
【ソードの4】
　リラックス
　休息
【ソードの7】
　責任を逃れる

Reinforcing Cards: some possibilities

◆互いの意味を強めるカード
【正義】
　責任を受け入れる
　責任ある行動
【ワンドの5】
　争い
　面倒ごと
　抵抗
【ソードの6】
　何とかやっていく
　あがく
【ソードの9】
　心配
【ペンタクルの5】
　あがく
　苦しいとき

◆説明

「ワンドの10」のカードには、重そうな10本の棒を運ぼうとしている人物が描かれています。棒は目の前をふさいでいるため、彼は自分がどこに行こうとしているかすら見えないようです。おそらく彼にあるのは、重荷を担っているということと、それを運ばなければならないという責任感だけです。

しばしばわたしたちは、すべてを早く済ませてしまいたい一心で、一度にあまりにも多くのことを引き受けてしまいがちです。そんなとき、週末まで（あるいは休暇がくるまで、あるいは学期が終わるまで）、がんばれば、後は楽ができるはずなどと考えたりします。けれども、やるべきことがキャパシティを越えているせいで、週末がやってきても、そこで肩の荷を降ろすことが、なかなかできなかったりするものです。

リーディングで「ワンドの10」が出るのは、もしかすると自分自身を追い込みすぎていることを知らせてくれているのかもしれません。もしあなたにとって毎日が、終わりのこない義務や務めに縛られているのなら、少し負担を軽くすることが必要です。なるべくやるべきことを絞り、やっていて喜びを感じられることだけを引き受けるようにするべきです。もしあなたが仕事に熱中しているのだとしても、すべての時間がそこに費やされてしまっているのだとしたら、それはあなたの人生の範囲を、あまりにも狭い領域へと閉じ込めてしまうことになってしまいます。その場合は、それ以外のこととの間のバランスを、失ってしまわないように注意することも必要です。

このカードは、責任の大部分を自分が担わなければならない状態を示していることもあります。たとえば、あなたがひとりで重荷を背負わなければならなかったり、責任を押しつけられていたりしているのかもしれません。あるいは、その事柄をしっかりとこなすことができるのが自分ひとりしかいないために、どうしてもそれを引き受けざるを得ない状況になっているのかもしれません。その場合は、それが正しいのか間違っているのかはさておき、ものごとが成し遂げられるかどうかは、あなたにかかっているはずです。

いずれにせよ「ワンドの10」のカードは、あなたの人生がここしばらくの間は、いつもよりもハードな状態にならざるをえないことを示しています。ときには、ほんのわずかな報酬のために、苦労を重ねなければならないこともあるでしょう。また、一歩一歩苦心して押し分けていかなければならないように感じられることもあるでしょう。このカードが出たら、まずはできる限り、自分自身の負担を軽くできるように努めてみてください。状況によっては、何も自分ひとりですべてを引き受けなくてもよいのですから、なるべく重荷を軽くし、可能ならば誰かに手助けをしてもらってください。

Page of Wands

【ワンドのペイジ】

クリエイティヴになる
熱中する
自信を持つ
勇敢になる

Actions

◆**アクション**

【クリエイティヴになる】
新しいアプローチをとる
独創性を発揮する
発明する
自己表現の新しい領域を
　見つける
自分の技を活かす
解決策を思いつく
新たな方向へ飛び込む

【熱中する】
全身全霊で飛び込む
興奮する
楽天的になる
最初の志願者となる
情熱的になる
盛り上がる

【自信を持つ】
手ごたえのあることにぶつかっ
　てゆく
「イエス。わたしはできます」と
　返答する
自分自身を信じる
すべてを出し切る
迷いを払拭して行動する
成功することに焦点を絞る
求めるものと目指すべき道が
　どこにあるかを知る

【勇敢になる】
リスクを取る
大胆になる
冒険をする
ありきたりなことをしない
確固とした行動をとる

Court Card Pairs

リーダーになる
恐れに打ち勝つ

◆**コート・カード同士のペア**
「ワンドのペイジ」のカードは、他のどのコート・カードともペアを組めます。2枚のカードのランクとスートを比較することで、このペアは何を意味するのか考えてみることが大切です。

◆説明

「ワンドのペイジ」は、何かに熱中できるきっかけを与えてくれるメッセンジャーです。創造性、勇気、魅力、インスピレーションといった形で、ワンドのスートが表す冒険心を満たしてくれるような経験をするためのまたとないチャンスを運んできてくれるのです。

　リーディングで「ワンドのペイジ」のカードは、あなたを奮起させ、才能を引きだし、何か大きなことを行うようにと示唆しています。あなたもそんなチャンスの訪れを感じたなら、すぐに行動に移してください！

　また「ワンドのペイジ」のカードは、子ども、あるいは大人であっても若い心を持った人物を表しています。そういった人たちとの交流による影響は、あなたに独立心やエネルギーをかきたて、リスキーな行動をとらせたり、場合によっては共に何かに熱狂するようになるなんてこともありそうです。

　しばしば「ワンドのペイジ」のカードは、興奮と冒険に満ちた人生へと、あなたの生活全般を変えてしまうこともあるでしょう。そんなときには、どうかあなた本来の個性と持っている力を、心の赴くまま自由に表現してみてください。

Knight of Wands

【ワンドのナイト】

魅力的／浅はかさ
自信／うぬぼれ
大胆／向こう見ず
冒険好き／落ち着かない
情熱的／短気

Actions ◆アクション

【魅力的／浅はか】
外見的魅力／格好やうわべにこだわる
笑顔で周囲の緊張を和らげる／考えが浅く鈍感
人を魅力で引きつける／性的征服欲が強い
魅惑と興奮を生みだす／まじめで複雑な問題を避ける
口がうまい／その場しのぎの言動

【自信／うぬぼれ】
自分をまったく疑わない／能力の過大評価
意欲的な姿勢を見せる／自慢や豪語
他者に才能を確信させる／成果を大げさに言う
いつでも自信がある／せっかちで厚かましい
小さなことを気にしない／押しが強い

【大胆／向こう見ず】
恐れずに何にでもリスクを負う／向こう見ずで軽率
他人が避けることにも体当たりする／自分や他人を危険にさらす
危険も顧みず真っ先に進む／責任を持たねばならないことを避ける
英雄に憧れる／衝動的になる
今まで誰も行ったことのないところに大胆に出向く／向こうみずになる

【冒険好き／落ち着かない】
旅や新しい経験を好む／じっとしていない
新しいことや変化を求める／一箇所に居続けたり、縛られたりしない
ことを起こす／心の平和と安定に欠ける
あらゆることに挑戦する／日々の生活の中にある美や味わいに対して無頓着
足の向くままに出かける／常に刺激を求めずにいられない

【情熱的／短気】
すぐに行動を起こす／怒りっぽい
強い忠誠心を感じる／常に戦いの準備が整っている
力強さを感じる／いらだちをぶつける
遠慮なく話す／考えなしに行動する
思いっきり飛び込む／けんか腰になる

Court Card Pairs ◆コート・カード同士のペア

「ワンドのナイト」のカードは、他のどのコート・カードともペアを組めます。2枚のカードのランクとスートを比較することで、このペアは何を意味するのか考えてみることが大切です。

◆説明

「ワンドのナイト」のカードのポジティヴな面は、何と言ってもエネルギーと生命力に満ちているという点です。彼は新しい試みに対しても恐れることなく、できるかぎりの熱意を傾けます。彼の行動をクレイジーだとみなし、賛同しないような人であっても、彼の勇気と情熱に関しては認めざるをえないはずです。彼は挑発的で人を引きつける魅力に満ちています。

一方で「ワンドのナイト」のカードのネガティヴな面は、彼が自分の能力に少々自信を持ちすぎているところです。また、ときには考えなしの浅はかなふるまいをしてしまうこともあります。そういう意味では、彼にあまり深い関わり合いを期待しないほうがいいかもしれません。さらに彼には、向こう見ずで無責任、また行き当たりばったりの行動で、とかくトラブルを起こしがちな面もあります。

リーディングでこのカードが出たときは、自信や情熱といった「ワンドのナイト」のカードの持つ特質が、あなた、もしくは他の誰かに、あるいはその場の状況に何らかの形で表れてくる場合があります。「ワンドのナイト」のカードのエネルギーは、本当に役立つのか、それとも誰かを傷つけるだけなのか？」とあなた自身、自分に問いかけてみてください。

もし「ワンドのナイト」のカードのエネルギーが、状況に対して過度に支配的になっている場合は、バランスをとることが必要です。あなたの持つ自信は、過剰になってしまっていないでしょうか？　常に興奮し、短気になってはいないでしょうか？　あるいは、傷つけられるとわかっている相手に夢中になったりしてはいないでしょうか？　また、あなたの会社は準備もなく何かリスキーなことへ突き進んでいこうとはしていないでしょうか？　もしそうだとしたら、それらをいったん見直してみるときなのかもしれません。

逆に、もし「ワンドのナイト」のカードのエネルギーが欠けていると感じるなら、今のあなたには情熱と大胆さが必要だということが示されているのでしょう。決まりきったやり方に囚われてはいませんか？　だとしたら、何か新しいことにトライしてみてください。いつも細かく計画を立てることにこだわりすぎてはいませんか？　だとしたら、次はもっと自由にやってみて見てください。あまりにも真面目に働きすぎてはいませんか？　だとしたら、外に出かけて、もっと人生を楽しんでください。そう、「ワンドのナイト」のカードは、あなたを冒険と興奮と未知の世界へと誘っているのですから。

Queen of Wands

【ワンドのクイーン】

魅力的
誠意
精力的
快活さ
自信

Actions
◆アクション

【魅力的】
　人の心を動かし人気を得る
　第一印象で力強さを与える
　すぐに友だちになれる
　強いセックスアピールがある
　外向的で温かい

【誠意】
　熱意をたっぷり込める
　心から献身的にやるべきことに
　　取り組む
　どんな状況でも最大限のことを
　　する
　オープンで誠実になる
　何ごとも隠しだてしない

【精力的】
　忙しく活動的な生活を送る
　はつらつとして力強い
　健康的で生命力に輝く
　内にみなぎる力
　生まれながらの運動選手タイプ

【快活な】
　楽天的で快活
　すべてに対して前向きでいる
　どんな状況であれ、その場を
　　明るくする
　温かく明るい気質を持つ
　憂鬱を吹き飛ばすことができる

【自信】
　落ち着いた自信を示す
　どんな状況に対しても落ち着い
　　て乗り切る
　すぐに混乱したり怒ったりしない
　失敗しても落ち込まない
　自分の能力を信用する

Court Card Pairs
◆コート・カード同士のペア
「ワンドのクイーン」のカードは、他のどのコート・カードともペアを組めます。2枚のカードのランクとスートを比較することで、このペアは何を意味するのか考えてみることが大切です。

◆説明

「ワンドのクイーン」のカードの特徴は、ワンドのスートの持つポジティヴな火のエネルギーと、クイーンの内向的な性質が組み合わさって生まれてきます。彼女はグループで一番の人気者です。人を引きつける魅力があり、そればかりか、しばしば実際の外見に恵まれていることもあります。温かい笑顔と気さくな態度が、彼女の周りに、たくさんの好意を持つ人や友人たちを引き寄せます。彼女のエネルギーや熱意は、周囲に大きな影響を及ぼします。

　また、彼女はどんなことにでも、心からの献身と誠意を持って取り組みます。めったなことで彼女は落ち込みません。いつでも活発で明るく、どんな状況に対してもポジティヴに対応します。充実した忙しい人生を送ることを好み、何ごとにも前向きです。彼女は健康にも恵まれているため、多忙な毎日を難なくこなすことができるのです。どちらかというと生まれつきしっかりとしていて、運動選手にも向いているタイプです。自分の能力に自信を持っているにも関わらず、決して傲慢にはなりません。彼女の穏やかな自信は、自分が望むことを成し遂げることができることを知っているところからきているのです。

　リーディングで「ワンドのクイーン」のカードが出たときは、まさにあなたにも彼女と同じように、人生に対してポジティヴな考えや感じ方をして欲しいというメッセージを、タロットは告げているのでしょう。あなたは自分の魅力を感じていますか？　自分自身を信じていますか？　エネルギーにあふれていますか？　思い切って憂うつな気分を吹き飛ばしてしまうことができますか？　意欲的に人生を送っていますか？

　また、「ワンドのクイーン」のカードは、明るく自信に満ちていて熱意のある彼女のような性質を持った現実の女性、もしくは男性を象徴している場合もあります。いずれにせよリーディングでは、彼女の象徴しているエネルギーが、今のあなたにとって大きな意味があることを告げているはずです。「ワンドのクイーン」のエネルギーが、現実にどのような形で表れているにせよ、あなた自身その力にインスパイアされながら、彼女のように生きてみることが大切であることをカードは教えてくれているのです。

King of Wands

【ワンドのキング】

クリエイティヴ
鼓舞する
力強さ
カリスマ的
大胆さ

Actions
◆**アクション**

【クリエイティヴ】
革新的な計画やアイディアを膨らませる
新しい経験の領域を開く
生まれながらにアーティスティックな才能を持っている
有用な目的のために自分の能力を役立てる
新しい方法を考案する
独創的で創意に富む

【鼓舞する】
熱意を持って関わる
刺激的な雰囲気を作りだす
他の人が従うことになる前例を作る
しっかりとした価値観を植えつける
パワフルで、生まれながらのリーダー

【力強さ】
周囲に影響力を奮う
堂々とした態度で臨む
必要なときには強く主張をする
自分をリスペクトし従ってくる者を受け入れる
自然に権威が備わる

【カリスマ的】
華やかで芝居がかっている
人前での演説の才能を発揮する
自然に注目の的になる
磁石のように人を引きつける
注目され、手本とされ、話題にされる

【大胆さ】
恐れを知らない
確率的に難しいことでも、チャンスをつかみにいく
妨害するものには直接立ち向かう
自分の立場をはっきりとさせ違いを示す
他人の考えを気にしない
揺るぎない勇気

Court Card Pairs
◆**コート・カード同士のペア**
「ワンドのキング」のカードは、他のどのコート・カードともペアを組めます。2枚のカードのランクとスートを比較することで、このペアは何を意味するのか考えてみることが大切です。

◆説明

「ワンドのキング」のカードの特徴は、ワンドのスートの持つポジティヴな火のエネルギーとキングの外向的な性質が組み合わさって生まれてきます。クリエイティヴな彼は、古いやり方に満足しません。自分の独創性を打ちだし、インスピレーションを形にしていきます。彼には熱意があり、チャンスが訪れたときにも、他の人に先んじて一歩を踏みだします。他の人たちは、彼が示した確固たる道に従っていくでしょう。

また彼は、目標に向かって力強く進んで行きます。そうすることがその場においてふさわしくない限りは、決しておとなしく受け身の傍観者にはなることはありません。ドラマティックで、はらはらさせられることもありますが、彼は何ごとにも果敢に飛び込み、結果を出そうとするのです。

「ワンドのキング」は、引き立て役になることなく、いつも注目の的です。大胆で向こう見ずな面もありますが、やり遂げるエネルギーもありますし、リスクを負っても勝てる確信がありますので、安全で無難な道筋は選ぶことはありません。「ワンドのキング」は、揺るぎない勇気と自分自身への信頼を常に持っているのです。

リーディングで「ワンドのキング」のカードが出たときは、まさにあなたにも彼と同じように、人生に対してポジティヴなアクションを起こすようにというメッセージを、タロットは告げているのでしょう。傑作というべき何かをクリエイトしたり、道の先導者になったり、あるいはリスクを引き受けてでも、周囲をあっと言わせるようなことを行うなどしてみてください。

また、「ワンドのキング」のカードは、大胆で劇的で興奮をかきたてることのできる彼のような性質を持った現実の男性、もしくは女性を象徴している場合もあります。リーディングでは、彼の象徴しているエネルギーが、今のあなたにとって大きな意味があることを告げているはずです。「ワンドのキング」のエネルギーが、現実にどのような形で表れているにせよ、あなた自身その力にインスパイアされながら、彼のように生きてみることが大切であることを、カードは教えてくれているのです。

Ace of Cups

【カップのエース】

感情的な力
直感
親密さ
愛

Actions ◆アクション
【感情の力を用いる】
　自分の感情に触れる
　心の導くままに任せる
　他者に共感する
　深い感情を表現する
　理屈抜きで本能的に感じることに応じる

【直感力を発達させる】
　自分の内なる声を信じる
　内側からのメッセージに応答する
　心からやってくるものをダイレクトに受け止める
　超感覚的(サイキック)な気づきを高める
　自分自身と調和する
　自分の中心にある感覚に同調する

【親密さを感じる】
　相手に引きつけられる想いが強くなる
　恋に落ちる
　他者とのつながりを作る
　関係を進展させる
　他者と親密になる
　深いレベルに踏み込む

【恋を進展させる】
　愛情を表現する
　他者に心を開く
　共感する
　愛の光を輝かせる
　困っている人びとに手を差し伸べる
　否定的な感情を取り除く
　許し水に流す

Ace-Ace Pairs ◆エース同士のペア
エース同士のペアは、新しい勇気があなたの人生に湧き起こってくることを示しています。「カップのエース」の深い愛情、親密さ、調和、思いやり、愛の力が、次のような他のスートのエースが持つキーワードを導いていくことになります。

【ワンドのエース】
　創造性、興奮、冒険、勇気、個の力
【ソードのエース】
　知性　論理　正義　真実
　明晰さ　忍耐力
【ペンタクルのエース】
　繁栄　豊かさ　信頼　安全
　確かさ

◆説明

「カップのエース」のカードは、深い感情、親密さ、調和、共感、愛といったテーマが持つ可能性を象徴しています。リーディングでは、まだあなた自身が気づいていないけれども、自分の人生に大きな感情的な気づきの種となるものが眠っていることを示しています。やがて芽を出す種には、どんな形にもなり得る可能性があります。それは魅力、強い感情、直観的知識、共感的な反応といった形として表れるかもしれません。一方、表向きの形としては、何らかの申し出、ギフト、好機、出会いといったことなどが訪れるかもしれません。あるいは、偶然の一致などの共時的な(シンクロニスティック)出来事が起こる可能性もあるでしょう。

「カップのエース」のカードが出たときは、愛にあふれたエネルギーが、あなたのためにどのように働くのか、実際の人生の中で試してみてください。しばしばこのカードは、その状況の中で最も重要な要素が愛であることを示していることがあります。ただし、ここでいう愛は、必ずしもロマンティックなものだけに限定されるわけではありません。肝心なのは、他者との深いつながりを求める方法を見つけだすことです。今のあなたに、誰か許すべき人がいますか？　あるいは、あなた自身が誰かに許して欲しいと思っているのですか？　怒りを手放し、心の平和を見つけることができますか？　ためらうことなく自分の気持ちを伝えたいと思っていますか？　そう、「カップのエース」のカードは、今がそのときだと伝えてくれているのです。

　また、「カップのエース」は、内面の調和とスピリチュアリティのカードです。そもそもカップは愛情のスートであり、エースは心からやってくる感情をダイレクトに受け止める状態を示しています。自分の感情があなたに語りかけてくることを信じてください。あなたの意識と霊的なものとのつながりを見つけることのできる道を探し求めてください。あなたを新しい方向へと導く感情の力に従ってください。そして何よりも愛に包まれることこそが「カップのエース」のカードの意味していることである、ということを忘れないでください。

Two of Cups

【カップの 2】
結びつき
和解
魅力

Actions ◆アクション
【結びつきを作る】
　他者と結びつく
　結婚、あるいは深い結びつきを祝う
　友情を固める
　パートナーシップを結ぶ
　共に働く
　共有する
　助け合う
　共通性を見つける

【和解を呼びかける】
　断絶された関係を修復する
　対立するものをひとつにする
　過去を過去のものとする
　満足のいく同意にいたる
　平和を誓い合う
　許し水に流す

【自分の魅力を知る】
　結びつきの深まりを感じる
　自分の好みの傾向を知る
　魅了する
　関係が進展する
　相手の好意を感じる

Opposing Cards: some Possibilities ◆反対の意味を持つカード
【隠者】
　ひとりになることの必要性
　孤独
【ワンドの5】
　不一致
　ばらばらになる
　失われた平和
【カップの4】
　物思いにふける
　ひとりになる
【カップの5】
　壊れた人間関係

Reinforcing Cards: some possibilities ◆互いの意味を強めるカード
【恋人】
　結合
　結婚
　つながり
【節制】
　つながり
　共に働く
【カップの10】
　身内の関係
　家族の絆
　結びつき

◆説明

「カップの2」のカードを理解するためには、まずはその絵のイメージを見る必要があります。男性と女性がお互いを見つめ合い、カップ（感情）を共有し合おうとしています。これはまさに、ロマンティックでセクシャルな意味において引かれあっている絵です。このふたりの間に愛のエネルギーが通い合っていることは明らかです。「カップの2」のカードは、ふたりが寄り添ったときに創りだされる美と力を表しています。このカードに描かれているのは、恋人たちがそうなることを望んでいる光景です。また、「カップの2」のカードは、多くの点で大アルカナの「恋人」のカードと共通するものも持っています。

「カップの2」のカードには、恋人同士の交流という表面的なイメージ以上に、より広い意味もあります。ふたつの力が共に引かれ合うときはどんな場合でも、そこには強い結びつきが生まれてくる可能性があります。すなわちこのカードは、人々、集団、アイディア、才能など何であれ、それらの間の結合を象徴しているのです。

リーディングで「カップの2」のカードは、あなたの人生の中で、何かとつながり合うこと（特に1対1のつながり）を探し求めるようにと告げています。今は、他者と距離を開けたり、ひとりになったりするべきときではありません。他者とつながり合い、共にパートナーシップを作っていくときなのです。かりにあなたが、何らかの争いのさなかにいるのなら、調停を模索し、許し合うチャンスを探してみてください。あるいは、かりにあなたが、自分自身の中のふたつの相反する気持ちや、どちらかを選択しなければならないことに対して葛藤しているなら、どちらかを切り捨てるのではなく、それらをうまく調和する方法を探してください。

「カップの2」のカードはリーディングにおいて、たいがいは歓迎すべきカードであるとは言え、ときには注意をしなければならないときもあります。2という数の持つエネルギーには、独特の力があります。もしあなたが恋に落ちたふたりの側に立ったことがあるのなら、わたしが何を言いたいのか想像がつくはずです。そう、ときに恋人たちは、ふたりの世界を創り上げ、その他の人たちを排除しているかのように感じさせます。恋人同士というのは、3人ではありえず、あくまでふたりの間の関係なのです。男女一組のペアになるということが、あなたの周りの状況に不調和を作りだしてしまわないように気をつけてください。

Three of Cups

【カップの 3】
豊かさ
友情
コミュニティ

Actions
◆アクション
【豊かさを感じる】
　エネルギーがあふれ出る
　流れに乗る
　祝福する
　高い精神性に満ちあふれる
　絶頂感を感じる
　歌い踊る
　自分自身を表現する

【交友関係を楽しむ】
　好きな仲間と一緒にいる
　共同生活から友情が生まれる
　歓待する／歓待される
　分かち合う
　仲間を見つける
　他人を信用する
　外部からの援助に頼る

【コミュニティを大切にする】
　支援グループの一員となる
　チームの精神を高める
　共に働く
　他者と団結する
　グループの絆を作る
　お互いに助け合う
　共通のゴールを見つける
　人づき合いをよくする

Opposing Cards: some Possibilities
◆反対の意味を持つカード
【隠者】
　孤独になる
　集団から遠ざかる
【ワンドの9】
　不信
　用心する
【ソードの3】
　孤独
　孤立
　傷つく
【ソードの6】
　悲しみ
　憂うつ
【ソードの9】
　苦痛
　失われた喜び

Reinforcing Cards: some possibilities
◆互いの意味を強めるカード
【司祭】
　集団生活を大事にする
【節制】
　力を結びつける
　共に働く
【ワンドの4】
　興奮
　高い精神性
　祝福
【ペンタクルの3】
　グループで働く

◆説明

　タロットの中で集団というテーマに対して、それぞれ異なる観点からフォーカスしたカードは3枚あります。大アルカナの「司祭」のカードは、あくまで「形式的な意味で結びつく集団」です。また、この後登場する小アルカナの「ペンタクルの3」のカードは、「チームワークという観点からみた集団」というテーマを表しています。それらに対して、感情というレベルで結びつく集団を表しているのが、この「カップの3」のカードです。他者とつながりを持つというのは、どんな気持ちがしますか？　あるいは、友人関係やコミュニティなどはどうでしょうか？　そういった問いに対して答えを与えてくれるのが、「カップの3」のカードなのです。

　このカードには、3人の女性が輪になって踊っている姿が描かれています。彼女たちは気持ち（カップ）をひとつにしようと、互いに腕を高く差し伸ばしています。様々な場面で女性たちは、人々を共に結びつけるために、社会的な意味での接着剤のような役割を果たします。この踊っている女性たちは、愛によって共にひとつになることを象徴しています（もちろん、こういったお互いを結びつける愛の感情は、女性に限ったものではありません）。

　リーディングで「カップの3」のカードは、友人関係、及びそれにまつわる感情的なものを表しています。また、わたしたちが他者と交わる中で生まれてくる、お互いを支え合うためのつながりを持ったコミュニティを象徴することもあります。その中で、メンバー同士は強い絆を感じることでしょう。「カップの3」のカードが現れたら、実際に自分が属している集団に対するあなた自身のつながりを、感情という面から見直してみてください。助けの手を差し伸べたり、逆に自分が援助を受けるということが、どういうことなのかを考えてみてください。このカードは、あらゆる意味での人間同士の支え合いを象徴しています。そこには、カウンセリングやその他の社会的な奉仕といった形での公的な援助も含まれます。

　「カップの3」の3人の女性は、喜びや高い精神性をも表しています。もちろん、そういった感情を経験するのに、必ずしも集団であるという条件が必要なわけではありません。ただ集団において、そういった感情が特に強く表れるのも事実です。人々が結びつき、お互いの愛を感じ、安心感を得られるとき、自然にその喜びと幸せを祝福したい気持ちになるものです。「カップの3」のカードは、そういった気持ちを表現するために、思わず歌って踊りだしたくなるようなムードや状況も表しています。

Four of Cups

【カップの4】
自分自身への没頭
無関心
自分の内側へ目を向ける

Actions
◆アクション
【自分自身へ没頭する】
　自分の感覚に集中する
　自分自身のために求める
　他者に気がつかない
　外へあまり関心が向かわない
　愛情を表に出すことを抑制する
　自分の視点だけでものを見る
　祝福やギフトに気づかない

【無関心】
　受け身になる
　興味を失う
　関わり合わない
　努力をしない
　人生は面白みがなく平坦だと
　　感じる
　やる気を失う
　欲望が減退する

【自分の内側へ目を向ける】
　内観する
　瞑想する
　夢想する
　熟考する
　反応するのをためらう
　幻想の世界をさまよう
　関わり合いから身を引く
　外の世界へ意識を向けない

Opposing Cards: some Possibilities
◆反対の意味を持つカード
【世界】
　関わり合い
　思いやり
　参加する
【ワンドの4】
　興奮
　高次のエネルギー
　楽観主義
【カップの2】
　つながり
　他者と分かち合う
【ペンタクルの8】
　努力する
　一生懸命働く

Reinforcing Cards: some possibilities
◆互いの意味を強めるカード
【隠者】
　引きこもる
　内向的になる
【ソードの4】
　じっくり考える
　ひとりの時間を得る
【ソードの6】
　熱意に欠ける
　意気消沈

◆説明

　カヤックなどの川でのスポーツをされる方はご存知のとおり、川には危険な渦巻状に水の流れている場所があります。そこでは、水は前に向かっていくのではなく、たえず自分自身へと戻ってくる流れとなっています。それと同じように、わたしたちは感情が持つ水圧へと引き込まれ、ときとして動けなくなってしまうこともあります。「カップの4」のカードは、そのような自分自身へ没頭してしまっている状態を表しています。

　もしあなたが自分自身へと没頭しきってしまっているなら、すべての物事を自分自身の興味と望みへ引き寄せて考えようとする傾向が強くなっていることに注意する必要があるでしょう。このカードには、差しだされているカップに気づかずにいる男性が描かれています。彼は自分の内にこもってしまっているために、このギフトを見逃してしまっています。実際にリーディングにおいても、今この瞬間、あなたが自分だけの世界の中に引きこもってしまっていることを、「カップの4」のカードは示していると言えます。

　もちろん状況によっては、自分自身のことに集中しなければならないときもあるでしょう。あるいは、人生にあまりにストレスが多いときなどは、自分自身に時間とエネルギーを与えてあげないと、ダメになってしまいそうなときもあるでしょう。そういう意味では、自己を省みることで自分を生き返らせるポジティヴな時期を示すものとして、「カップの4」のカードを見ることもできます。ときとしてわたしたちは、あれこれ夢想に浸ったり、ものごとを熟考したり、思案したりする時間をとることによって、自分自身の感情のバランスを回復していくことも必要なのです。

　その一方で「カップの4」のカードは、外の世界に対する無関心さを示すこともあります。どんなことにもまったく興味を引かれることもなく、人生に面白みがなく平坦に感じてしまいます。何に対しても努力をする気がしません。それはかつて喜びをもたらしてくれたはずのことに対して、自分が興味を失ってしまったからなのかもしれません。そんなとき「カップの4」のカードが示唆しているのは、その人の感情の流れの停滞です。もしあなたがそんな状態なのだとしたら、精神的にも気持的にも没頭できる新しい何かが必要なのです。それさえ見つかれば、再び川はクリアな流れを取り戻すでしょう。あなたを取り囲む環境に対して心を開いてみてください。そうすれば、きっとすぐにでも、もう一度あなたの進むべき道が見つけられるはずです。

Five of Cups

【カップの 5】

喪失
奪われる
後悔

Actions
◆アクション
【喪失に苦しむ】
　希望を手放す
　勝利をあきらめる
　つまずきを経験する
　挫折する
　持っていたものを持ち去られる
　さよならを言う

【愛するものを奪われたと感じる】
　関係が壊れる
　愛を奪われた感覚
　もう一度結びつきを夢見る
　悲嘆に暮れる
　悲しみを感じる

【後悔の念】
　ある出来事によってダメになる
　覆水盆に返らず
　時計を逆に戻したい
　そうだったらよかったのにと
　　悔やむ
　間違った選択をしたと感じる
　失敗に気づく

Opposing Cards: some Possibilities
◆反対の意味を持つカード
【恋人】
　結びつきを作る
【審判】
　自分を赦す
　後悔の念を手放す
【ワンドの6】
　勝利
　勝つこと
【カップの2】
　結びつき
【カップの9】
　安らぎ
　満足

Reinforcing Cards: some possibilities
◆互いの意味を強めるカード
【死】
　喪失
　別れ
【ソードの3】
　別離
　愛を失う
　心痛
【ソードの6】
　悲しみ
【ペンタクルの5】
　拒絶
　援助が得られない
　承認されない

◆**説明**

「カップの5」のカードは喪失のカードです。カードには、黒いローブに身を包み、悲しみに暮れる人物が描かれています。人物が大きく強調されているため、その向こう側にあるものを見ることは困難ですが、いずれにせよこのカードは、喪失の痛みがもっとも深刻なときを示しています。絵の中の男性は、目の前の倒れたカップだけを見つめていて、背後にまだ倒れず残っているふたつのカップに気づいていません。やがて彼の心の傷が癒されたきには、残っているカップがあることに気づくことができるのかもしれません。

リーディングで「カップの5」のカードは、何かを失ってしまう可能性、もしくは悲しみ、後悔、拒絶感といったような感情をかきたてる出来事が起こるかもしれないことを、あなたに告げています。失うものは大きなものである場合も、小さなものである場合もあります。またそれは、無形のもの（夢見ていたこと、好機、可能性、評判）、もしくは、有形のもの（お金、財産、人間関係、仕事）に関することかもしれません。もしかするとあなたは、このカードが何を表しているのか、具体的にもう気づいているかもしれません。ただし、もし何も思い当たらないというのであれば、これから起こるかもしれない損失を避け、損害を減らすために、カードが警告を与えてくれていると思ってください。

もしかするとあなたは、このカードを見たときに、落胆を感じるかもしれませんが、実はそこには、ポジティヴな面がまったくないわけではありません。すべての喪失は、変化をもたらし、成長の新しい可能性を開くものです。失うことで心が痛むのは、変化に抵抗しようとする感情があるからです。たとえ流れに逆らうことはできないと頭ではわかっていようとも、その流れがわたしたちから愛するものを引き離そうとしようものなら、わたしたちの感情は、それに対して「NO！」と言うでしょう。

このことについて『禅の肉、禅の骨』[1]の中にあるストーリーが示唆を与えてくれます。あるとき白隠師匠は、子どもを認知するように訴えられます。ただしその子どもは、実際には白隠の子どもだったわけではありません。それにも関わらず、その誤った訴えによって、白隠は地位を喪失してしまいました。しかし白隠は、自分に起こった境遇を受け入れ、何年間も優しく子どもの面倒を見続けました。ところが、ある日突然、本当の父親が白隠の前に現れます。そして白隠は父親の望むとおりに、子どもを両親に引き渡します。そう、白隠はまたもや、喪失を受け入れたのです。禅のマスターでない人にとって、ものごとの変化を受け入れ、その流れに身を委ねるのは容易なことではないでしょう。とはいえ、このストーリーから何かを学ぶとすれば、それは喪失を受け入れるというプロセスです。人は過ぎ去って行くものを押しとどめようともがけばもがくほど、苦しみはより大きなものとなっていくものなのです。

[1] Paul Reps, compilator, *Zen Flesh, Zen Bones: A Collection of Zen and Pre-Zen Writing* (Tokyo: Tuttle, 1957)

Six of Cups

【カップの6】

善意
無垢
子ども時代

Actions　◆アクション
【善意を持つ】
　優しさや寛大なふるまい
　他者のためによいことをする
　持っているものを分け与える
　よい心がけを持つ
　恩恵を受ける
　祝福を感じる
　善意の行いをする

【無垢である】
　ささやかな満足を感じる
　優しさに囲まれる
　この上なく幸せな無邪気さ
　やましさのない澄んだ心を持つ
　汚されないように身を守る
　責任から解放される
　小さな喜びに感謝する

【子ども時代へと想いを馳せる】
　子ども、あるいは若い人と一緒
　　にいる
　気苦労がない
　世話を受ける
　ノスタルジーを感じる
　遊びにふける
　若々しい活動を楽しむ
　赤ん坊が生まれる

Opposing Cards: some Possibilities　◆反対の意味を持つカード
【悪魔】
　否定的
　堕落
　人のものを欲する
【ワンドの9】
　無邪気さを失う
　最悪の状況であると思う
【ソードの5】
　シニカル
　敵意
　他者を操る
【ソードの9】
　罪

Reinforcing Cards: some possibilities　◆互いの意味を強めるカード
【星】
　善意
　分かち合うこと
【カップの10】
　祝福を感じる
　幸福
　喜び

◆説明

　映画『バックマン家の人々』の中で、大家族が全員一同に集まり、出産に立ち会うというシーンがあります。まずカメラが、ひとりひとりの姿を映しだしていきます。人々はしゃべり、笑い合っていましたが、突然彼らは、日常とは異なる空気に包まれます。赤ちゃんの誕生という状況を目の当たりにするまでの空気の中には、何とも言えない優しさが満ちあふれていました。これこそが「カップの6」のカードが表す本質的な精神です。

　言うまでもなく世の中には、暴力、怒り、卑劣さというものが存在します。ただし、それらが蔓延していたとしても、逆に世界には善意と思いやりといったものも、たくさん存在しています。母は子どもにミルクを与え、週末には友人が快く車を貸してくれ、職場では誰かが病欠の同僚の穴埋めをします。それらは日常の中で、つい見過ごしてしまうほどのありふれた優しさにすぎないかもしれませんが、とても重要なことです。そう、「カップの6」のカードは、そんなシンプルな善良さを示すカードであり、他者に対する惜しむことのない優しさや寛大さを、思い起こさせるものなのです。

　また「カップの6」のカードは、多義的な意味の広がりのある「イノセント」という語を象徴しています。法的にまったく罪がない、すなわち「無罪」という意味でのイノセント。隠されていることに気がつかず真実に対して「無邪気」であるという意味でのイノセント。偽りの動機を持つことなく、欺きや汚職などとも無縁な「汚れていない」という意味でのイノセント。「貞淑」、もしくは「純潔」であるという意味でのイノセント。これらの複数の意味のどれがぴったりくるかは、リーディングの際の状況によって異なってくるでしょう。

　「カップの6」のカードに描かれたふたりの子どもたちを見てください。しばしばこのカードは、赤ん坊や子どもを表します。あるいは、守られた環境の中で何の心配もなく陽気に過ごし、愛に包まれた毎日を送る子ども時代、あるいはそういった若さのイメージと結びつく感情をも意味しています。子どもたちは、わたしたち大人にとって貴重な宝物です。そして「カップの6」のカードが持つ特別な優しさも、子どもたちと同様、宝物として大事にすべきものだということを、どうか忘れないでください。

Seven of Cups

【カップの7】
願望的思考
選択肢
だらしなさ

Actions
◆アクション
【願望的思考にふける】
　空想する
　夢見る
　幻想に囚われる
　思いつくままに任せる
　事実に対し自分を欺く
　砂上の楼閣を築く
　いつになるかわからないことを
　　夢見る
　何かに集中したり、関わり合い
　　を持つことを避ける
　アイディアを現実化しようと
　　しない

【たくさんの選択肢を持つ】
　多くの代案を提示される
　選択肢がずらりと並ぶ
　際限のない可能性を信じる
　大きく開かれた視野で見る
　きっかけをつかみ選びとる

【だらしない生活に浸る】
　自分を甘やかしすぎる
　すべてに投げやりになる
　無計画にふるまう
　暴飲暴食、あるいは浮かれすぎ
　健康状態を顧みない
　中毒症状にはまる
　怠惰になっていく
　不精になる
　ぐずぐずとものごとを先延ばし
　　にする

Opposing Cards: some Possibilities
◆反対の意味を持つカード
【魔術師】
　集中
　関わり合い
【皇帝】
　規律
　組織
【節制】
　バランス
　節度
【ペンタクルの4】
　秩序
　支配
【ペンタクルの8】
　勤勉
　専念する
【ペンタクルの9】
　規律
　抑制
　洗練

Reinforcing Cards: some possibilities
◆互いの意味を強めるカード
【悪魔】
　過度にふける
　不節制
【月】
　幻影
　非現実的な考え
　空想
【カップの9】
　過度に感覚的な満足を求める

◆説明

　たった今、部屋を見渡してみて、雑然と散らかっていたとしたら、よい意味でも悪い意味でも、「カップの7」のカードが自分に語りかけてくるのがわかります。「もちろん、きちんと片づいている状態や整理整頓をすることはよいことです。でも、全部そのままにしておいたほうが、よっぽど楽しくありませんか？」。そう、このカードは、すべてをそのまま放ったらかしにしておくことと関連しています。

　効率的であることや、ものごとの整理整頓を、よいことであると重んじるのは当然のことです。ですから、一般的にわたしたちは、大アルカナの「皇帝」のカードが象徴するような秩序だった世界、すなわち、芝をきれいに刈り、アルファベット順にファイリングをし、きっちりと時間を管理したりすることを好みます。型どおりにきちっと整理整頓されたものにほれぼれし、すべてがあるべきところに収まっているような状態を望みます。それに対して「カップの7」のカードは、整然とした状態とは裏腹に、ルーズさによって極端にきちんとしすぎているものごととの間にバランスをとります。このカードは、ある意味、いいかげんで、非能率的で、だらしのない状態を表しているとも言えます。

　リーディングでこのカードが出てきたら、自分の置かれている状況が、どの程度、無秩序なものであるかを注意深く見直してみることが大切です。もしかすると、すべてがコントロールされ、規則的になりすぎてはいませんか？　かりにそうだとしたら、あなたに必要なのはものごとをほんのちょっと崩してみることです。硬直したシステムを壊したときに、創造力の大きな開放が起こるかもしれません。「カップの7」のカードに描かれた男性は、堅苦しい規則を緩めてみたとき、自分にどれだけたくさんの選択肢があるのかに驚いています。

　一方で、もしあなたの状況が、極端に無秩序であるなら、逆に少々ものごとをきちんと引き締めることが必要なのかもしれません。混乱してめちゃくちゃな状況の中で、幸せを感じたり、生産的にものごとを成し遂げられる人はいないでしょう。規則正しさは、わたしたちの人生にきっちりとした枠組みを与えてくれるものです。「カップの7」のカードの持つルーズさが極端に出たときは、だらだらとしまりがなく、好きなことだけに耽溺し、日々ただ流されていくような有害な生活へと人を導く可能性もあるので注意が必要です。

　しばしばこのカードが示す怠惰さは、思想や夢にも影響を与えます。単に何かを夢見ることは簡単ですが、実際に実現していくことは容易なことではありません。このカードが現れたら、しっかりと学び努力をすることが自分の計画を現実化するための基礎であることを忘れないでください。目標に到達するためには（たとえ、部屋を片づけるといった些細な目標であったとしても）、生活スタイルをしっかりとひきしめ、誘惑に負けず、どうかゴールへ向けて専心してください。

Eight of Cups

【カップの8】

より深い意味
先へ進む
疲れる

Actions
◆アクション
【より深い意味を探す】
　自分にとっての真実に価値を置く
　無用な競争から離れる
　答えを探す
　重要なことに集中する
　発見の旅に出る
　事実を見抜く
　スピリチュアルなことへと時間を割く

【どんどん先へ進む】
　現在のサイクルが終わったことに気づく
　望みのない状況を見捨てる
　自分自身を解放する
　予定のない旅をはじめる
　開放する
　終わらせて、その状況から抜けだす

【疲労する】
　他者からの求めに消耗する
　一日中長引く
　疲れてぼんやりする
　エネルギー不足
　望みを失う
　心配で元気をなくす
　燃え尽きる

Opposing Cards: some Possibilities
◆反対の意味を持つカード
【力】
　忍耐力
　力
【太陽】
　ヴァイタリティ
　高いエネルギー
【ワンドの9】
　耐える
　維持する

Reinforcing Cards: some possibilities
◆互いの意味を強めるカード
【隠者】
　深い意味を探す
【死】
　先に進む
　離れる
【ワンドの3】
　旅に出る
　新しい領域に踏み込む
【ワンドの8】
　終える
　一連の出来事の終わり
【ソードの6】
　先へ進む
　旅に出る

◆説明

　かつて心理学者の友人に聞いたのですが、ひとつの集団が崩壊に向かっているとき、グループのメンバーは、状況の変化に対してかすかな不調和のサインを発しはじめるそうです。まず彼らの行動に、落ち着きがなくなっていきます。さらにミーティングには遅刻、伝達事項もミスが多くなったりなど、混乱した様相が表れてきます。ある程度の段階にまで進んで、ようやく彼らもそろそろグループを離れるべきかもしれないと気づきはじめます。しかし彼らが、最後の一歩を踏みだすには、そこからもうしばらく時間が必要となります。

　こういったプロセスは、ものごとの終わりが近づいている場合の様々な状況に当てはまります。この世に永遠に続くものなど何もありません。遅かれ速かれ、すべてのものは自ずと過ぎ去っていくものです。あるいは、わたしたちのほうが、そこから離れていくこともあります。「カップの8」のカードは、ある事柄がすでに過去のものになってしまったことに気がついたときを示しています。かつて真実であったことも、もうすでに真実ではなくなってしまっています。いまや変化の兆しも明らかとなり、わたしたちはそのことを受け入れなくてはなりません。しかし同時にそれは、わたしたちが先へ進むべきときであることを示しているのです。

　ここで言う先に進むというのは、仕事を辞める、場所を移す、人間関係が変わるなどといった実際の変化を意味します。また、先に進むというのは、わたしたちの思考や感情を支配する古いパターンを手放すといった内的な変化をも意味しています。「カップの8」のカードには、旅に出発する男性が描かれています。彼は古い感情を象徴するカップ、及び川に背を向け、新しい道へと出発しています。しばしばこの先に進むという行為が、真実や現実のより深いレベルを探求するという意味を持つこともあるでしょう。ある日わたしたちは、自分が人生の中で眠りこけていたことを悟ります。そのときわたしたちは今までの人生に満足できなくなっている自分に気がつくことになるでしょう。

　変化を求めることは、ときとして困難を伴うこともあるでしょう。また、ものごとを終わらせることは、いつも簡単なわけではありません。場合によってはエネルギーが減退していること自体が、出発の準備ができていることを示すひとつのサインなのかもしれません。どうしても疲れて気力が出ないとき、それは今の状況の何かが間違っていることを示しているのかもしれません。もし、あなたがそれに気づいたなら、まさしくそのときこそ新しい方向へ進むべきなのでしょう。自分の人生を見直し、改めて自分にとっての優先順位を確認してみてください。そうすれば、あなたの進むべき人生の道も、きっと見えてくるはずです。

Nine of Cups

【カップの9】
望みを満たす
満足
感覚的な喜び

Actions
◆アクション
【望みを満たす】
　希望するものを成し遂げる
　ゴールを手中に収める
　心からの望みを手に入れる
　夢を実現する

【満たされたと感じる】
　ちょっとした自己満足にひたる
　あるがままの状況を楽しむ
　活気ある喜びを感じる
　希望していた結果を得る
　ものごとすべてがうまくいって
　　いると感じる
　満足する

【感覚的喜びを楽しむ】
　ぜいたくに浸る
　おいしい食事を味わう
　芸術を鑑賞する
　愛を交わす
　くつろぐ
　美を味わう
　身体運動を楽しむ

Opposing Cards: some Possibilities

◆反対の意味を持つカード
【隠者】
　感覚に重きを置かない
【カップの5】
　後悔

Reinforcing Cards: some possibilities

◆互いの意味を強めるカード
【女帝】
　感覚を楽しむ
【恋人】
　セクシャルな喜び
【世界】
　心からの望みを達成する
【ワンドの6】
　プライド
　欲しい物を手に入れる
【カップの7】
　過度に感覚的な満足を求める

◆説明

「カップの9」のカードに描かれている男性は、わたしに「カナリアを食べた猫」を思い起こさせます。いまやカナリアは、ネコ科の飢えた動物が近寄ることのできないペットです。どんなネコであれ、カナリアを捕まえることができたら大変な自己満足に浸れることでしょう。「カップの9」のカードは、そんなひとりよがりで自己満足な様子を示しています。

肉体的なレベルから見た「カップの9」のカードは、あらゆる意味での快楽を示しています。このカードが表しているのは、視覚、聴覚、味覚、触覚などによって、自分の肉体的な感覚を喜ばすものを求めることです。それは母なる大地ともいうべき自然界と心を通わせ、その豊かさを分かち合うことの喜びをも意味します。

より心理的なレベルから見ると、「カップの9」のカードは、ものごとがあるべき状態に置かれていることに対する満足感を示しています。カードの中の腕を組み、笑みを浮かべた男性が、どれほど自信に満ちて腰を下ろしているかに注目してください。彼は欲しいものすべてを手に入れこの上ない幸福感に満たされています。まるで「わたしのこのカップを見てくれ！　すごいだろう？」とも言わんばかりです。

すべてうまくいっていることに安住し、喜びに浸ることは、素晴しい満足感を与えてくれます。ただし、ここで一言注意をしておきます。他の何かの犠牲をもとに楽しみにふける（カナリアを食べた猫のように！）のは考えものです。そのときは満足感を得られても、遅かれ早かれ口の周りについた羽毛に気づき、後悔にさいなまれることでしょう。引き続いて起こる事態を考えもせず、快楽だけを追い求めることは、長い目でみて決して満足のいく結果にならないことは言うまでもありません。

伝統的に「カップの9」のカードは、望み（ウィッシュ）のカードとして知られてきました。したがって、「カップの9」のカードが出たときは、確かにあなたの希望が実現することが示されていると言えるでしょう。ただし、どんなにその見通しが素晴らしいものであっても、さきほどのカナリアを食べた猫の寓話を忘れないでください。あなたは本当に欲しいものは何であるのかを知ると同時に、それに伴う責任をも引き受けなくてはなりません。どうかそれを理解したうえで、あなたの幸運をエンジョイしてください！

Ten of Cups

【カップの10】
喜び
平和
家族

Actions ◆アクション
【喜びを感じる】
幸せに包まれる
幸福を感じる
愛がほとばしる
幸運を喜ぶ
恩恵を感じる
喜びを表現する

【平和を享受する】
心の平和を感じる
敵意を消し去る
調和を回復する
ストレスと緊張が軽減する
満足と安らぎを感じる
停戦を求める
リラックスする

【家族を思う】
家で平和に過ごす
家族でイベントを行う
家族の絆を回復する
必要に応じて親戚を支援する
家族の結びつきを強める
家族の誰かを許す

Opposing Cards: some Possibilities ◆反対の意味を持つカード
【悪魔】
喜びや平和の欠如
【塔】
大変動
カオス
【ソードの3】
悲嘆
孤独感
【ソードの9】
苦悩
悲しみ
絶望
【ソードの10】
最悪の状況
苦しむ

Reinforcing Cards: some possibilities ◆互いの意味を強めるカード
【恋人】
家族の関係
つながり
【星】
喜び
ポジティヴな感情
祝福
【世界】
幸せ
感情の満足
【カップの6】
祝福を感じる
幸せ
喜び

◆説明

「カップの10」のカードには、愛し合うカップルと無邪気な子どもたちが描かれています。背景には、木々と水に囲まれた家族の家があります。そして頭上のカップの虹が、この場面に祝福を与えています。もしかするとシニカルな人は、このロマンティックな光景に対して冷ややかな見方をするかもしれません。けれどもわたし自身は、このカードの光景は、わたしたちの人生において最も感情的に満たされた場面を表しているように思います。いずれにせよ、ここに表されている理想の光景は、誰もが到達可能で幸せに満ちた心の状態であることに違いありません。

まず「カップの10」のカードには、何といっても喜びがあります。喜びとは、幸福や満足、楽しみなどを越えた心の最も深いレベルで、わたしたちはすべてのものとひとつであると感じるときにもたらされるとても素晴らしい感覚です。残念なことに、これは普段いつでもわき上がってくる感覚ではありません。人生の試練や困難さに圧倒されることによって、その感覚は見えなくなってしまいがちです。それにも関わらず、それは生まれながら誰もが持っているものであり、喜びは失われることなく、常にそこにあり続けます。

「カップの10」のカードのもうひとつの側面は平和――すべての要素が調和を保っているときに訪れる平穏です。平和には内的な平和と外的な平和がありますが、それらはお互いに切り離すことのできない関係性を持っています。というのも、あなたが自分自身と調和してこそ、本当の意味で周囲の環境との調和を経験することができるのです。

「カップの10」のカードが現れたときは、これまでの敵対的な関係が終わりを迎える可能性が示されています。もし周囲に争いごとがあったとしても、それは長くは続きません。もし自分自身の中に葛藤を抱えていたとしても、やがて心の平和が訪れることになるでしょう。

リーディングにおいて「カップの10」のカードは、あふれんばかりの祝福のときを表しています。どうすれば喜びに気づき、平和を創りだすことができるかを見つけてください。カードは、あなたが手にすべきものを手に入れ、満たされるだろうと告げています。もしかすると喜びの鍵は、家族の中にこそ、見つけられるかもしれません。家族とは、よくも悪くもお互いに感情的に深い結びつきを持っているものです。もし、あなたの家族の中に、何らかのいざこざがあるのなら、調和を回復するように努めてください。「カップの10」のカードが出ている今こそ、まさにお互いがより近づいていけるときなのですから。

Page of Cups

【カップのペイジ】

感情的になる
直観的になる
親密になる
愛情に満ちる

Actions　◆アクション
【感情的になる】
　感動する
　感情を表す
　美に心を揺さぶられる
　感傷的でロマンティックになる
　無関心な態度を脱ぎ捨てる
　心の導くままに任せる

【直観的になる】
　内なる導きを聴く
　予感に基づき行動する
　夢を思いだす
　超自然現象を体験する
　啓示を受ける
　本能的な感覚を信じる

【親密になる】
　恋愛をはじめる、または再
　　スタートする
　引きつけられる相手に出会う
　誰かと親密になる
　堅苦しさを捨てる
　一緒にいる特別な時間を持つ
　友情を確かなものにする
　個人的に大切なものを分かち合う

【愛情に満ちる】
　思いやりを示す
　共感と理解を示す
　自分自身を許す
　自分を傷つけた相手を許す
　自分が傷つけた相手に謝る
　手を伸ばして誰かに触れる
　壊れた関係をもとどおりにする
　他人を励ます
　怒りではなく思いやりで答える
　断定したり非難することを控える

Court Card Pairs　◆コート・カード同士のペア
「カップのペイジ」のカードは、他のどのコート・カードともペアを組めます。2枚のカードのランクとスートを比較することで、このペアは何を意味するのか考えてみることが大切です。

◆説明

「カップのペイジ」は、愛のきっかけをあなたに運んでくるキューピッドです。ロマンス、深い感情、内的生活といったカップのスートが表す心躍る経験をするためのまたとないチャンスを運んできてくれるのです。

リーディングで「カップのペイジ」のカードは、あなたの感情を揺り動かし、心の底からの深い愛情を引きだし、大きな喜びがもたらされることを示しています。もしあなたも、そんなチャンスの訪れを感じたなら、すぐに行動に移してください！

また「カップのペイジ」のカードは、子ども、あるいは大人であっても若い心を持った人物を表しています。そういった人たちとの交流が、感情的なつながり、愛、親密さ、スピリチュアリティといったことに関して、あなたに影響を与えるでしょう。

しばしば「カップのペイジ」のカードは、あなたの生活全般を、愛と強い感情で満たしてしまうこともあるでしょう。そんなときには、どうか心の赴くまま自由に感じていることを表現してみてください。

Knight of Cups

【カップのナイト】

ロマンティック／感情的すぎる
想像的／空想にふける
繊細／神経質
洗練／気どりすぎ
内省／内向的

Actions

◆アクション

【ロマンティック／感情的すぎる】
愛を理想化する／自制心に欠ける
感情に重きを置く／嫉妬
人生を詩的に捉える／大げさでメロドラマ風になる
特別な出来事を覚えている／愛情がもとで興奮したり冷淡になったりする
心情を美しく表現する／美的なことばかり気にして肝心のことがおろそかになる

【想像的／空想にふける】
無意識の豊かさに触れる／怠惰な白昼夢にふける
ものごとの上辺を越えてその奥を見る／現実化しない大きなアイディアを持つ
ありふれた道は通らない／非現実的なことに近づく
驚くべき物語をつむぎだす／過剰な想像力
先見の明がある／真実を覆い隠す

【繊細／神経質】
気分や感情に対して敏感／気分の浮き沈みがある
他人の心を開かせる／怒りっぽく不機嫌になる
人生を深く生きる／意気消沈し憂うつになる
他人の痛みがわかる／くよくよ考えすぎる
機転が利きそつがない／すぐ攻撃的になる

【洗練／気どりすぎ】
すべてのものの中に美を見つける／汚い仕事は他人に任せる
もっともすばらしいものを求める／不愉快なことからは顔を背ける
心地よい環境を作る／健康状態が損なわれる
微妙なニュアンスを理解する／中身よりも格好を強調する
ていねいで優雅／プレッシャーに圧倒される

【内省／内向的】
内的世界に価値を置く／内的世界へ比重を置きすぎる
何故かを理解しようとする／アクティヴに参加することを避ける
動機を問う／自分を省みることに囚われすぎる
自己改善に努める／欠点を気にしすぎる
ものごとの表面の裏にあるものを見る／他者のそばでリラックスできない

Court Card Pairs

◆コート・カード同士のペア
「カップのナイト」のカードは、他のどのコート・カードともペアを組めます。2枚のカードのランクとスートを比較することで、このペアは何を意味するのか考えてみることが大切です。

◆説明

「カップのナイト」のカードのポジティヴな面は、繊細な魂です。彼は詩人であり、ロマンティックで洗練されたことすべてを愛する人です。彼はすばらしいイマジネーションの持ち主であり、感情の最も深いレベルに触れることができます。彼は、どのように美をクリエイトし、それを他者と共有していくべきであるかを理解しています。

一方で「カップのナイト」のカードのネガティヴな面は、空想や幻想の世界へと入り込んでしまう傾向があることです。メロドラマ風のムードに浸り易く、しばしば感情に飲み込まれてしまうこともあります。過度に神経質で、人に対して感情を剥きだしにしてしまうこともあるでしょう。また、不快なことを我慢することができず、自分のいやなことはいつも他人に任せきってしまいます。

リーディングでこのカードが出たときは、感受性の強さという「カップのナイト」の持つ特質が、あなた、もしくは他の誰か、あるいはその場の状況に何らかの形で表れてくる場合があります。「カップのナイトのエネルギーは、本当に役立つのか、それとも誰かを傷つけるだけなのか?」とあなた自身、自分に問いかけてみてください。

もし「カップのナイト」のエネルギーが、状況に対して過度に支配的になっている場合は、バランスをとることが必要です。あなたの感情の表現は、その場にふさわしいものですか? もしかすると度を越したものになっていませんか? 非現実的な白昼夢に浸りすぎてはいませんか? 誰かの気分の変動に、あなたは引きずられてしまっていませんか? 普段の生活が、感情に支配され、思いやりを失ってしまっていませんか? もしそうだとしたら、それらをいったん見直してみるときなのかもしれません。

逆に、もし「カップのナイト」のエネルギーが欠けていると感じるなら、今のあなたには、詩的な気持ちでものごとを見るという感性が必要とされているのでしょう。あまりにも自分を抑制しすぎていませんか? だとしたら、自分の感情をもっと表現してみてください。いつも現実的で型にはまった、ものごとの選択をしているのではないでしょうか? だとしたら、ときには自分の気持ちに素直な選択をしてみてください。普段、内省することの大切さを忘れてしまってはいませんか? だとしたら、自分の人生についてじっくり考え、心の内側を見つめる時間を持つようにしてください。そして何よりも、「カップのナイト」が誘うロマンスと美の世界へと、どうか身を委ねてみてください。

Queen of Cups

【カップのクイーン】
愛すること
優しい心
直観的
サイキック
スピリチュアル

Actions　◆アクション
【愛すること】
　思いやりの気持ちで怒りを締め
　　だす
　無条件に受け入れる
　他人の感情に敏感
　怒りと憎しみを追い払う
　尽きることのない寛容さを持つ

【優しい心】
　他者の痛みに心が動かされる
　痛みを理解して接する
　すべての生き物に思いやりと
　　優しさをみせる
　助けを求めてくる人を見捨てら
　　れない
　他者が感じていることを感じる

【直観的】
　感情の深みへ耳を傾ける
　状況の変化を感じとる
　心によって導かれる
　何が真実であるのか内なる感覚
　　を信じる
　あえて聞くことなしに理解する

【サイキック】
　無意識を解放する
　発達したシックス・センスがある
　他者とテレパシー的につながる
　すばらしい感受性を持つ
　生まれながらの霊媒(ミディアム)

【スピリチュアル】
　神や宇宙との一体性(ワンネス)を感じる
　すべての命に敬意を払う
　他者との親密な交流の中に喜び
　　を見つける
　命の深い意味に感謝する
　世界を聖なる場所として見る

Court Card Pairs　◆コート・カード同士のペア
「カップのクイーン」のカードは、他のどのコート・カードともペアを組めます。2枚のカードのランクとスートを比較することで、このペアは何を意味するのか考えてみることが大切です。

◆説明

「カップのクイーン」のカードの特徴は、カップのスートの持つポジティヴな水のエネルギーと、クイーンの内向的な性質が組み合わさって生まれてきます。彼女は、優しく繊細で愛情に満ちた気質です。したがって彼女は、すべての人々へ優しい言葉をかけ、また決してむやみに怒りをぶつけたり、いらいらとした対応をすることがありません。柔らかく落ち着いた穏やかさもありますし、何と言っても彼女のモットーは思いやりです。自分の周りの世界に対する彼女の反応は、基本的に感情によって導かれたものです。彼女は、何ごとにも自分の気持ちの赴くままに任せるのです。

　また、彼女は感情の動きに敏感で、何も聞かなくても他の人が何を感じているのかを理解します。感情的になりすぎることもめったになく、自分の気分が人にどんな影響を与えるかがわかっています。自分の直観を信頼し、自分自身の内なる領域からやってくる知識に心を開いています。彼女は、美によって心を動かされますが、一方で人生の悲劇にも大きく気持ちが揺さぶられます。「カップのクイーン」は、神の創造物のすべてに対して敬意を抱いています。彼女は愛でもって、すべての人やものごとを包み込み抱擁するのです。

　リーディングで「カップのクイーン」のカードが出たときは、まさにあなたにも彼女と同じように、人生に対してポジティヴな考えや感じ方をして欲しいというメッセージを、タロットは告げているのでしょう。あなたは感情の動きに気づいていますか？　愛情を感じていますか？　自分の心を信頼していますか？　直観的なメッセージを受けとっていますか？　他人の痛みを感じたことがありますか？

　また、「カップのクイーン」のカードは、穏やかな愛を持ち、感情を受け入れ、その心の動きを尊重する彼女のような性質を持った現実の女性、もしくは男性を象徴している場合もあります。いずれにせよリーディングでは、彼女の象徴しているエネルギーが、今のあなたにとって大きな意味があることを告げているはずです。「カップのクイーン」のエネルギーが、現実にどのような形で表れているにせよ、あなた自身その力にインスパイアされながら、彼女のように生きてみることが大切であることをカードは教えてくれているのです。

King of Cups

【カップのキング】

聡明
穏やか
そつがない
思いやり
寛容

KING of CUPS.

Actions ◆アクション

【聡明】
よきアドバイスを与える
人間の本質を深くつかむ
愛情ある気配りをとおして教える
他の人が成長のために何を必要であるかを知っている
問題の核心を正しく見抜く
多くの経験のレベルを理解している

【穏やか】
人を落ち着かせる
人を心安らかにさせる
感情的に安定して落ち着いている
重大なときにも落ち着いている
緊張したり張りつめたりすることがない

【そつがない】
多くの人々が必要としていることのバランスをとる
誰でも一緒にいて幸せを感じられるようにする
緊張した状況を緩和する
影響をうまく与えながら目的を成し遂げる
適切なときにふさわしいことを言う

【思いやり】
相手の心の求めに応じる
生まれながらのヒーラーでありセラピスト
助けを必要としている人に手助けをする
恵まれない人に同情を感じる
ボランティアやチャリティーの仕事をする

【寛容】
開かれた偏見のない視点を持つ
他の人の欠点を非難することなく受け入れる
どんなタイプの人ともうまくいく
他者の自由を認める
困難なときにも耐える

Court Card Pairs ◆コート・カード同士のペア

「カップのキング」のカードは、他のどのコート・カードともペアを組めます。2枚のカードのランクとスートを比較することで、このペアは何を意味するのか考えてみることが大切です。

◆説明

「カップのキング」のカードの特徴は、カップのスートの持つポジティヴな水のエネルギーとキングの外向的な性質が組み合わさって生まれてきます。彼は賢く理解があり、心の奥底からやってくる世界に対する深い知識を持っています。彼は愛に満ちた配慮で生徒を導く先生であり、道を指し示す者です。他人のことを心から思いやり、他人の求めに対しても常に共感的に応じます。彼は優しい触れ合いと穏やかな言葉で人を癒します。そしてどんな場合でも落ち着いてリラックスしていて、どんなときに何が求められるのかを直観的に知っているようです。彼はいつも他者に対して理解を示すため、人々は彼のアドバイスを求めてやってきます。そう、彼の周りには常に平和が満ちているのです。

また、あらゆる面で寛大であり、どんな困難な状況でも辛抱強さを発揮します。見返りとして何かを求めることもなく、それぞれが自分なりのやり方で、成長し発展していく自由を与えます。

リーディングで「カップのキング」のカードが出たときは、まさにあなたにも彼と同じように、人生に対してポジティヴなアクションを起こすようにというメッセージを、タロットは告げているのでしょう。たとえ困難にあっても落ち着いて対応し、力よりも外交手腕を発揮し、助けの手を差しのべ、当たり前の見方とは違った視点を受け入れることなどが大切です。

また、「カップのキング」のカードは、思いやり、寛大さ、理解ある雰囲気のある彼のような性質の現実の男性、もしくは女性を象徴している場合もあります。リーディングでは、彼の象徴しているエネルギーが、今のあなたにとって大きな意味があることを告げているはずです。「カップのキング」のエネルギーが、現実にどのような形で表れているにせよ、あなた自身その力にインスパイアされながら、彼のように生きてみることが大切であることをカードは教えてくれているのです。

Ace of Swords

【ソードのエース】

精神力
不屈の精神
正義
真理

Actions ◆アクション
【精神力を発揮する】
　客観的になる
　自分の道を先まで見通す
　真相を見つけだす
　状況を分析する
　知性を用いる
　論理と理性を用いる

【不屈の精神を発揮する】
　苦難に打ち勝つ
　問題に直面する
　状況を解決する
　困難を乗り越える力があること
　　がわかる
　障害を克服する
　つまずきを恐れない

【正義を求める】
　不正を正す
　主義主張のために戦う
　正しいことを行う
　真実を立証する
　責任を引き受ける
　公正さを望む

【真理に従う】
　疑念を追い払う
　混乱を取り除く
　幻想を見透かす
　はっきりと理解する
　誠実になる
　何が本当なのかを突き止める

Ace-Ace Pairs ◆エース同士のペア
エース同士のペアは、新しい勇気があなたの人生に湧き起こってくることを示しています。「ソードのエース」の知性、論理、正義、真理、明晰、忍耐力の力が、次のような他のスートのエースが持つキーワードを導いていくことになります。

【ワンドのエース】
　創造性、興奮、冒険、勇気、個の力
【カップのエース】
　深い感情　親密さ　調和
　思いやり　愛
【ペンタクルのエース】
　繁栄　豊かさ　信頼　安全
　確かさ

◆説明

「ソードのエース」のカードは、知性、論理、正義、真理、明晰、剛毅といったテーマが持つ可能性を象徴しています。リーディングでは、まだあなた自身が気づいていないけれども、自分の人生に大きな感情的な気づきの種となるものが眠っていることを示しています。やがて芽を出す種には、どんな形にもなり得る可能性があります。それは人を魅了するアイディア、真理への渇望、正義や誠実さを求めることといった形として表れるかもしれません。一方、表向きの形としては、何らかのオファー、ギフト、好機、出会いといったことなどが訪れるかもしれません。あるいは、偶然の一致などの共時的(シンクロニスティック)な出来事が起こる可能性もあるでしょう。

しばしば「ソードのエース」のカードは、あなたを試すために様々な形で表れる人生の試練を象徴している場合があります。人生は常にスムーズに進んでいくとは限りません。遅かれ早かれ、何らかのハードルが現れるときがやってきます。「ソードのエース」のカードは、そのときを教えてくれます。たとえそれがどんなものであれ、勇気、誠実、堅い決意を持って、問題にぶつかっていくようにとこのカードは教えてくれています。どんな苦難の中にも希望はあるはずです。

「ソードのエース」のカードが出たときは、クリアでシャープなエネルギーが、あなたのためにどのように働くのか、実際の人生の中で試してみてください。あなたの抱えている問題を客観的に考え直してみてください。不公平で混乱している状況に目を向け、それらをあるべき正しい状態へと変えていってください。また、誠実さと倫理を遵守することは、何にも増して大事なことであることを忘れないでください。「ソードのエース」のカードは、状況の中に隠されている真実を見抜き、どんな障害に対しても打ち勝つことのできる内なる力が、あなたの中にあることを教えてくれています。

Two of Swords

【ソードの2】

抑圧された感情
逃避
行き詰まり

Actions ◆アクション
【感情を抑圧する】
　本当の気持ちを否定する
　自然な反応を抑える
　他人を近づけない
　悩みを隠す
　耳を塞ぐ
　受け身になる
　冷静さを保つ

【真実を避ける】
　事実を見ることを拒否する
　何もかもうまくいっているふり
　　をする
　警告の合図を無視する
　起きていることから目を閉ざす
　不愉快なことを避ける
　知らないでおこうとする

【行き詰まる】
　行動することを恐れる
　行き止まりになる
　じっとしたままでいる
　決意することを回避する
　ものごとが暗礁に乗り上げる
　囲いの中にとどまる

Opposing Cards: some Possibilities
◆反対の意味を持つカード
【愚者】
　はじめる
　束縛されない
【運命の車輪】
　動く
　ものごとが進む
【正義】
　真実を受け入れる
　責任を引き受ける
【星】
　ポジティヴな感情を開放する
【ワンドの3】
　前に進む
　事実を見つめる

Reinforcing Cards: some possibilities
◆互いの意味を強めるカード
【月】
　自分を欺く
　真実を見ない
【ワンドの9】
　受け身になる
　自分の可能性を閉じる
【ソードの7】
　真実から逃げる
【ペンタクルの4】
　行き詰まり
　妨害

◆説明

「ソードの2」のカードには、若い女性が胸の前でソードを交差させて、バリアをはっている姿が描かれています。彼女の硬直した姿勢は、自分の感情を何とかコントロールしようと戦っているかのようです。しかし、その一方では外から近づいてくるものに対しても、受け入れることを堅く拒絶をしているようです。まるで彼女は、「何も受け入れず、何も外に出さない」と心の中で誓っているかのようです。

「ソードの2」のカードは、自分と他人の間、そして同時に、自分自身との間に築いたバリアです。真実を見ることを避け、何もかもうまくいっているふりをすると同時に、一方の内面的な部分では、感情を抑え、感じることを拒絶しています。それは、いわば思考と感情がつながっていない状態だとも言えるでしょう。「ソードの2」のカードは、かりに思考と感情を一致させる必要があるとわかっているときでさえも、自分自身を分裂させ、バリアを維持しようと試みていることを表しています。

　リーディングで「ソードの2」のカードは、自分自身のこと、あるいは現状を、ありのまま受け入れたくないときに現れてくることがよくあります。本当はどのように感じているのですか？　傷つくことを恐れ、あなたの中にある優しい感情を抑圧してしまっているのではないですか？　笑っているけれど、本当は怒っているのではないですか？　見ることを避けている何かがあるのですか？　この女性の目隠しに注目してください。彼女は真実から目をそらし、問題があっても決してそれを認めようとはしていないのです。

　このカードが示すもっとも一般的なバリアの形は、自分自身が心を閉ざしてしまうことです。すなわち、自分を感情から切り離し、愛を表現する回路を断ち切ってしまっているのです。ときには、そういったことがどうしても必要となることがあるかもしれませんが、それと引き換えに、常に大きな代償を支払うことになってしまいます。また、心を閉ざすことよりも、再び心を開くことのほうが、よっぽど難しいことだということも忘れてはなりません。

「ソードの2」のカードの示すもうひとつのバリアとしては、人間関係における膠着状態です。たとえばそれは、ふたつの党派が、それぞれの立場に閉じこもり、お互いを拒絶し合うときに訪れる行き詰まりです。その状況を打開するためには、バリアを越えて身を乗りだし、お互いに相手の見解に耳を傾け合わなくてはなりません。「ソードの2」のカードのレッスンは、バリアをはることが、決して問題の解決にはならないということです。平和や全体の調和を求めるなら、わたしたちは心を常に開いておかなくてはならないのです。

Three of Swords

【ソードの3】

悲嘆
孤独
裏切り

Actions

◆アクション

【悲嘆にくれる】
　胸が張り裂けるような思いをする
　心痛に苦しむ
　心の痛み
　失望する
　心を乱す知らせを聞く
　傷ついた心を持つ
　誰かの気持ちを傷つける
　ほんのわずかな慰めを受ける

【孤独を感じる】
　引き離される
　故郷から遠くさ迷う
　はねつけられる、または拒絶
　　される
　愛する人々から孤立していると
　　感じる
　必要なときに見捨てられる
　喪失感を感じる

【裏切りを経験する】
　辛い真実を見いだす
　信頼が見込み違いだったことが
　　わかる
　落ち込む
　誰かを落ち込ませる
　不意打ちされる
　他の人からの支持を得られない
　約束が破られる
　対立的なふるまいを受ける

Opposing Cards: some Possibilities

◆反対の意味を持つカード

【恋人】
　親しみ
　愛を感じる
【カップの3】
　交際
　信頼
【カップの10】
　喜び
　愛
　平和
　共にいること

Reinforcing Cards: some possibilities

◆互いの意味を強めるカード

【カップの5】
　別離
　失恋
　心の痛み
【ソードの9】
　苦痛
　悲嘆
【ペンタクルの5】
　拒絶
　別離
　サポートを失う

◆説明

　ドアを開けたら、あなたの恋人が誰かと腕を組んでいるのを見てしまった。あるいは、あなたの親友が、あなたのことを影で笑っているのを聞いてしまった。また、ビジネスパートナーが長年あなたを裏切っていたことがわかった。こういったことは、これまでの自分の信じていた世界が、突然全部ひっくり返されたような経験です。そんなときは誰もが、呆然となり、その状況を信じられないと思いつつも、深く傷ついてしまうものです。

　「ソードの3」のカードのイメージは、このような突然の痛みを、鮮明に描きだしています。まさしくその絵は、誰かがあなたの心を鋭く突き刺したかのようです。注目すべきなのは、ハートには3本の剣が突き刺さっているという点です。すなわち、この痛みの経験は、必ずしも何か大きなひとつの出来事であるとは限らず、複数の小さな出来事が続いて起こる可能性も示唆しています。いずれにせよこのカードは、傷つけられて、その痛みに圧倒されているような状態を意味しています。

　リーディングでの「ソードの3」のカードは、人生があるとき突然投げかけてくる不快な変化球を表しています。裏切り、放棄、拒絶、別離、運命の逆転。それらは、思いもしなかったときにあなたを襲うため、その傷はとても深いものとなります。あなたがこのカードを引いた瞬間、たいがいはすぐに具体的に何のことかわかるはずです。とはいえ場合によっては、まったく検討がつかない場合もあるかもしれません。そのときは、「ソードの3」のカードが、あなたに見過ごしてはならない大事な警告をあらかじめ発してくれているのだと思ってください。自分の生活に気がついていない、あるいは気づきたくない不都合なことがないか状況を見回してみてください。変化球は、他の方向を向いているときに襲ってきます。自分の人生に関わっている人間関係をもう一度見つめ直してみてください。見えていることを、そのまま見えているままに受けとらないでください。また、自分の内なる声に耳を傾けることで、問題がどこに潜んでいるかをつきとめる導きとしてください。

　一方で、よく考えてみると、あなた自身が誰か他の人を傷つけている可能性もまったくないわけではありません。わたしがこのカードから感じるメッセージは、わたしたちひとりひとりが、実は自分の中に残酷さを隠し持っているということを忘れてはならないということです。人間であるわたしたちは、みんな誰もがミスを犯し、ときには大きな失敗もします。もちろん、過ちが起こる前にその問題の核となる部分を見つけ、未然に防ぐことができるのなら、それに越したことはありません。結局のところ、わたしたちができることは、生きることの素晴らしさを信じ、理想に近づこうと努力をすることだけです。自分が過ちを犯してしまったことに気づいたときは、自分を許し、それができたら、他人の過ちも許すよう試みてください。

Four of Swords

【ソードの4】
休息
黙想
静けさの中での準備

Actions
◆アクション
【休息する】
　休憩をとる
　身体を癒す時間をとる
　やりすぎを避ける
　平和と静けさを見つける
　身体と魂をリラックスさせる
　人生に対して肩の力を抜く

【黙想する】
　よりよいものの見方を見つける
　自分の内なる声に耳を傾ける
　ひとりで考える時間を持つ
　状況から一歩下がって見る
　動機を見直す
　自分がどこにいるのか見直す

【静かに準備する】
　内なる力を強化する
　基盤がしっかり安定している
　　ことを確かめる
　将来のための準備をする
　ものごとに折り合いをつける
　未処理になっていることを片づ
　　ける
　安定させる

Opposing Cards: some Possibilities
◆反対の意味を持つカード
【魔術師】
　行動的になる
　外の世界に関心を向ける
【運命の車輪】
　速いペース
　たくさんの動き
【ワンドの8】
　動きだす
　急ぐ
【ワンドの10】
　やりすぎる
　多くのことに着手しすぎる
【ペンタクルの10】
　楽しむ
　多くの活動をうまくやり遂げる

Reinforcing Cards: some possibilities
◆互いの意味を強めるカード
【女司祭】
　静かに休む
　熟慮する
【隠者】
　熟慮する
　静かにする
【吊るされた男】
　休息
　活動を停止する
【カップの4】
　熟慮　ひとりの時間
【ソードの6】
　休息　回復
【ペンタクルの7】
　熟考するために休止する
　査定する

◆説明

　ソードのすべてのカードは、ある意味で試練を象徴していますが、この「ソードの4」のカードだけは、平和と静けさを示しています。では、なぜこのカードだけが、他のソードのカードと違っているのでしょう？　実は、「ソードの4」のカードも、他のソードと異なるわけではなく、ある意味での試練を表しています。そう、このカードが表しているのは、静寂というチャレンジなのです！　休止すること、あるいは何もしないということが、ときには究極のチャレンジとなることもあるものです。というのも、常に何か活動しなければならないというアクティヴな状態は、崩すことの難しい習慣のひとつになってしまっています。そのため、わたしたちはいつだってやらなければならないことがたくさんあります。また、現代社会はわたしたちを様々な誘惑や気晴らしで魅了します。その結果わたしたちは、いったん止まってじっとしていることを忘れてしまうのです。

　リーディングで「ソードの4」のカードは、ペースを落として休息をとることが必要であることを告げています。もしあなたが病気から回復したところなら、癒しのための時間をたっぷりととってください。逆に、もしあなたが健康だと感じているとしても、まったく休息を取っていないのなら、改めて体調には十分注意したほうがいいでしょう。

　また「ソードの4」のカードは、急がずに物事をじっくり考える時間を作るべきであることを意味しています。状況から一歩引いて、違った角度からものごとを見直してみることが大切です。特に、あなたが厳しい試練や大きな出来事に直面しているならば、尚のことです。力を蓄え、エネルギーを集中するための静かな時間が必要です。オリンピックの飛び込み競技を想像してください。選手ははしごを登ったとたんに突進して飛び込むのではなく、一旦止まって、この後の華麗な動作を導く準備を整えるために静止します。この休止は、最善の結果を導きだすためには、どうしても必要なものなのです。

　「ソードの4」のカードは、外的なことから内的なことへと意識を移行することを意味することもあります。内的世界へと入っていくためには沈黙が必要です。カードに描かれた騎士は、祈りを捧げているのか、深く瞑想しているかのように見えます。そればかりか実際、彼は死んでいるようにさえ見えます！　確かに、常に活発に動き回らずにはいられないような人にとっては、休んで静かにしていることなどは、まるで死に等しいと感じられるかもしれません。しかし休息は、完全な死ではありません。沈黙にはそれ自身の報酬があります。「ソードの4」のカードは、そのことを理解し探求しなくてはならないと告げているのです。

Five of Swords

【ソードの5】

私利私欲

不和

あからさまな誹謗中傷

Actions
◆アクション
【自分の私利私欲で行動する】
　他人のことを気にしない
　ナンバーワンを狙う
　自分自身に必要なことを考える
　自分に関心を集中する
　自分本位な人と出会う
　権力を欲しいままにする
　ほくそ笑む
　勝ち負けの結果を求める

【不仲になる】
　敵対的な環境にいる
　お互いを対立しあっていると感
　　じる
　戦いを選びとる
　敵と味方に分けて考える
　敵意に気づく
　争いに巻き込まれる

【あからさまな誹謗中傷にあう】
　道徳的指針を失う
　目的で手段を正当化する
　誠実さを犠牲にする
　何が正しいのか見えなくなる
　不正に勝利を得る
　不道徳な行為であることを知る

Opposing Cards: some Possibilities
◆反対の意味を持つカード
【皇帝】
　ルールに従う
　法律に従う
【正義】
　誠実さを保つ
　正しいことを行う
【節制】
　他者と共に行う
　調和
　協力
【カップの6】
　無垢
　善意
　優しさ

Reinforcing Cards: some possibilities
◆互いの意味を強めるカード
【ワンドの5】
　不和
　人々がお互いに対立する
【ワンドの7】
　敵と味方の意識
　争い
【ソードの7】
　不名誉
　他者から離れる

◆説明

「ソードの5」は、私利私欲に関するカードです。世間の道徳的には、利己的ではなく利他的になるようにと教えられますが、現実にはなかなかそうもできません。いったいどうすれば利己的にならずに生きていけるのでしょう？　実は、このようなジレンマの原因は、自分とは何であるかという自己の定義づけからきています。食べものは充分ある？　わたしは幸せ？　欲しいものは全部持っている？　こういうことのみへと関心が向かうのは、自己のアイデンティティをパーソナリティーや身体と同一視してしまっているからなのです。

　もちろん、わたしたちは自分の関心を持つ範囲を、自分だけではなく、愛するものにまでは広げられるでしょう。では、わたしたちはどうしてそこで止めてしまうのでしょう？　大きな視野で見ると、わたしたちはこの世界のすべての人と結びついています。そういう意味では、わたしたちは世界とひとつです。ですから、世界に対して何かを行うことは、同時に自分自身のために行っていることでもあるのです。こういったことへの理解は、もっとも基本的なことのはずなのに、日々の中で驚くほど簡単に忘れられています。

　リーディングでこのカードは、あなた、もしくは他の誰かが、こういった大きな視野でみた自己の持つ意味を忘れてしまっていることを示しています。もし、あなたの関心が、非常に狭いものに限られていたり、自分だけ先に進もうとしているのなら、その行いは何らかの形で跳ね返ってきて、しつこくあなたを脅かすことにもなりかねません。また、結果を出すためだけに誰かを傷つけることは、かりにあなたが勝利を収めたとしても、完全に心が満たされるものにはならないということにも気づいてください。

　しばしばこのカードは、自分自身に、まずは関心を向ける必要性を意味している場合もあります。もしあなたが、ひどい扱いを受けていたり、誰かにうまく利用されているなら、まずはその境遇から抜けだすことが肝心です。もし誰かの要求に振りまわされ疲れきっているなら、その状況から離れ、もっと自分を大事にしてください。また、もし何かで自分の番が回ってきたなら、遠慮せず前に進み出て、自分の権利を主張してみてください。

　「ソードの5」のカードは、小さな意地悪から戦争に至るまで、非常に広い意味での敵意を象徴しています。わたしたちを結びつける絆が、何らかの形で切れたとき、そこに不調和が生まれ敵意へと発展します。またこのカードは、公然と行われている誹謗中傷をも表します。詐欺、嘘、策略、不道徳な行為。それらをあなたは受ける側かもしれないし、あるいは逆に、それらを犯す側に回ろうとしているのかもしれません。どちらにせよ、最初にも述べたように、より大きな視野で自己とは何かを問い直す必要があるでしょう。そして最終的には、あなたを含めたすべての人が、不利益をこうむることのない最善の解決策を、どうにか見つけだしてください。

Six of Swords

【ソードの6】

憂うつ
回復
旅行

Actions | ◆アクション
【憂うつを感じる】
　ちょっとした悲しみを経験する
　困難にもめげず持ちこたえる
　日々をやり過ごす
　やや意気消沈する
　低迷しているわけではないけれども、高揚しているわけでもない
　無関心
　役目は果たしているけれども、それ以上のことはしない

【回復する】
　トラウマを克服する
　厳しいときが終わりを迎える
　平和を取り戻す
　うまくいきはじめる
　健康を取り戻しはじめる
　ポジティヴな状況へ向かう
　再び希望を感じる

【旅行をする】
　居場所を変える
　ひとつの場所から別の場所へ動く
　小旅行をする
　状況が変化する
　住み慣れたところを離れる
　旅に出る
　新しい考え方に共鳴する

Opposing Cards: some Possibilities | ◆反対の意味を持つカード
【力】
　活力がある
　揺るがない決意
【太陽】
　生命力
　熱中
【ワンドの4】
　高揚
　祝福
【カップの3】
　高い精神性
　あふれる豊かさ
【ペンタクルの2】
　楽しみ

Reinforcing Cards: some possibilities | ◆互いの意味を強めるカード
【ワンドの10】
　何とかやり抜く
　奮闘する
【カップの4】
　もの憂げ
　意気消沈
　無関心
【カップの5】
　悲しみ
【カップの8】
　どんどん進む
　旅を進める
【ソードの4】
　休息　回復
【ソードの9】
　意気消沈　悲しみ

◆**説明**

『天路歴程』という物語の一節で、主人公のクリスチャン（まさにフールズ・ジャーニーを行う人物）は、旅の途中、落胆の泥沼にはまってしまいます。やがて手助けする者によって助け上げられるまで、彼はしばらくもがき苦しみます。そして手助けする者はクリスチャンに次のように言います。「恐れ、疑い、落胆した気持ち、（中略）それらがこの場所にはあなたをはまらせてしまうのです」[*1]

沼は、「ソードの6」のカードにぴったりの名前です。このカードに描かれているのは、活気のないもの憂げな状態です。カードに描かれているボートに乗った人物を見ると、どこか悲しげで、当てもなく離れていくところのようにも見えます。何か深刻な問題があるわけではないけれども、本当によいことがあるわけでもなく、また何事もなく過ごしているものの、逆に大きな成功を収めているわけでもありません。そんなとき人は、しばしば何とも言えない憂うつな気持ちになり、人生に対するアクティヴな関心を失っていくものです。

ただし「ソードの6」のカードは、しばしばもう少しポジティヴな状態として、回復という意味を持つこともあります。これはちょうど辛いことを経験したときや、心理的なショックを受けたときなどには特にそうです。かりにあなたが、大きな危機に直面することで、心が麻痺し何も感じなくなっていたとしても、このカードが出ているなら、問題はありません。今、あなたはばらばらになった人生の断片を拾い集めながら、徐々に癒されはじめています。たとえどんな状況であれ、カードの中に描かれているボートの中の旅人は、少なくとも前に進んでいっています。たとえまだ、たどり着くべき向こう岸をあおぎ見ることがなかったとしても、新天地へ向かって前進していることは確かなことなのです。

また「ソードの6」のカードは、実際に環境の変化、移転、旅行などを示していることもあります。ただし、それは必ずしも現実のものとは限らず、心理的な意味での旅──すなわち、自分の気持ちのあり方を今の状態から別の状態へと移していくという意味での内なる心の旅を意味する場合もあります。

このカードは、残念ながら大きな喜びを約束するものではありません。けれども、それは絶望の淵から抜けださせてくれることは確かです。たとえ、あなたが沼にはまっているのだとしても、それは決して底なしではなく、やがて抜けだすことのできるちょっとしたくぼみのようなものなのです。このカードが現れたら、かりに今はものごとが思ったとおりに進んでいないように感じたとしても、少しずつよりポジティヴな状況へと進んでいるのだと信じてください。変化はやってきます。そして、より希望に満ちた新たな状況が目の前に現れてくるはずです。

[*1]
John Bunyan, *The pilgrim's Progress*. Expert from the North Anthology of English Literature: vol.1, 3 ed. (New York: W.W.Norton,1974), p.1780.
〔ジョン・バニヤン（竹友藻風訳）『天路歴程』（岩波書店、1991年）〕

Seven of Swords

【ソードの7】
逃げ去る
一匹狼
隠れた卑劣さ

Actions
◆**アクション**
【逃げ去る】
　責任を回避する
　こそこそ逃げる
　立ち去る
　義務から逃げる
　ものごとを目の当たりにするのを恐れる
　安易な解決方法をとる
　真実から顔をそむける
　先延ばしする

【一匹狼になる】
　他の人を必要としない
　独立を求める
　手助けしない
　自分自身のために行う
　ひとりになることを好む
　遠く離れたところにいる
　ひとりで進めたいと思う
　自分のすぐ近くに他人を寄せつけない

【隠れて卑劣なことをする】
　だます、またはだまされる
　証拠を隠す
　舞台裏で策略を練る
　二面性を持つ
　他の人が罪をかぶるのを見ている
　姿を現さずに裏でコントロールする
　恥ずべき秘密を隠す
　偽り、もしくは盗み

Opposing Cards: some Possibilities
◆**反対の意味を持つカード**
【司祭】
　グループで行う
【正義】
　責任を引き受ける
　公明正大
【ワンドの10】
　義務を引き受ける
　責任を持つ
【カップの6】
　無垢
　親切
　開放的
　汚れていない

Reinforcing Cards: some possibilities
◆**互いの意味を強めるカード**
【隠者】
　独りになる
　他人から距離をおく
【ソードの2】
　真実から目を背ける
【ソードの5】
　卑劣さ
　他者との関係の裂け目
【ペンタクルの9】
　自分自身を頼りにする
　自分で自分のことを決める

◆説明

「ソードの7」のカードは、「ソードの5」のカードと関連しています。というのも、このふたつのカードは、いずれも自分と他者を引き離す意味を持っています。「ソードの7」のカードの絵を見ると、そこにはカラフルな大型テントが象徴する人々の共同体から、爪先立ちで逃げだす男性が描かれています。彼はソードを腕に抱え、盗みの成功に喜びを感じているようです。あたかも彼は、隠し事をし、何かをひとり目論んでいるかのようです。

しばしばこのカードは「一匹狼」として生きること——すなわち、ひとりで自由に生きていきたいという望みを象徴しています。映画の中での一匹狼のヒーローは、いつも単独行動をしながら、他の人が気づいていない様々なことを発見し、自分自身の知恵と力だけで、どんな問題でも解決します。彼は一般人が行う見当外れなやり方を無視し、自らの成功を信じて行動しているのです。

リーディングでの「ソードの7」のカードは、あなた自身、あるいは他の誰かが、一匹狼になりたいことを示している場合があります。もしかすると、あなたは自分ひとりでやったほうが、より効率的で快適にものごとが進むと感じているのかもしれません。確かに自分ひとりでやるのは、集団作業がむしろ非効率になるときや、他の人に頼らず独立して生きていこうとするときには役に立ちます。ただし、いついかなるときでも、人との関わりを断とうとするのは、問題となる場合もあるでしょう。長い間、人との間にまったく関わりを持たないでいることは、不幸なことですし、やはり生産的な生き方とは言えません。もしあなたが、今ひとりで行動したい気持ちに傾いているのなら、その単独行動が自分にとって本当に有益なことであるのかよく考えてみる必要があります。

しばしばこのカードは、人との関わり合い、責任、辛い仕事、愛情関係といった何らかのことから、逃げようとしていることを示します。もしかするとあなたは、それに向き合うことを避けて、問題をこっそり、そのまま先延ばしにしているかもしれません。けれどもカードは、あなただけでなく、周囲にとっても逃げようとすることで、他の人にとっても、状況が悪くなることを知らせてくれています。人生の中でわたしたちは、直面せねばならないことに対して、逃げ続けるのではなく、素直に向き合わなければならないこともあるものです。

またこのカードは、あなたもしくは他の誰かが、正義に反することを隠れて行っていることを示すこともあります。とはいえ、わたしたちは誰でも、隠しておきたい間違った選択をすることもあるものです。それはほんの些細なことかもしれないし、ときには深刻なことかもしれません。とにかくこのカードが現れたときには、あなたの自尊心や幸せを損なってしまうような正義に反することを、隠れて行おうとしていないのか、あなたの内なる声に耳を傾けてください。

Eight of Swords

【ソードの8】

制限
混乱
無力

Actions
◆アクション
【制限されていると感じる】
 障害に阻まれている
 制限された状態のままでいる
 状況に囚われていると感じる
 わずかな選択肢を試す
 自由を失う
 虐げられていると感じる

【混乱する】
 どちらに行くべきか確信が持て
  ない
 敗北を感じる
 方向性がわからない
 圧倒されると感じる
 もがく
 導きと状況を見極めることが必要
 何が起こっているのかわからない

【無力さを感じる】
 外からの救助を待つ
 自分では何もできないと思い込む
 責任を回避する
 救済者を求める
 犠牲になっていると感じる
 動けない状況のまま居続ける

Opposing Cards: some Possibilities
◆反対の意味を持つカード
【魔術師】
 力が満ちているのを感じる
 何が起こっているのかを理解し
  ている
【戦車】
 自信
 集中
【ワンドの2】
 力
 大胆さ
【ワンドの4】
 自由
 解放
【ペンタクルの3】
 力量
 技術
 計画

Reinforcing Cards: some possibilities
◆互いの意味を強めるカード
【悪魔】
 混乱
 制限
【月】
 混乱
 不明瞭
【ソードの10】
 被害者意識
 無力

◆説明

「ソードの8」のカードに描かれた女性は、途方に暮れ孤立しています。目隠しのため見ることもできず、縛られているため手を伸ばすこともできません。ソードで作られた牢獄に囚われているため、自由に動くこともできません。彼女は、丘の上にある安全な家から、遠く離れてさまよっていたようです。どうしたらそこへ戻ることができるのでしょうか？ どちらにいけばよいかも彼女にはわかりません。助けや開放は、当分やってきそうにもありません。そんな「ソードの8」のカードは、わたしたちが途方に暮れ、混乱し、そして無力さを味わうときの状態を象徴しています。

しばしばわたしたちは、自分を取り巻く環境によって身動きが取れなくなってしまうことがあります。あるとき気がついたら、信じられない状況に陥っています。行き詰まった仕事、やっかいな人間関係、山のような負債等々。いったいどうしてこんなことになってしまったのでしょうか？ 自分ではどうすることもできません。何も問題は大きなものとは限りません。小さなことでも、わたしたちはその状況に囚われ、出口がどこにもないように思ってしまうこともあります。あるいは、少なくとも表面上は何の問題もなく、自分でも「欲しいものは何でも持っているし、わたしは幸せなはず」と思っているのに、その一方で混乱し、どうしていいのかわからなくなってしまうこともあります。

リーディングで「ソードの8」のカードは、あなたが自由や選択のない状況に向かっている（あるいはすでにそういう状況にいる）ことを示しています。もしかするとあなたは、何とかしようと問題に関われば関わるほど、不自由な状況に陥ってしまったり、一歩進むごとに選択肢が狭まり、最後には完全に行き止まりにはまってしまったりなど、どうすることもできないと感じてしまうかもしれません。

けれども、ここで大事なことは、どんな状況であれ自分には選択肢があるし、行動する力も持っているのだということを忘れないことです。どんなに身動きができない状況にいると感じても、可能性を信じ続けてください。きっと出口は見つけられます。カードの絵の中の若い女性は、身体をくねらせて紐を解き、目隠しをはずし、そして剣を蹴り倒すことだって本当はできるのです。確かに問題を解決するのは、そう簡単なことではありません。けれども、その方法は必ずあります。ソードのスートが持つ特質である明晰な思考と確かな目的意識で、遠く離れてしまった家に戻るための最初の一歩を踏みだしてみてください。

Nine of Swords

【ソードの9】

心配
罪悪感
苦悩

Actions　◆アクション
【心配する】
　すべてがうまくいくことを疑う
　思い悩む
　問題を抱えることで体調を崩す
　次々に問題が起こる
　不安と緊張に襲われる
　あらゆる問題が起こってくる

【罪悪感を持つ】
　罪を後悔する
　自分を許せない
　時間をもとに戻したい
　自分の過失を強く気にする
　自分に厳しくする
　ベストを尽くすことができ
　　なかったと後悔する
　自責の念に苦しめられる

【苦悩する】
　絶望する
　限界に達したと感じる
　眠れない夜を過ごす
　意気消沈する
　魂の暗夜を通り抜ける
　喜びを忘れる
　泣いてしまいたい

Opposing Cards: some Possibilities　◆反対の意味を持つカード
【星】
　平静
　心の平和
【審判】
　無罪
　罪の赦免
【カップの3】
　高揚する
　充溢
【カップの6】
　無垢
【カップの10】
　喜び
　平和
　歓喜

Reinforcing Cards: some possibilities　◆互いの意味を強めるカード
【悪魔】
　絶望
　喜びが奪われる
【ワンドの10】
　心配事
【ソードの3】
　苦悩
　心痛
【ソードの6】
　憂うつ
　悲しみ

◆説明

　悲しみや後悔は、夜の時間、心をもっとも激しく揺さぶるものです。そのことから、「ソードの9」のカードに描かれた人物が、ベッドの中にいるというのも理解できます。静まり返った夜の暗闇は、気を紛らわしてくれる昼間の様々なことを遠ざけ、ただひたすら考えることの中にひとり置き去りにします。明け方4時頃になっても、去ることのない心配ごとで眠れなかったというような経験をしたことのない人は、ほとんどいないのではないでしょうか？　まさしく「ソードの9」のカードは、ときとして、そんな誰もが襲われる苦しい悩みを表しています。

　「ソードの3」のカードが表わす外からやってくる痛みとは違って、「ソードの9」のカードは、内側からわき上がってくる痛みを表しています。恐れや不安がわたしたちを圧倒するとき、まるでそれは拷問の中に追いやられてしまっているかのような苦しみです。他に本当にやり方はなかったの？　何もかも本当にだいじょうぶなの？　わたしはどうすればいいの？　考えは頭の中をぐるぐると回り、消し去ることができません。

　「ソードの9」のカードが示すのは、一般的に何らかの心配ごとですが、罪悪感も苦しみの原因となっていることもあります。間違ったことや、誰かを傷つけることをやってしまったとき、あるいは本当はやればよかったことをやらなかったとき、その罪悪感はとても辛いものになるでしょう。いまさら何をしても、その罪悪感を減らしたり、取り去ったりすることができないときはなおのこと、苦しみも増し、最後にはただ苦悩だけが残ります。あまりにも大きな人生の苦しみは、誰もが顔を手で覆って泣きたくなってしまうでしょう。

　もはや言うまでもなく「ソードの9」のカードは、決して喜ばしいカードではありません。ただし、必ずしも大きな苦悩を示しているというわけではありません。ときには、あなたの人生の中で起こり得る危うい状況を示すために、不幸やトラブルのもととなる要素を予め表してくれていることもあります。また、このカードは、あなたがこれから進んでいこうとしている道の困難さを、インナー・ガイドが警告してくれているとも言えます。もし「ソードの9」のカードを、あなたが危険を示すサインとして理解するなら、むしろそれを前向きな形で受け止め、生かしていくことだってできるはずです。今はわずかな変化でさえ、その後の結果を大きく変えていくことができます。とにかく、自分が本当に最善の選択をしているのかどうか、注意深く状況を見直してみてください。

Ten of Swords

【ソードの10】

最悪の状況から抜けだす
被害者意識
犠牲

Actions　◆アクション

【最悪の状況から抜けだす】
　あとは上がるだけ
　夜明け前の最も暗いときである
　　ことを知る
　最も低い地点にいる
　これ以上悪くなる可能性のない
　　ことがわかる
　上昇の準備をする
　くぼみの最も低いところにいる

【被害者のように感じる】
　運命を嘆く
　無力であると感じる
　世間が敵であるとみなす
　攻撃に苦しむ
　「なぜ自分が？」と思う
　自己憐憫を感じる
　受ける側に回る

【犠牲になる】
　自分の関心は後回しにする
　自分を軽んじる
　踏みつけられているように感じる
　後部の目立たない席に座る
　他の人を先に行かせる
　犠牲になる

Opposing Cards: some Possibilities　◆反対の意味を持つカード

【戦車】
　自己主張
　力
　勝利
【ワンドの2】
　力
　自信
【ワンドの6】
　自分に注意を引きつける
　世界の頂点にのぼる
【カップの9】
　充足
　状況に満足する

Reinforcing Cards: some possibilities　◆互いの意味を強めるカード

【吊るされた男】
　犠牲
　殉教
【ソードの8】
　被害者意識
　力不足

◆説明

「ソードの10」は、非常に不運なカードに見えます。しかし驚くべきことに、実際には本当の苦しみというより、メロドラマ的なトラブルをしばしば表すこともあります。このカードの男性の背中には、多くの剣が突き刺さっています。まるで1本の剣では足りないといわんばかり。それにしても10本もの剣というのは、ちょっと誇張しすぎではないでしょうか？　そう、彼の苦しみは、本当のものだとしても少々大袈裟に表わされたものなのでしょう。

「ソードの10」のカードが表す意味のひとつは、考えられる限りの不運です。次々と災害に襲われたとき、人は最初、打ちのめされ呆然としても、最後にはお手上げとなり、笑いだすことがあります。そう、あまりにもひどすぎる状態は、ときとして本人の笑いを誘ってしまうこともあります。映画の中で、不運続きの主人公が「これ以上ひどいことなんてないさ」と言った次の瞬間、彼の頭の上にバケツの水が降ってきます。ただしこのカードが出たときは、最後のバケツの水が落ちた後だと思ってください。これからは、きっと物事は好転していくはずです。

また自分が恵まれない被害者であり、まるで全世界が自分の不幸を願っているのではと感じる状態を示すこともあるでしょう。わたしにはこのカードの中の男性が、頭を上げて次のように言っている気がします。「君がひどい目にあった？……指を切ったくらいで。わたしの背中には10本の剣が刺さっているというのに……数えてみたまえ、10本も刺さっているのだよ！」。そして、彼はため息をつきながら、再び頭を下ろしてしまいます。わたしたちはひどい被害者意識にとらわれたとき、すべてのことを過酷だと感じ、絶望的になり人生は不公平だと考えてしまいがちです。さらにこのカードは、殉教者のような自己犠牲を示すこともあります。この場合、彼は、弱々しく手を振りながら次のように言うでしょう。「いや……君は行くんだ。楽しんできなさい。わたしのことは考えなくていい。ここで剣を背中に刺したままでいるよ……でも、君には楽しんで欲しいんだ」。ここにおける自己犠牲とは、どうしようもない状態で犠牲になる場合と、自らすすんで犠牲になるという両方の意味があります。もちろん、誰かのために身を捧げるというのは、すすんでそれを行うときにこそ、満足のいくものとなることは言うまでもありません。

不運の中で起きる笑いを前述しましたが、わたしは世の中の不幸を軽んじるつもりはありません。現実に世界には多くの悲劇があります。しばしば、このカードは実際の悲しい出来事を示すこともあります。そのとき、あなたには笑うべきことなど何もないかもしれません。しかし、このカードが明るい側面も持つことも忘れてはいけません。あなたのインナー・ガイドは、自分の抱える苦悩とどう向き合えばいいのかを静かに語りかけてくれています。このカードが出たら、自分の気持ちを見つめ直し、ものごとが確実に上向きになってきていると思ってください。

Page of Swords

【ソードのペイジ】

頭脳を働かせる
正直になる
公正になる
不屈の精神を持つ

Actions

◆アクション

【頭脳を働かせる】
　問題を分析する
　論理と理性を用いる
　意見を再検討する
　アイディアや計画を進展させる
　事実を調査する
　学ぶ、もしくは教える
　あらゆる状況を考え抜く

【正直になる】
　誠実にふるまう
　事実に向き合う
　偽るのをやめる
　混乱を解決する
　隠されていたことを暴く
　率直に話す

【公正になる】
　不正を正す
　倫理にのっとった行動をとる
　ものごとを平等に扱う
　正当な理由のために戦う
　フェアであろうとする
　正しいと思っていることを行う
　責任を受け入れる
　他の観点も認める

【不屈の精神を持つ】
　堂々と問題に向き合う
　反対をはねつける
　気力を新たにし、問題にぶつかる
　確固とした決意を貫く
　憂うつから脱する
　元気を出し、顔を上げる
　挑戦し続ける

Court Card Pairs

◆コート・カード同士のペア

「ソードのペイジ」のカードは、他のどのコート・カードともペアを組めます。2枚のカードのランクとスートを比較することで、このペアは何を意味するのか考えてみることが大切です。

◆説明

「ソードのペイジ」は、あなたにチャレンジすべき課題を運んでくるメッセンジャーです。このカードは、成長のための機会が、問題やジレンマという形でやってくることを示しています。ただし、これらのチャレンジすべきことは、あなたにとって必ずしも好ましいものであるとは限りません。もしかすると、実際には「ありがとう……でも結構です」と言いたくなるようなことであるかもしれません。

「ソードのペイジ」のカードは、あなたに困難な状況を受け入れるように示唆しています。それは自分の勇気が試される試練だと思ってください。もし状況を受け入れ、打ち勝つことができれば、あなたはより強く、力を増すことになるでしょう。実際に何らかの課題に直面したときは、ソードのスートが持つ正直さ、理性、誠実さ、そして不屈の精神を活用して乗り切るよう、このカードはあなたを励ましてくれています。

また「ソードのペイジ」のカードは、子ども、あるいは大人であっても若い心を持った人物を表しています。そういった人たちとの関わりによって、正直さ、道徳的な行為について考えさせられたり、あるいは、失望、精神的な面での心配ごとなどが起きてくることを表しています。いずれにせよ、彼らとの関係は、トラブルになりやすく、ソードのスートの試練を受け入れていくことの妨げとなる場合もあります。

しばしば「ソードのペイジ」のカードは、あなたの生活全般を、学びと発見、様々な知的活動といった方面へと傾かせてしまうこともあるでしょう。そんなときには、どうか関心の赴くほうへ思考をフル稼働させ、知的興奮を存分に味わってみてください。

Knight of Swords

【ソードのナイト】

率直／無遠慮
権威的／威圧的
鋭敏／辛辣
見識がある／自説に固執する
論理的／無情

KNIGHT of SWORDS.

Actions

◆アクション

【率直／無遠慮】
フランクで率直／機転が利かず無礼
ストレートにポイントを突く／ぶっきらぼう
言葉を飾らない／他人の気持ちに気を遣わず話す
立場をわきまえさせる／口をつぐんでいられない
正直に答える／発言に気を遣わない

【権威的／威圧的】
自信を持って話す／傲慢になる
注目させる／強制する
確信を持って行動する／追従を求める
当然のように命令をする／異なる意見を受け入れない
大きな影響をもたらす／傲慢な態度でふるまう

【鋭敏／辛辣】
鋭く力強い知性を持つ／辛辣な皮肉を言いがち
核心を突く／繊細さに欠ける
簡潔にアイディアを述べる／批判する
鋭く機敏／辛辣なウィット
よく議論し検討する／愚かさをあざける

【見識がある／自説に固執する】
自分が言っていることを理解している／自分はいつも正しいと信じている
どんな話題でも詳しく説明することができる／他の観点を認めることができない
専門家として探求する／最後の一言を言わずにいられない
よく熟考した上での見解を持つ／尊大になる
高度な知性／独断的で人の意見を受けつけない

【論理的／無情】
明確な理由／直観を過小評価する
情報をよく分析する／人々をその他大勢のように扱う
正しいことに全力を注ぐ／正義にこだわり、情けを入れない
感情的な要素をいったんわきにおいて置く／感情を失う
混乱の中でも正気を保つ／冷淡でよそよそしい

Court Card Pairs

◆コート・カード同士のペア

「ソードのナイト」のカードは、他のどのコート・カードともペアを組めます。2枚のカードのランクとスートを比較することで、このペアは何を意味するのか考えてみることが大切です。

◆説明

「ソードのナイト」のカードのポジティヴな面は、論理的で理性的であるという点です。彼は、どんな話題であっても、見事にポイントをつかむ鋭い知性を持っています。また、いつも強い自信に裏打ちされた彼の率直な発言は明解です。彼の判断は的確で、感情に左右されることもありません。彼の周りの人々は、彼の見事な問題分析能力と解決策に頼っています。

一方で「ソードのナイト」のカードのネガティヴな面は、融通が利かず、無作法なところもあるため、交渉などの駆け引きには向いていないところです。彼は相手に賛成できないときはすぐに顔に出てしまうので、それが相手にもわかってしまいます。彼は自分の優秀さを確信しています。みんなが彼の見解に従うと思っています。その反面、他人の愚かなことに対しての寛大さは、ほとんど持ち合わせていません。また、感情を非合理なものと見なし、まったくそれを顧みようとはしません。

リーディングでこのカードが出たときは、鋭い洞察力という「ソードのナイト」の持つ特質が、あなた、他の誰か、あるいはその場の状況に何らかの形で表れてくる場合があります。「ソードのナイトのエネルギーは、本当に役立つのか、それとも誰かを傷つけるだけなのか？」とあなた自身、自分に問いかけてみてください。

もし「ソードのナイト」のエネルギーが、状況に対して過度に支配的になっている場合は、バランスをとることが必要です。あなたはいつも他の人たちに自分のやり方を押しつけてしまってはいませんか？ 思ったことをすぐ口にしてしまうことで、トラブルになったことはありませんか？ あなたのパートナーは、冷淡で無関心な態度をとっていますか？ あなたの同僚は協力的というより批判的ですか？ もしそうだとしたら、それらをいったん見直してみるときなのかもしれません。

逆に、もし「ソードのナイト」のエネルギーが欠けていると感じるなら、今のあなたには、ものごとを明晰に洞察する力が必要です。過度に感情的になっていませんか？ だとしたら、理性によって感情をコントロールしてください。他の人の意見を気にしすぎてはいませんか？ だとしたら、他者に流されるのではなく、自分自身を拠り所としてください。自分の発言が、他の人を傷つけてしまうのではないかと臆病になってはいませんか？ だとしたら恐れずに、自分の思っていることを率直に述べてみてください。そう、「ソードのナイト」のカードは、あなたが理性的で自信に満ちた人物へとなれるよう、導いてくれているのですから。

Queen of Swords

【ソードのクイーン】

正直
明敏
率直
機知
経験豊か

QUEEN of SWORDS.

Actions

◆アクション

【正直】
たとえ好ましいことではなくても、真実に向き合う
すべての人に対して正直でいる
何も隠し立てしないのを好む
ルールに則って行う
嘘やごまかしを嫌う

【明敏】
状況をすばやく判断する
隠された動機や望みを見抜く
愚弄、ごまかし、ペテンを見抜く
暗黙のルールや決まりごとを理解する
理解するのが速い

【率直】
すべての関係性が直接的で開放的
問題の核心をつく
見せかけや策略なしにふるまう
正直でまじめ
必要なときには、はっきりと言う

【機知】
楽しいユーモアのセンスを持っている
面白いことを言って、気まずい状況を解消する
必要以上に深刻には考えない
自分自身を含めたすべてに対してユーモアを持って見る

【経験豊か】
あらゆることを経験している
人生の厳しさに打たれたおかげで強さを身につけている
ひとりよがりの判断に陥らない
あくまで現実的な予想をする

Court Card Pairs

◆コート・カード同士のペア

「ソードのクイーン」のカードは、他のどのコート・カードともペアを組めます。2枚のカードのランクとスートを比較することで、このペアは何を意味するのか考えて見ることが大切です。

◆説明

「ソードのクイーン」のカードの特徴は、ソードのスートの持つポジティヴな空気のエネルギーと、クイーンの内向的な性質が組み合わさって生まれてきます。ものごとのありようを正確に伝えてくれる彼女は、常に信頼の置ける人物です。他の何にも増して誠実であることを重んじ、彼女自身、正直であることに身を投じて生きています。嘘、策略、駆け引きなどとも無縁です。とはいえ、彼女を容易に騙すことはできません。彼女は現実世界のよい面も悪い面も、身を持って経験していますし、状況をすばやく判断する能力もあります。

また彼女は、人間の愚かさを理解しながらも、それについて非難することはありません。たとえ行く手を阻まれても、すぐ器用に回り道を見つけます。正直で率直であることを好む彼女の意見はストレートですが、決して相手を傷つけることはありません。そればかりか、楽しいユーモアのセンスを持ち、笑いを好み、気の利いた絶妙な答えをいつも用意しています。彼女は、人生に対して深刻になりすぎるべきではないことを知っています。そして、その率直さと飾らない態度で、わたしたちを元気づけてくれるのです。

リーディングで「ソードのクイーン」のカードが出たときは、まさにあなたにも彼女と同じように、人生に対してポジティヴな考え方や感じ方をして欲しいというメッセージを、タロットは告げているのでしょう。何を置いても、あなたはいつも誠実さを保つことができますか？　どんな状況においても、ユーモアの感覚を失わないでいられますか？　正しくものごとの核心となることを押さえていますか？　本当に何が起こっているのか理解していますか？　誰かに弄ばれるままになってはいませんか？

また、「ソードのクイーン」のカードは、正直で率直なコミュニケーションを行う彼女のような性質を持った現実の女性、もしくは男性を象徴している場合もあります。いずれにせよリーディングでは、彼女の象徴しているエネルギーが、今のあなたにとって大きな意味があることを告げているはずです。「ソードのクイーン」のエネルギーが、現実にどのような形で表れているにせよ、あなた自身その力にインスパイアされながら、彼女のように生きてみることが大切であることをカードは教えてくれているのです。

King of Swords

【ソードのキング】

知的
分析的
理路整然としている
公正
道徳的

Actions

◆**アクション**

【知的】
知的な世界に満足を求める
クリエイティヴにものごとを考える
情報をすばやく完璧に把握する
アイディアを得て挑戦する
立派に調査を成し遂げる
見識がある

【分析的】
曖昧なことや混乱している状況をすっきりさせる
理性と論理を用いる
様々なゲームや知性的な問題解決を行うことに才能がある
複雑な問題を簡単に打ち破る
論争や討論の達人
問題をすばやく理解する

【理路整然としている】
言語能力や話すスキルに精通している
アイディアを上手に伝える
好奇心を刺激する話のうまい人
しばしば集団の代弁者となる
明晰にものを書いたり、話したりする人

【公正】
正直で鋭い見識ある判断を下す
問題のすべての側面を尊重し理解する
真実と公正さを求める
冷静な目で状況を見る
偏見を持たず客観的

【道徳的】
倫理や道徳を重んじる指導者
意識を高めるように導く
堕落や不誠実に反対する
すべてのことにおいて王道を行く
高次の信条に基づいて生きる

Court Card Pairs

◆**コート・カード同士のペア**

「ソードのキング」のカードは、他のどのコート・カードともペアを組めます。2枚のカードのランクとスートを比較することで、このペアは何を意味するのか考えてみることが大切です。

◆説明

「ソードのキング」のカードの特徴は、ソードのスートの持つポジティヴな空気のエネルギーとキングの外向的な性質が組み合わさって生まれてきます。彼はあらゆる種類の情報を把握し、活用することのできる知的な人です。理性と論理に長けた彼は、どんな問題も簡単に分析し、すばやく解決策を導きだし、他の人に対してわかりやすくそれを説明します。無秩序な状況の中でも、混乱を整理し、前に進むために必要なものを見つけだします。他の人たちは、彼の素晴らしい洞察力によって、自分たちの抱える問題を解決してもらうために助言を求めます。彼はいつも正直で、どんな状況であっても、公平に扱う信頼の置ける人物です。何らかの判断を下すときも、偏見を入れずに、ただ結論を述べます。彼は誠実で、道徳的にも非常に高潔です。彼は周りの人々にも、自分と同じように生きることを求めます。また実際に、周りの多くの人が、しばしば彼のように生きようとします。

　リーディングで「ソードのキング」のカードが出たときは、まさにあなたにも彼と同じように、人生に対してポジティヴなアクションを起こすようにというメッセージを、タロットは告げているのでしょう。真実を話し、解決策を考え、他の人との理解を作り上げ、ものごとを公正に判断することが求められます。

　また、「ソードのキング」のカードは、理性的で誠実で道徳意識の高い彼のような性質を持った現実の女性、もしくは男性を象徴している場合もあります。リーディングでは、彼の象徴しているエネルギーが、今のあなたにとって大きな意味があることを告げているはずです。「ソードのキング」のエネルギーが、現実にどのような形で表れているにせよ、あなた自身その力にインスパイアされながら、彼のように生きてみることが大切であることをカードは教えてくれているのです。

Ace of Pentacles

【ペンタクルのエース】

実質的な力
繁栄
実際的
信頼

Actions

◆アクション

【実質的な力を行使する】
　具体的な結果にこだわる
　現実世界に影響を与える
　物理的に働く
　明確な結果を成し遂げる
　肉体／健康の増進
　自然の世界と関わる

【繁栄する】
　目標に到達することに意義があ
　　ると考える
　裕福さを楽しむ
　必要なものを手に入れる
　花開く　努力が報われる
　財産を増やす
　発展する

【実際的になる】
　一般常識を重んじる
　地に足をつける
　成果から利益を得る
　現実的になる
　現実世界に立脚する
　道具を手に入れる

【信頼でものごとを進める】
　他人の誠実さを信じる
　安全で守られていると感じる
　完全な安定を手に入れる
　確かな立場からものごとを扱う
　支援システムを持つ
　状況の安定を手に入れる
　しっかりした基盤を強化する

Ace-Ace Pairs

◆エース同士のペア
エース同士のペアは、新しい勇気があなたの人生に湧き起こってくることを示しています。「ペンタクルのエース」の繁栄、豊かさ、保証、現実的な力が、次のような他のスートのエースが持つキーワードを導いていくことになります。

【ワンドのエース】
　創造性、興奮、冒険、勇気、個の力
【カップのエース】
　深い感情　親密さ　調和　思いやり　愛
【ソードのエース】
　知性　論理　正義　真実　明晰さ　忍耐力

◆説明

「ペンタクルのエース」のカードは、繁栄、豊かさ、保障、現実的といったキーワードが持つ可能性を象徴しています。リーディングでは、まだあなた自身が気づいていないけれども、自分の人生に大きな感情的な気づきの種となるものが眠っていることを示しています。やがて芽を出す種には、どんな形にもなり得る可能性があります。それは安定した心の状態、確かな結果を求めようとする思い、あるいは現実的な問題への対処といった形として表れるかもしれまません。一方、表向きの形としては、申し出、贈り物、機会、出会い、あるいは、偶然の一致などの共時的(シンクロニスティック)な出来事が起こる可能性もあるでしょう。

「ペンタクルのエース」のカードが出たときは、形あるものを作りだそうとするしっかりとしたエネルギーが、あなたのためにどのように働くのか、実際の人生の中で試してみてください。今は、空想的なこと、あるいはドラマティックで大胆なことを求めるようなときではありません。むしろ、現実的に安定した道を歩むときです。安心感を得ることのできるような、落ち着いて信頼できることを優先してください。内面的にも外面的にも、あなたの人生にしっかりとした確かな基盤を作り上げてください。何をすべきかは、あなたの持っている常識が教えてくれるはずです。また、おおいに自然と触れ合うことで、物質的な世界の中で生きている肉体を持った存在としての自分を思いだしてください。物質的な世界や肉体的な感覚の豊かさを享受することも、今は大切なことなのです。

また「ペンタクルのエース」のカードは、あなたの夢が現実化する可能性を示すサインでもあります。あなたのアイディアが、何か具体的なものに変わろうとしています。どういった形でそれが現実のものになり得るかを見極めてください。計画を進めるのに必要となるあらゆるものを、今あなたは引き寄せることができるはずです。「ペンタクルのエース」のカードの持つ確かな力を使えば、あなたの望みを現実のものとして花開かせることだって夢ではありません。

Two of Pentacles

【ペンタクルの2】
ジャグリングする
柔軟性
楽しむ

Actions

◆アクション

【ジャグリングする】
　バランスを保つ
　必要なことをまねる
　他の人と共に働く
　全領域をカバーしているか確認する
　一度にたくさんのことをする
　スムーズに前進する
　すべての面を等しく重視する

【柔軟になる】
　すぐになじむ
　自由に新しいアプローチを試す
　流れに従う
　変化に順応する
　発展していくことに対してオープンになる
　可能性に気づく
　変化に対処する
　方向性を簡単に変える

【楽しむ】
　何か楽しいことをする
　人生を大いに楽しむ
　遊ぶ時間を持つ
　高揚する気分を味わう
　気軽な気持ちで働く
　ユーモアの感覚を失わずに状況を見る
　状況に反動がきてもユーモアを失わない

Opposing Cards: some Possibilities

◆反対の意味を持つカード

【司祭】
　プログラムに従う
　型にはまる
【ワンドの5】
　対立する目的を持つ
　うまくいかない
【ソードの4】
　休息
　静寂
　活動性の低下
【ソードの6】
　憂うつ
　もの憂げ

Reinforcing Cards: some possibilities

◆互いの意味を強めるカード

【節制】
　バランス
　適切な配合を見つける
【ワンドの4】
　楽しむ
　高揚
　パーティー

◆説明

　映画『トゥルーナイト』でランスロットは、彼の前に手当たり次第に襲いかかってくる敵の刃の列を、切り抜けねばならないという難関に立ち向かいます。彼は機敏に、身軽に、そして忍耐強く戦い、その危機を乗り越えます。彼はいつ動き、そしていつじっと待つべきかを心得ていました。彼は命に関わるような障害の中を、その瞬間を楽しんでいるかのようになめらかに切り抜けていきます。そんな主人公は、まさに「ペンタクルの2」のカードの持つエネルギーを体言しているといっていいでしょう。

　優雅にふるまいながら、同時に実践的であるということは、なかなか難しいものです。「ペンタクルの2」のカードには、俗事をうまくジャグリングしながら、踊っている男性が描かれています。ふたつのペンタクルの周りをループしている無限のサインは、際限なくやってくる問題にも、彼が対処できるということを示唆しています。背景には、人生のアップ＆ダウンを象徴する波を滑るようにクルージングしている2隻の船も描かれています。

　リーディングで「ペンタクルの2」のカードは、人生で課されるあらゆる要求を、ジャグリングをするように対処できると教えてくれています。このカードは、様々なハードルに対してチャレンジしなければならない状況ですら、あなたが楽しみながら対処していけることを示しています。もし、そんな自信が今のあなたにないのなら、なおさらこのカードは、自分自身をもっと信じるようにと求めています。目標に到達するために必要となるものすべてを、すでにあなたは手にしています。後は、人生の挑戦に応じるだけなのです。

　またこのカードは、フレキシブルになる大切さを、わたしたちに思いださせてくれています。ランスロットは、剣の道をまっすぐには進まず、必要に応じて自由に、あらゆる方向へと身軽に動き回りました。同じようにあなたも、もし困難を切り抜けたいのなら、もっとしなやかにふるまうべきなのです。いついかなるときも、力ずくで自分の道を押し通すのは、思いどおりにはなかなかならないものです。特に今は、頑固にぶつかっていくときではないのです。ときにはわき道によけたり、場合によっては後ろに戻ることすら、最終的にはものごとを前に進めるためのより確かな方法となることだってあるのです。

　「ペンタクルの2」は、遊び、笑い、すばらしいときなどを象徴する高いエネルギーを持ったカードです。もし、疲れを感じたり、憂うつになっているのなら、このカードはヴァイタリティが、あなたへと戻ってくる知らせです。ただし逆に、もしあなたが現状すでにフル回転しているなら、「ペンタクルの2」のカードは、やりすぎてしまうことに対する警告だと思ってください。その場合は、必要な休息をきちんととってください。そうすれば、このカードの持つエネルギーを、もっと楽しむことができるはずです。

Three of Pentacles

【ペンタクルの3】
チームワーク
計画する
能力

Actions
◆アクション
【チームとして動く】
　他の人と調和する
　すべての必要要素を見つける
　一団としての役目を果たす
　一緒に仕事をする
　グループに貢献する
　協力する
　力を合わせる

【計画する】
　方策をとりまとめる
　スケジュールに従う
　事情を知ったうえで行動する
　詳細をきちんと決める
　キリギリスではなく、蟻になる
　事前に再確認する
　起こり得る問題を検討しておく
　準備をしておく

【能力がある】
　仕事を完了する
　課題をこなす
　目標に到達する
　能力を証明する
　期待以上の成功をする
　何をどうやってすべきかを知っ
　　ている
　仕事に対して前向き

Opposing Cards: some Possibilities
◆反対の意味を持つカード
【ワンドの5】
　チームワークの不足
　協力しない
【ワンドの7】
　対立
　不一致
【ソードの8】
　やる気になれない
　方向性の欠如
【ペンタクルの9】
　自分自身でやる
　チームワークを軽視する

Reinforcing Cards: some possibilities
◆互いの意味を強めるカード
【司祭】
　チーム、もしくはグループで行う
【節制】
　力を結びつける
【ワンドの3】
　計画する
　未来に備える
【カップの3】
　グループで行う

◆説明

　テレビドラマの『スパイ大作戦』で、スペシャリストであるクラックチームは、いつも危険な任務を与えられます。チームは戦略を練り、お互いに協力し合い、彼らの技と知恵でミッションを完了させます。まさにこれこそ、チームワークと計画と能力を表わす「ペンタクルの3」のカードを象徴するものです。
　「ペンタクルの3」は、グループというテーマに焦点を当てたカードのひとつです（他には、「カップの3」と「司祭」のカードがあります）。ペンタクルというスートは、現実的で実際的な事柄を象徴しますが、特にこのカードは共通の目標を実現するために、協力するチームを表しています。もちろん、その目的によっては、ひとりで成し遂げることのできることもあるでしょう。ただし、このカードが示しているのは、あくまでその目標を成し遂げるためには、他の人の助けが必要だということです。自分ひとりですべてを行う必要はありません。「ペンタクルの3」のカードは、あなたが他の人たちと協力することで、よりよい結果を出すことができるということが示されています。
　またこのカードは、計画や準備が必要であることも表しています。今は、あいまいな考えのまま、あわてて何かを行動に移したり、プロジェクトを推し進めるべきときではありません。むしろ、しっかりと現状を把握し、あらゆる可能性を検討し、細部にまで目を向けてみるときです。下調べが十分であればこそ、あなたの計画はきちんと花開くことになるはずです。
　「ペンタクルの3」のカードが表しているもうひとつの側面は、仕事をやり遂げる能力です。このカードは、必要とされるスキルと知識を、すでにあなたが持っていることを示しています。また、あなたは有能な人材を引きつけ、すばらしい環境を作り上げ、成功へと近づいていくことができます。状況は良好、あるいはよくなると思ってください。自分の優れた能力に自信を持ってください。自分がやろうとしていることに誇りを持ってください。そうすればあなたは、どんな「不可能（インポッシブル）」なミッションであれ、それを成し遂げることができるはずですから。

Four of Pentacles

【ペンタクルの4】

所有欲
コントロール
変化を抑える

Actions ◆アクション
【所有欲】
　持っているものを手放さない
　分け前を得る
　物質的なものを獲得する
　何かにしがみつく
　強欲になる
　けち
　所有権を主張する
　節約する

【コントロールする】
　管理下に置こうとする
　弱さを否定する
　指導する
　従うよう要求する
　自分のやり方を主張する
　秩序を押しつける
　制限や規則を設ける
　規律を作る

【変化を抑える】
　現状を維持する
　すべて同じままに維持したい
　新しいアプローチに目を向けない
　沈滞する
　新たな発展を妨害する
　現状にしがみつく
　流れに逆らう

Opposing Cards: some possibilities
◆反対の意味を持つカード
【愚者】
　自発的
　衝動的
【女帝】
　寛大
　惜しみなく与える
【運命の車輪】
　動き
　急速な変化
【吊るされた男】
　なすがまま
　コントロールしようとしない

Reinforcing Cards: some possibilities
◆互いの意味を強めるカード
【皇帝】
　コントロール
　組織
　秩序
【戦車】
　コントロール
【ソードの2】
　行き詰まり
　妨害
【ペンタクルの10】
　現状を肯定する
　保守的

◆説明

　子どもは2歳を過ぎた頃になると、すぐに「ペンタクルの4」のカードの声を主張するようになります。「ダメ！」「わたしの！」といった子どもの自己主張は、彼らの中にちょうど芽生えはじめた自我が発する声です。自我は、自分の意志を押しとおし、ものごとを思いどおりにしようとします。「ペンタクルの4」のカードは、こういった自我のコントロール願望を強く表しています。

　ものごとをコントロールすることには、確かに価値があります。混乱した状況の中では、ものごとを整理するために秩序化や組織化を行う確かな手腕が必要とされます。とはいえ、コントロールが過剰になると、その多くの場合、創造性や自己表現が抑圧されてしまいがちです。したがって、リーディングにおいてこのカードは、自分の置かれている状況に対して、実際にどの程度のコントロールが働いているか、気をつけてみる必要があることを告げています

　一方で、「ペンタクルの4」のカードは、何かを所有することに関する問題を示すこともあるでしょう。収入や貯金、あるいはあなたが必要とする何らかの物資を得ることなどに、関連しているかもしれません。また、所有欲や嫉妬という問題に関連しているのかもしれません。自分の身を守るために、このカードのエネルギーを使うのは構いませんが、人を支配するために用いるのは好ましいことではありません。人は誰しも、他の何者かに支配された人生を送るのではなく、自分で自分のことを決める自由を持つべきです。

　さらにこのカードは、変わることへの拒否を意味することもあるでしょう。まるで、このカードに描かれた強情そうな男性が、あなたのすべての動きを妨害しているかのようにも見えます。もしかすると、あなたが何か変化をもたらそうとしたとき、現状維持を願う周囲からの反対を受けるかもしれません。あるいは、現状維持の気持ちは、あなた自身の心の中にあるのかもしれません。わたしたちは、現状の維持が最善ではないと知りつつも、慣れ親しんだ状況に居続けることに固執してしまうことがあります。本当は変化を必要としているにも関わらず、それを拒んでしまってないか、自分に問いかけてみてください。

「ペンタクルの4」のカードで学ばなければならないレッスンは、ものごとすべてをコントロールしようとすることは不可能だということです。大きな海に囲まれた世界に、自分が立っていることを想像してみてください。いったい誰がどうやって、巨大な海の力をコントロールし、思いどおりにすることができるというのでしょうか？　大海の中に溺れてしまわないようにするためには、それを拒否するのではなく、波に合わせて流れに乗っていくしかないのです。流れに乗って泳いでいる限り、海はわたしたちをサポートしてくれるのですから。

Five of Pentacles

【ペンタクルの5】
困難なとき
体調不良
拒絶

Actions　◆アクション
【困難なときを経験する】
　物質的なトラブルに巻き込まれる
　職、もしくは収入を失う
　不安を感じる
　苦難のときを過ごす
　必要なものが不足している
　やりくりしようと努力する

【体調不良に苦しむ】
　疲れて元気が出ない
　自分自身に気をつかわない
　身体的な面を軽視する
　力がすり減ってぼろぼろになっ
　　ていると感じる
　医学的処置を求める
　身体を酷使する

【拒絶される】
　援助がない
　顔前でドアをバタンと閉められる
　評判を落とす
　追放される
　締めだされる
　ひとりっきりになる
　認めてもらえない

Opposing Cards: some Possibilities
◆反対の意味を持つカード
【力】
　強さ
　スタミナ
【節制】
　健康
【太陽】
　生命力
　丈夫
【ワンドの6】
　喝采を受ける
　認められる
【ペンタクルの7】
　物質的な報酬

Reinforcing Cards: some possibilities
◆互いの意味を強めるカード
【塔】
　苦難のとき
【ワンドの10】
　やりくりしようと努力する
　苦難のとき
【カップの5】
　拒絶
　支援の不足
　同意されない
【ソードの3】
　拒絶
　別離
　支援の不足

◆説明

「ペンタクルの5」のカードに描かれたふたりの人物は、寒さ、飢え、疲労、病気、貧困を表しています。生活の基本的な要素が欠けていることを、彼らは示しています。本当に必要なものを得ることができないとき、それは苦しく辛いものです。これはいまだ世界から消えることのないすぐそこにある現実です。これほどの極限を経験したことのない幸運な人々でも、その苦しみのありようが伝わってくるでしょう。

　リーディングで「ペンタクルの5」のカードは、様々な種類の欠如を象徴しています。まずひとつ目は健康についてです。ヴァイタリティや力が欠けているとき、人生の課題に立ち向かっていくのは難しいことです。しばしばこのカードは、あなたが身体の求めているものに応じることなく、それを軽視してしまっていることを示しています。もしあなたの体に不調があるなら、問題点を見つけて、健康を回復する一歩を踏みだす必要があります。

　また、このカードは物質的、あるいは経済的な問題を示している場合もあります。お金や安定した収入の得られる仕事がないとき、毎日の生活は非常に辛いものとなります。何とかやりくりしてやっていかなければならないとき、他に問題が起こってくることは、非常に大きな負担となります。かりに快適な生活をしていたとしても、人はこれまで手に入れてきた様々なものを奪いとられてしまうような不幸がやってくるのではないかという、不安や恐れを感じることもあるものです。

　さらに「ペンタクルの5」のカードは、他者からの拒絶、あるいは受け入れてもらえないという状況を意味することもあります。群れをなす動物であるわたしたち人間は、集団からの阻害に大きな痛みを感じます。ただし人間は、受け入れられるという感情レベルの満足のためだけではなく、実際に生きていくための相互の助け合いという意味でも、集団への帰属を求めます。そういう意味では、完全な集団からの隔離は、現実的に生きていくことをも困難にしてしまいます。

「ペンタクルの5」は、物質的な面だけでなく、精神的な意味での欠乏をも表します。ステンドグラスの窓から、ふたりの人物が、ちょうど教会の外にいるのだと推測できます。これは、心地よい場所がすぐそばにあるのに、彼らはそれに気づいていないことを意味しているのかもしれません。教会は、わたしたちの魂が、あらゆる点において完全であり、満たされていることを象徴します。人生のあらゆる領域で豊かさを味わうことが、誰にとっても生まれながらの権利であるということを、わたしたちは忘れがちです。たとえどんな困難なときでも、それは永遠に続くものではなく、一時的なものだと思ってください。そして、あなたを導き守るスピリチュアルな領域とのつながりを探し求めてください。

Six of Pentacles

【ペンタクルの6】

持っている／持っていない
資産
知識
力

Actions

◆アクション

【供給源を持っている／持っていない】
　与える／受けとる
　世話をする／世話してもらう
　出資する／出資してもらう
　支援する／支援される
　贈り物や報酬を与える／受けとる
　必要なものを獲得している／
　　獲得していない

【知識を持っている／持っていない】
　教える／教わる
　情報を知らせる／情報を受けとる
　助言者になる／助言者を見つける
　アドバイスを与える／アドバイ
　　スを受ける
　こつを示す／こつを示してもらう
　秘密を知っている／秘密を知ら
　　ない

【力を持っている／持っていない】
　導く／従う
　支配する／服従する
　権威的にふるまう／敬服する
　望みを主張する／望みを我慢する
　強要する／強要される
　話す立場／聞く立場

Opposing Cards: some Possibilities

◆反対の意味を持つカード

「ペンタクルの6」のカードの場合、他のカードのように反対の意味を持つカードは存在しません。というのも、このカードはひとつの問題について、持っている／持っていないという、両方の面を意味します。実際のリーディングで、どちらの面が当てはまるのかは、他に出ているカードを見ることで理解しなければなりません。以下のカードと組み合わさったときは次のキーワードが示す意味が強くなります。

Reinforcing Cards: some possibilities

【女帝】
　豊かさ
　肉体的な心地よさ
【世界】
　豊富
　物質的な達成
【ワンドの10】
　やりくりしようと努める
　辛いとき
【ペンタクルの5】
　欠乏
　持っていない
【ペンタクルの7】
　物質的な報酬
　持っている
【ペンタクルの10】
　豊富
　持っている

◆説明

「ペンタクルの6」のカードは、「ペンタクルの10」のカードの裕福さと「ペンタクルの5」のカードの欠乏との間にある曖昧な領域であるため、やや説明が難しいカードです。「ペンタクルの10」のカードと「ペンタクルの5」のカードが、それぞれ持っていることと持っていないことをはっきりと表しているのに対して、「ペンタクルの6」のカードは、それらの中間の領域をカバーしているのです。

「ペンタクルの6」のカードは、裕福な紳士が、わずかなコインをひとりの貧乏人に与え、そしてその脇ではもうひとりの人物が自分にも分け与えてもらうのを待っているという絵になっています。すなわち、このカードには、与えることと受けとること、支配と服従、頂点にのぼる者と底辺にいる者というように、その両方の側面が描かれています。正義の天秤を手に持った与える側の人物は、あたかも誰が祝福を受けるに値し、誰がそうでないのかを決める権利があるかのようです。確かにこの絵からは、誰が持てるもので、誰が持たざるものであるのか、明らかなように見えます。しかしながら、本当にそうだと言い切ってしまうことができるのでしょうか？　現実の人生はそれほど単純なものではありません。実際には、いかに早く運命の歯車が狂いだしてしまうという現実があるかを考えてみてください。

リーディングでこのカードは、資産といった物質的なものにせよ、知識、力、愛情といった非物質的なものにせよ、それらいずれについても、所有するということに関して、片側の面からだけでなく全体を深く見つめるようあなたを促しています。また、かりにあなたが自分自身のことを、一方的な面からだけ見てしまっているのだとしたら、改めてもう一方の面から自分を見直すようにとも告げています。また、成功したはずのビジネスマンが、突然、破産宣言をすることになった状況や、わがままな病人がその弱さをふりかざして周囲を圧迫していること。あるいは、生徒から学ぶ先生のことや、子どもにお金を与えてコントロールを試みる親のことを、考えてみてください。これらはいずれもものごとがはっきりとどちらの側であるかを、決して簡単には割り切れないことを示しています。

このカードは、持つことと持たざることの両面の意味が含まれています。ただし、贈り物を与えるのか受けとるのか、アドバイスを与えるのかもらうのか、あるいは他者を指導するのか従うのか、といったことに対しても、その一方のどちらであるかを示すこともあります。とはいえ、その状況が明らかなように思えても、より深くものごとを見ていく必要があります。なぜあなたは今の状況にいるのでしょうか？　そして、それはどこにつながっていくのでしょう？　本当の責任者は誰なのでしょう？　本当は何が起きているのでしょうか？　「ペンタクルの6」のカードは、改めてものごとの表裏を考え直してみるように問いかけているのです。

Seven of Pentacles

【ペンタクルの7】

評価
報酬
方向転換

Actions ◆アクション
【評価する】
　事態を査定する
　日々の努力が目に見えてくる
　これまでの結果を確認するため
　　に立ち止まる
　進むべき方向から逸れていない
　　か確認する
　自分の立ち位置を確認する
　吟味する

【報酬を受ける】
　ついに結果が表れてくる
　最初の成果を味わう
　投資の見返りを得る
　これまでの行為の成果を受けとる
　ちょっとリラックスできる
　ひと段落する

【方向転換を検討する】
　異なるアプローチを比較する
　選択肢をじっくり考える
　変化について考える
　新しい戦略を練る
　自分の選択を熟考する
　岐路に立つ

Opposing Cards: some Possibilities

◆反対の意味を持つカード
【運命の車輪】
　動き
　活用
　方針の変更
【ワンドの8】
　すばやい行動
【ペンタクルの5】
　報酬がない
　苦難

Reinforcing Cards: some possibilities

◆互いの意味を強めるカード
【女帝】
　物質的な見返り
【正義】
　自分の立ち位置を確認する
　未来のコースを決める
【審判】
　決断のとき
【ソードの4】
　休息
　よく考え直す

◆説明

　「ペンタクルの 7」のカードには、果樹園で長い間、熱心に働いてきた男性が描かれています。葉は茂り、実がつき、彼の仕事は成功を収めたようです。今、彼は自分の作ったものを査定しながら、休息をとっているのです。自分が手がけたことが成果を出すというのは、何と喜ばしいことでしょう！

　「ペンタクルの 7」は、小休止のカードです。あわたしい活動の後、手を休めほっと息をつき、ちょっと回りを見回したときを表しています。絵の中の男性は、自分で育てた果実をじっと見つめていますが、彼は実際に、果実を手にすることだってできるのです。リーディングで「ペンタクルの 7」のカードは、これまでのあなたの努力の結果としての報酬を意味しています。今やあなたは、それを手にとり、満足感を味わうことだってできるのです。

　また「ペンタクルの 7」のカードは、いったん休止し、ものごとに評価を与えるということも意味しています。本当に忙しいとき、わたしたちは自分が何をやっているのか、なぜそうしているのか、といったことを考える時間もありません。目的どおりに進んでいる？　求めていた結果を得ている？　このカードは、きちんと目標へ向かっているかを確認する時間をとるようにとあなたへ語りかけています。しかるべきときに、状況を見直しておかなければ、後々それが面倒な問題へと発展しないとも限りません。

　さらに「ペンタクルの 7」のカードは、人生の岐路を示すこともあります。わたしたちはつい自分の慣れ親しんだ毎日を変えようとせず、そのまま惰性で続けてしまう傾向があります。人生において、新しい方向へ進むのは、簡単なことではありません。けれども「ペンタクルの 7」のカードは、必要ならばコース修正、あるいは完全に 180 度方向を転換するよう、あなたに伝えていることもあるでしょう。あなたはまだこれだという確かな道を決意していないかもしれません。しかし、それはもうすぐやってくる可能性があります。人生を変えることは、今からでも遅くないということを忘れないでください。

　いずれにせよ「ペンタクルの 7」は、最終的な結論を意味するカードではありません。ゲームが終わってしまったわけではありません。ただ、ちょっとの間、休憩をとっているだけです。ほっと息をついて元気を取り戻したら、戦略を練り、再び活動に戻る準備をしてください。たとえやらなければならないことが、以前よりハードであったとしても、一生懸命取り組んでみてください。

Eight of Pentacles

【ペンタクルの8】 勤勉
知識
細部

Actions
◆アクション
【勤勉になる】
　努力をする
　一生懸命働く
　ひとつのことに打ち込む
　プロジェクトに没頭する
　やるべきことに自分を捧げる
　こつこつ取り組む
　安定した結果を導きだす

【知識を増やす】
　講座などで学ぶ
　新しい技術を学ぶ
　訓練を受ける
　より広い理解を求める
　調査する
　現実を見る
　専門知識を増やす

【細部に注意を向ける】
　勤勉になる
　特別な注意を払う
　几帳面にやるべきことをこなす
　核心にせまる
　ルーズなところを引き締める
　何度もチェックする
　細かい点に気づく

Opposing Cards: some Possibilities
◆反対の意味を持つカード
【カップの4】
　興味を持てない
　気にしない
　無関心
【カップの7】
　怠惰
　気力がわかない

Reinforcing Cards: some possibilities
◆互いの意味を強めるカード
【魔術師】
　集中し専念する
【司祭】
　学ぶ
　勉強する
【ワンドの9】
　継続する
　根気がある

◆説明

「ペンタクルの8」のカードには、若い男性がコインをハンマーで叩いている姿が描かれています。6枚のコインが完成しましたが、まだ終わっていないコインもあります。明らかに彼は、全神経を注いで仕事に没頭している最中です。絵の背景には街が見えますが、彼は作業に集中するために、他の人たちから離れて働いているように見えます。こういった絵柄から「ペンタクルの8」のカードは、細部にまで注意を配りながら、懸命に働くことが本質的な要素であることがわかります。

このカードは、素晴らしい勤勉さと集中力を表しています。そう、このカードは今この瞬間の出来事に全力を注ぐよう、あなたに告げているのです。ひとつのプロジェクト、家族のいざこざ、個人的な目標、不愉快な職務など、たとえそれがどんなものであれ、そのことに集中してこなしていくことが大切なのです。

確かに人生の中では、あるとき思いもしない恩恵が自分のもとにやってくることもあるでしょう。けれども「ペンタクルの8」のカードは、そうではなく110パーセントの力を発揮しなければならないときを表しているのです。今は、何かを手に入れるために、大きな努力を傾けなくてはなりません。一生懸命に、ただ無心に努力を続けてください。「ペンタクルの8」のカードは、努力が深い満足と利益をもたらすことを示しています。ですから、きっとあなたの頑張りは、幸運にも素晴らしい結果へと導かれていくはずです。

また、「ペンタクルの8」のカードは、学びたいという衝動、あるいは別の言い方をすると視野を広げることも意味しています。人生の中で誰もが、どうしても新たなスキルを必要とされる場合があります。そんなときわたしたちは、その状況に答えるため、ものごとを掘り下げ、探求し、これまで知らなかった知識を身につけていくしかありません。「隠者」は内なる知識を探し求めましたが、「ペンタクルの8」のカードの人物は、外的な知識、すなわち物質世界の法則を探し求めます。

さらにこのカードは、細部への注意が必要であることも示しています。勤勉な人々は、しばしばあら探しばかりすると揶揄されがちです。けれども、彼らの丹念な努力は、すべてのことをきちんとあるべき姿にあらしめることへと貢献しているのです。ものごとの細部をチェックする時間を取ってください。今はものごとを大雑把に扱ったり、無頓着にしていいときではありません。むしろ間違いを探し、ルーズになってしまっているところを引き締めてください。何と言っても成功への鍵は、並々ならぬ努力にあります。あなたの目指すものが何であれ、「ペンタクルの8」のカードは、あなたのすべてを捧げるようにと告げているのです。

Nine of Pentacles

【ペンタクルの9】
規律
自己への信頼
洗練

Actions
◆アクション
【規律を課す】
　自分自身をコントロールする
　自制する
　衝動を抑える
　目標に達するために身を捧げる
　プログラムを守る
　一歩一歩近づく

【自分を信頼する】
　ひとりで状況に対処する
　自分自身で行う
　自分自身でできることに立ち戻る
　すべてひとりで行う
　ひとりになることを求める
　自分のやり方がベストだと感じる

【洗練されたものを求める】
　心地よいライフスタイルを手に
　　入れる
　粗雑で品のないものは避ける
　機転が利き、外交的手腕に長け
　　ている
　気高い活動を求める
　人生において素晴らしいものを
　　楽しむ
　優雅な暮らしを思いだす
　レジャーを楽しむ

Opposing Cards: some Possibilities
◆反対の意味を持つカード
【女帝】
　肉体的な官能
【カップの7】
　自分を律することができない
　自分本位
【ペンタクルの3】
　チームで行う
　他の人と一緒に行う

Reinforcing Cards: some possibilities
◆互いの意味を強めるカード
【戦車】
　自己抑制
　規律
【ソードの7】
　自分自身を信頼する
　自分自身で行う

◆説明

　「ペンタクルの9」のカードに描かれている女性は、彼女の屋敷の庭園をゆったりと散歩しています。彼女は明らかに優雅で洗練された貴婦人であるのに、左手には命令があれば獲物を狙う狩猟用に訓練された鳥がとまっているのは不自然です。しかしながら鷹狩りは、通常上流階級の女性の趣味であり、それはこのカードの特徴を表す鍵だとも言えます。「ペンタクルの9」のカードは、優美さ、高潔さ、洗練を象徴しています。ちなみに美術、音楽といった美の形態は、ほとんど物質世界を象徴するペンタクルのスートと結びつけられます。この絵の中のペンタクルは、地面に置かれている点に注目してください。それは、生きていくためにしなければならない仕事や義務がどんなに重要なものであったとしても、わたしたちは常にそういったことだけに縛られている必要がないことを示しています。そう、わたしたちは人生の美しさや豊かさを楽しむこともできるのです。リーディングで「ペンタクルの9」のカードは、人が美しいものへと憧れる状態を表しています。粗雑で品のないことからは身を遠ざけ、もっともっと気高いものを求めるべきであるとカードは告げているのです。

　一方で「ペンタクルの9」のカードは、規律や自己抑制といったテーマも表しています。洗練された生活を楽しんでいるこの女性は、自分の中にある本能を上手に制御しています。本能的衝動は、理性と争い合うことなく、彼女と調和的に働いているようです。またここに描かれている鷹は、人間の奥底にある闇と混沌の象徴です。わたしたちの闇の側面は、それが適切に方向づけられたなら、害をなすことなく働いてくれるものです。「ペンタクルの9」のカードは、もしあなたが求めていることを成し遂げたいのなら、本能の抑制とコントロールを上手に行う必要があることを示している可能性もあります。本能が求めるその瞬間の充足を犠牲にしたとしても、そうすることによってあなたの本当に求める結果が得られるはずです。

　また、このカードは自己への信頼を示しています。たとえどんな状況であれ、それに対処することのできる自分の能力を信じてください。他人に手助けしてもらおうという誘惑に負けてはいけません。自分自身の力で問題を乗り越えてください。この優雅な貴婦人は、まさに自分の勇気と判断を信じ、そうしてきました。だからこそ、いまこうして彼女は、人生が与えてくれる最高のものを楽しむことができているのです。

Ten of Pentacles

【ペンタクルの10】
裕福
永続性
慣習

Actions
◆アクション
【裕福さを楽しむ】
物質的な豊かさを手に入れる
金銭的な問題から解放されている
ビジネスの成功を喜ぶ
経済的に安定していると感じる
思い切ってやったことがうまくいく
幸運の流れに乗る

【永続性を求める】
長続きする解決策を探す
安定した基盤を築き上げる
ものごとが安定していることを感じる
長期にわたって関わる
安定した家族生活を送る
一時しのぎではない解決
計画を確実なものにする

【慣習に従う】
すでに確立されているガイドラインに従う
ルールに従って進める
伝統を重んじる
既成の体制側の一員になる
保守的になる
絶対に確かなものを信用する
知っているやり方を続ける

Opposing Cards: some Possibilities
◆反対の意味を持つカード
【ワンドの2】
独創性を求める
慣習に従わない
【ワンドの3】
探検する
未知の領域に踏み込む
【ペンタクルの5】
辛い時期
物質的欠乏

Reinforcing Cards: some possibilities
◆互いの意味を強めるカード
【女帝】
豊かさ
ぜいたく
物質的な満足
【司祭】
規則に順応する
ルールに従う
保守的
【恋人】
永久の結びつき
家族の絆
【世界】
豊かさ
物質的な充足
【ペンタクルの4】
現状を楽しむ
維持する

◆説明

　これまで見た多くのカードでは、背景などの離れた場所に建物の集落が描かれていました。しかしながら「ペンタクルの10」のカードでは、ついにその集落にある市場の中心へと到着しました。カードの中に描かれている家族は、日常生活を続けています。ぜいたくなローブをまとった長老が、若い世代の者たちをながめながら猟犬をなでています。会話をしながら男性と女性が、足もとで遊んでいる子どもと一緒に通りすぎていこうとしています。またカード全体に、コインが宙に浮いた形で描かれています。

　「ペンタクルの10」のカードは、世俗の物質的成功の最終的な形を象徴しています。ときどきわたしは冗談混じりに、このカードを「お金持ち」のカードと呼びます。というのもこのカードには、実業家の裕福な男女を取り巻く豊かな雰囲気が表れているからです。もしあなたが、最終的な仕事の行方がどうなって行くのかを懸念しているとしたら、このカードこそ、まさしくあなたの求めているものだと言えるでしょう。そう、まさしく富と成功はあなたのものです。

　わたしたちは、物質的な成功を成し遂げたとき、当然のことながら、それが長く続くことを望みます。これは「ペンタクルの10」のカードが表している保守的な側面です。人生が今のままで素晴らしいときに、あえてその状況を不安定なものへ変えようとする人はいないでしょう。リーディングでこのカードは決められたガイドラインや現状を維持しようとする因習をしばしば意味します。肥えたお金持ちたちは、ラディカルになることはめったにありません。伝統に従い、うまくいくことが立証済みのことを重視します。確かに慣れ親しんだやり方に従うことは大切なことです。ただし、それはものごとを変化させることが得策ではない場合に限ってのことでしかありません。

　また、「ペンタクルの10」のカードは、永続性というテーマを表しています。たとえ人生において、ものごとが変化していくことは避けられないことであるとはいえ、絶えず変わり続けるのは落ち着かないものです。わたしたちには、ものごとがある程度安定していることも必要です。また、人生の確かな基盤を求めたくなるときもあるでしょう。リーディングでこのカードは、あなたに目先のことではなく長期にわたることに重点を置くべきであると告げています。一時しのぎではなく、永続する解決策を見つけられるよう考えてみるべきです。今は、変化よりも安定を求めるときです。ずっと未来まで続けられるようなことに取り組んでいってください。

Page of Pentacles

【ペンタクルのペイジ】

結果を出す
実際的になる
繁栄する
信用する／信頼に値する

Actions
◆アクション
【結果を出す】
　計画を実現する
　物質世界に働きかける
　身体を使う
　自然の体験
　具体的な結果を出す
　夢を現実化する
　ものごとに着手する

【実際的になる】
　現実的な方法をとる
　手もとのツールをうまく活用する
　解決策を見つける
　一般常識を重んじる
　夢見がちになるのをやめる
　持っているものを活用する
　結果の出ることに集中する

【繁栄する】
　必要なものを自分のもとへ引き
　　寄せる
　資産を増やす
　成長し発展する
　自分自身を豊かにする
　成功に向かっていく
　豊さを求める
　安定する

【信用する／信頼に値する】
　信頼して受け入れる
　他の人を信じる
　不確かなことでも引き受ける
　他人の言葉を受け入れる
　言ったことを守る
　自分が信用できる人物であるこ
　　とを証明する
　約束を守る
　信用を築く

Court Card Pairs
◆コートカード同士のペア
「ペンタクルのペイジ」のカードは、他のどのコートカードともペアを組めます。2枚のカードのランクとスートを比較することで、このペアは何を意味するのか考えて見ることが大切です。

◆説明

「ペンタクルのペイジ」は、成功の機会を運んでくるメッセンジャーです。ペンタクルのスートが表す富、豊かさ、安全、確実な成功のためのまたとないチャンスを運んできてくれるのです。

　リーディングで「ペンタクルのペイジ」のカードは、豊かさ、心地よさ、信頼感を表し、場合によって夢を実現するチャンスを約束してくれています。あなたもそんなチャンスの訪れを感じたなら、すぐに行動に移してください！

　また「ペンタクルのペイジ」のカードは、子ども、あるいは大人であっても若い心を持った人物を表しています。そういった人たちとの交流によって、あなたに安定、信頼、約束、安全が保証され、物質的な意味での必要なものを得ることにもなるでしょう。

　しばしば「ペンタクルのペイジ」のカードは、あなたの生活全般を、物質的な次元での喜びを享受することへと傾かせてしまうこともあります。そんなときには、肉体を解放し、感覚的世界の中で生きることを、自由に楽しんでみてください。そして今この瞬間、地上で生きている喜びを、思う存分に味わってみてください。

Knight of Pentacles

【ペンタクルのナイト】

確固とした／頑固

注意深い／冒険心に欠ける

徹底的／脅迫的

現実的／悲観的

一生懸命働く／過労

Actions

◆アクション

【確固とした／頑固】
粘り強く目標を追い求める／石頭で強情
あきらめない／固執する
対立するものごとに対して断固として抵抗する／自分のやり方にこだわる
選んだ道を着実に歩む／道理に従うのを拒否する
自分の信念に忠実／和解に応じない

【注意深い／冒険心に欠ける】
何度も確かめる／保守的すぎる
事前にあらゆる方面から調査する／待ちすぎてチャンスを逃す
ゆっくりと注意深く進む／新しいことをしたがらない
熟知している確実な道を好む／得るものは少なくても安全さを取る
賢明で慎重／危険を冒すことを恐れる

【徹底的／脅迫的】
すべて細かいことも大事にする／やめるべきときを知らない
几帳面／気難しすぎる
やり残したことも上手に処理する／すべてを予定どおりしなければ気がすまない
仕事を中途半端で決して投げださない／融通が利かず生真面目すぎ
労を惜しまない／完璧さを強要する
はじめたことは完結させる／いつまでも手放すことができない

【現実的／悲観的】
事実を見ようとする／間違っていることにこだわる
真実に直面する／他の人たちを夢想家だと考える
ありもしない希望に翻弄されない／グラスが半分満たされているのではなく、半分空だと考える
状況を率直に評価する／否定的な見方をする
問題を事前に予測する／悲運は最初から決まっていたと考える

【一生懸命働く／過労】
やるべきことに身を捧げる／仕事にあまりに集中しすぎる
勤勉でよく働く／厳格で面白みに欠ける
ふたり分の働きをする／遊びの時間は無駄だと考える
どんな雑務にも精力的に取り組む／他人をきつく追い立てすぎる
精力的で疲れを知らない／人生を楽しむべきであると思わない

Court Card Pairs

◆コート・カード同士のペア

「ペンタクルのナイト」のカードは、他のどのコート・カードともペアを組めます。2枚のカードのランクとスートを比較することで、このペアは何を意味するのか考えてみることが大切です。

◆説明

「ペンタクルのナイト」のカードのポジティヴな面は、まるでブルドックのような勇猛さと粘り強さです。一度、噛みつかれたら、振りほどくのは大変です。彼は目標に向かって邁進するハードワーカーで、とてつもないスタミナでものごとに身を捧げます。どんな仕事でも最後の細かいところまでやり遂げます。注意深く、慎重で、決して無駄なことには手を出しません。彼は何が事実かを見極め、決してありそうにもない見込みに踊らされるようなことはありません。

一方で「ペンタクルのナイト」のカードのネガティヴな面は、彼がユーモアのセンスに欠けるため、少々退屈で鈍感に思えてしまうことです。彼は仕事をいつも最優先します。融通がきかず、小さなディテールにこだわりすぎる傾向があります。頑固なところがあり、間違っているときでさえも折れず、自分の非を決して認めません。また、変化やリスクを嫌い、いつもそれらに対して否定的な見方をします。

リーディングでこのカードが出たときは、用心深さといった「ペンタクルのナイト」のカードの持つ特質が、あなた、もしくは他の誰か、あるいはその場の状況に何らかの形で表れてくる場合があります。「ペンタクルのナイトのエネルギーは、本当に役立つのか、それとも誰かを傷つけるだけなのか？」とあなた自身、自分に問いかけてみてください。

もし「ペンタクルのナイト」のカードのエネルギーが、あなたの状況に対してあまりに支配的になりすぎている場合は、バランスをとることが必要です。あなたは働きすぎてはいませんか？ 人の意見に耳を傾けることを拒んでいませんか？ 完璧主義になりすぎてはいませんか？ あなたの周りの雰囲気が、否定的で悲観的なものになってしまっていませんか？ もしそうだとしたら、それらをいったん見直してみるときなのかもしれません。

逆に、もし「ペンタクルのナイト」のカードのエネルギーが欠けていると感じるなら、今のあなたにはもう少し思慮深さが必要だということが示されているのでしょう。お金を浪費してしまってはいませんか？ だとしたら、浪費を抑えるべきです。すぐにものごとをあきらめてしまってはいませんか？ だとしたら、すぐに手放さずに、もっと掘り下げて考えてみてください。あなたは、ときどき注意力散漫になり、仕事も遅れ、不十分な結果を残していませんか？ だとしたら、次は一生懸命働く決意をし、何としてでもやり遂げてみてください。そう、「ペンタクルのナイト」のカードは、あなたに注意深く、粘り強くなるようにと教えてくれているのです。

Queen of Pentacles

【ペンタクルのクイーン】

養う
寛大
現実的
よく気がつく
信頼がおける

Actions　◆アクション
【養う】
　愛と援助を与える
　温かで安全な環境を作る
　人々を心地よくさせる
　自然と親しむ
　園芸の才能がある
　子どもや動物と上手に付き合う

【寛大】
　他者へ奉仕する
　人当たりがいい
　いつも開放的で笑顔で歓迎する
　多くを気前よく分け与える
　温かく寛大で利他的

【現実的】
　実際的に問題を扱う
　他の人が自分らしくあることを
　　認める
　見せかけや気どりがない
　シンプルで賢明なアプローチを
　　とる
　自然界すべてに感謝する

【よく気がつく】
　どんなものでもすぐに使い道を
　　見つける
　器用で融通がきく
　小さなヒントで先を見抜く
　あらゆる障害をうまく回避する
　何が必要かに気づく

【信頼がおける】
　秘密や機密事項を守る
　誠実で信念を曲げない
　困難を耐え抜く
　他人に誠実
　自分の言葉に嘘がない

Court Card Pairs　◆コート・カード同士のペア
「ペンタクルのクイーン」のカードは、他のどのコート・カードともペアを組めます。2枚のカードのランクとスートを比較することで、このペアは何を意味するのか考えてみることが大切です。

◆説明

「ペンタクルのクイーン」のカードの特徴は、ペンタクルのスートの持つポジティヴな地のエネルギーと、クイーンの内向的な性質が組み合わさって生まれてきます。もしあなたが、彼女の家を訪ねたとしたら、最初に彼女が言う言葉はこうでしょう。「入って、入って。あなたに会えて嬉しいわ。スープでもいかが？」。彼女以上に歓迎し、世話を焼いてくれる人はいないでしょう。何と言っても彼女の一番の喜びは、他の人が幸せで安心できるように、いろいろと気配りをすることなのです。彼女の家には、いつもたくさんの花や植物があふれ、子どもやペットが駈けずり回り、そして気さくな友人たちでにぎわっています。彼女は、温かく誰に対しても寛大です。

日常のことに関しても、彼女は賢く実際的です。面倒な計画やばかげたことにわざわざ時間をさいたりしません。もし、何とかしなければならないことがやってきても、騒がず、悩まず、ただ冷静に対処するだけです。困難な状況であっても少しの努力で、いつもピンチを切り抜けます。現実的でしっかりしている彼女は、その一方でどんなときも誠実さを失わず、断固とした態度を貫きます。本質的に信頼のできる人なので、他の人は完全に彼女を信頼しています。かりにあなたが傷ついているときや、助けを必要としているときに、彼女はあなたの不安を静め、問題を分かち合ってくれることでしょう。

リーディングで「ペンタクルのクイーン」のカードが出たときは、まさにあなたにも彼女と同じように、人生に対してポジティヴな考えや感じ方をして欲しいというメッセージを、タロットは告げているのでしょう。あなたは他の人に対して温かく、思いやりがありますか？　思慮分別がありますか？　言葉に嘘はありませんか？　人に対して寛大になれますか？　困難なときにも、しっかりとものごとに対処することができますか？

また、「ペンタクルのクイーン」のカードは、温かく、信頼が置けて、頼りになる彼女のような性質を持った現実の女性、もしくは男性を象徴している場合もあります。いずれにせよリーディングでは、彼女の象徴しているエネルギーが、今のあなたにとって大きな意味があることを告げているはずです。「ペンタクルのクイーン」のエネルギーが、現実にどのような形で表れているにせよ、あなた自身その力にインスパイアされながら、彼女のように生きてみることが大切であることをカードは教えてくれているのです。

King of Pentacles

【ペンタクルのキング】

意欲的
熟達
頼りがいがある
支援する
安定

Actions ◆アクション

【意欲的】
どんな冒険的な事業であっても成功させる
どんな場合にでもチャンスを見いだす
富を引き寄せる
アイディアを持ち、それを実行する
支配人、あるいは職業人として生まれながらの能力がある
ミダスの手を持つ

【熟達】
実際的な事柄に熟知している
生まれながらの広範囲な能力を持つ
すばやい反応で行動する能力を持つ
熟練したスキルを持っている
どんな状況にも適切に対処する

【頼りがいがある】
すべての責任と約束を果たす
責任を引き受ける
間違うことがなく信頼できる
いざというときにも頼りになる
他の人を支えることができる

【支援する】
他の人の成功を手助けする
進んで助けに飛びこむ
博愛主義者
焦らず、寛大な気持ちで見守る
価値のある計画を支援する

【安定】
断固とした決意で目標に向かっていく
気分や行動が乱れない
規則正しい習慣と行動をする
いつも平静で落ち着いた接し方をする
人を落ち着かせる

Court Card Pairs ◆コート・カード同士のペア

「ペンタクルのキング」のカードは、他のどのコート・カードともペアを組めます。2枚のカードのランクとスートを比較することで、このペアは何を意味するのか考えてみることが大切です。

◆説明

「ペンタクルのキング」のカードの特徴は、ペンタクルのスートの持つポジティヴな地のエネルギーとキングの外向的な性質が組み合わさって生まれてきます。この人物のイメージは、触れたものをすべて黄金に変えることのできるミダス王に重ね合わせることができるかもしれません[訳注1]。「ペンタクルのキング」は、どんな状況においてもチャンスを見いだし、そうしようと決意したことは何でも成功させる人です。彼は何ごとにも意欲的で、ものごとに熟達しています。広範囲にわたるスキルと実際的な知識を持っていて、どんな課題に対しても完璧に対処することができ、あらゆることを上手にこなします。

　彼は責任感も強く、常に信頼の置ける人物です。間違いを犯すこともないため、他の人は完全に彼に頼っています。多くを与えればさらに多くのものを得られることを知っている彼は、時間も資力も惜しみなく与えます。他人の成功を後押しし、必要とされるときにはいつでも支援の手を差し伸べます。取り乱すことのない彼の安定した気質は、どんな状況であってもその場を落ち着かせることでしょう。また、自分の定めた目標に対しては、成功するまで断固とした決意を持って挑みます。

　リーディングで「ペンタクルのキング」のカードが出たときは、まさにあなたにも彼と同じように、人生に対してポジティヴなアクションを起こすようにというメッセージを、タロットは告げているのでしょう。約束を守ること、壊れたものを修復すること、お金を得ること、新しい事業を支援することなどは、「ペンタクルのキング」のカードが示唆するアクションです。

　また、「ペンタクルのキング」のカードは、落ち着きがあり、信頼の置ける彼のような性質の現実の男性、もしくは女性を象徴している場合もあります。リーディングでは、彼の象徴しているエネルギーが、今のあなたにとって大きな意味があることを告げているはずです。「ペンタクルのキング」のカードのエネルギーが、現実にどのような形で表れているにせよ、あなた自身その力にインスパイアされながら、彼のように生きてみることが大切であることをカードは教えてくれているのです。

訳注1
ギリシャ神話。手に触れるものを金に変える力を与えられたフリギュアの王。

Section 3 : The Celtic Cross Spread
【ケルティック・クロス・スプレッド】

The Celtic Cross : Introduction

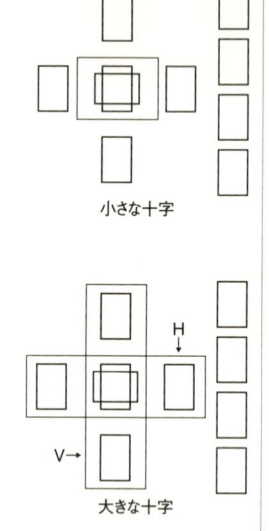

ケルティック・クロス——イントロダクション

　ケルティック・クロスは、おそらくもっとも古く、もっともポピュラーなタロット・リーディングの方法です[訳注1]。これが長い間、生き残ってきたのは、シンプルなカードのレイアウトでありながらも、とても力を持ったスプレッドだからでしょう。また、長年、多くの人によって使われることで、このスプレッドの周りには、強いエネルギーが蓄積されてきているとも言えるでしょう。

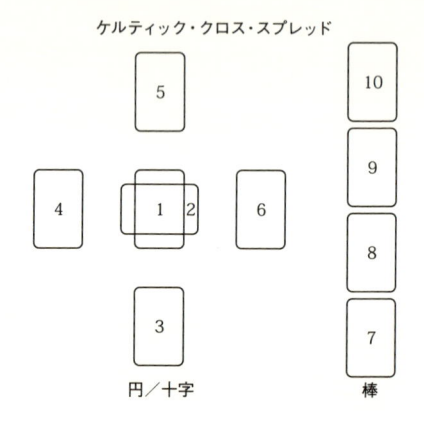

ケルティック・クロス・スプレッド

小さな十字

大きな十字

円／十字　　棒

　ケルティック・クロスは、左側の円と十字からなる部分、及び右側の棒の部分からなるふたつのセクションとして考えることができます。

　サークルとクロスは、アイルランドにあるケルトの十字を模しています。この十字は、円が4つの垂直のスポークをつないでいます。円と十字は、精神と物質の結びつき、そして時の中にあるすべての事物の一体性を象徴しています。

　円形のセクションは女性エネルギーを、棒のセクションは男性エネルギーを表していますが、これらふたつはケルティック・クロスという形の中で調和的に働きます。また、これらふたつの部分は、人間の魂の中にある両極性、あるいはこの世界に見られる二元性を写しだします。

　円＝十字のセクションは、さらに6枚のカードから構成される「大きな十字」と、中心の2枚で構成される「小さな十字」というようにふたつの十字からなるものとして見ることもできます。中心の小さな十字は、リーディングの際に、もっとも自分の中心を占めていること、すなわち問題の核心部を表します。それは人生の輪が、ぐるぐる周りを回る中枢だとも言えるでしょう。

訳注1
ケルティック・クロスが、タロットの解説書の中に登場するのは、歴史的には1910年出版のアーサー・E・ウェイトの『タロットの鍵 (The Key to the Tarot)』が最初である。
なお、オリジナル・ケルティック・クロスとも言うべき、ウェイトのケルティック・クロスの具体的なメソッドとその起源についてなどは、拙著『完全マスター　タロット占術大全』(説話社、2007年) 143-150頁。

ムレイダッハ・ハイクロス
(出典：Deck Bryce, Symbolism of the Celtic Cross, York Beach, ME: Samuel Weiser, 1995, P.113.)

　大きな十字は、小さな十字の上をまたぐ2本のラインから成り立っています。横のラインは、左側の過去から右側の未来へというように、時間の移り変わりを示しています。一方で、縦のラインは、下の潜在意識から上の顕在意識へというように、意識の動きを表します。リーディングでは、これら6枚のカードが一緒になって、あなたの内的な部分と外的な環境の両方を、スナップショットのように見せてくれるのです。

　棒のセクションのカードは、あなたの人生についての批評であり、あなたの直接的な状況の外にあるものを示します。このセクションのカードは、円＝十字のセクションが示していることを、理解する手助けとなります。またここでは、あなた自身と他者との関係について、あなたの人生におけるレッスン、そして未来の方向性についてのガイダンスを受けとることになるでしょう。

　ケルティック・クロスのそれぞれのポジションの意味には、たくさんのヴァージョンがあります。ただしその違いは、たいがいポジション3、4、5、6に関してのものです。わたしは、ポジション3と4が表す無意識と過去が、いかにしてポジション5と6が表す意識と未来へと流れていくかを強調するように配置を意味づけています。
　また、わたしはポジション9に、ある意味をつけ足しました。このポジションは、伝統的に「望みと恐れ」と言われていますが、わたしはそこをレッスン、もしくはガイダンスを示すポジションとしても使っています。こういったポジションの意味は、リーディングをはじめる前であれば、あなたの必要に応じてアレンジすることも可能です。

【ケルティック・クロスの解釈】
　では、ケルティック・クロスの解釈の仕方を紹介します。

1. 円＝十字セクションの6枚のポジションにあるカードを見てください。それらはリーディングをしている現在のあなたの生活に、何が起こっているのかを示しています。

2. 次のような順番で、カードをペアとして見ていってください。
    a. ポジション1と2を見て、質問の中心となる動因を見つけてくぽさい。
    b. ポジション3と5を見て、自分の異なるふたつの意識のレベルで、何が起こっているのかを見つけてください。
    c. ポジション4と6を見て、人々や出来事が、どのようにあなたの人生を通り過ぎていくのかを見てください。

    これら6枚のポジションにあるカードから、あなたの身近な状況の描写を作りだしてみてください。

3. 今度は棒セクションを、次の順番で考察してみてください。
    a. ポジション7と8を見て、あなたとあなたを取り巻く環境の間にある関係がどのようなものであるか認識してください。
    b. ポジション10——予測される結果を見てください。それに対して、あなたはどのように感じますか？　また、その結果はあなたに何を訴えていますか？

4. 結果を導く要因を見つけるために、カード全体を見直してください。1枚のカードが全体の鍵として目立っていないかを確認してみてください。また次のような考察も行ってみてください。
    a. 予測される結果（ポジション10）と、もうひとつの可能性のある未来（ポジション5）を比較してください。
    b. 近未来（ポジション6）が、予測される結果（ポジション10）の一因となっているかを見てみてください。
    c. ポジション9が、あなたに知っておくべきことを何か伝えようとしていないかを見てください。また、それに関連してあなたは、希望や恐れを抱いているか考えてみてください。

【ケルティック・クロス・スプレッドのタロットキーワード】

ポジション1	ポジション2	ポジション3
問題の核心 現在の状況（外的） 現在の状況（内的） 基本的な要素	対立要因 変化の要因 第2の要素 状況を強める要素	根本的な原因 無意識的な影響 ものごとの深い意味 未知の要素
ポジション4	ポジション5	ポジション6
過去 弱まっていく影響 解決した要素 忘れ去られたこと	態度と信念 気づいている影響 目標や目的 起こり得る別の未来	未来 近づいてくる影響 未解決の要素 受け入れていくこと
ポジション7	ポジション8	ポジション9
自然体のあなた あなたの可能性 表向きのあなた あなたが見ている自分	外的な環境 他人の見解 他人の期待 他人が思うあなた	ガイダンス 鍵となる要因 希望と恐れ 見落としている要素
	ポジション10	
	総合的な結果 内面の状態についての結果 行動面についての結果 結果が及ぼす影響	

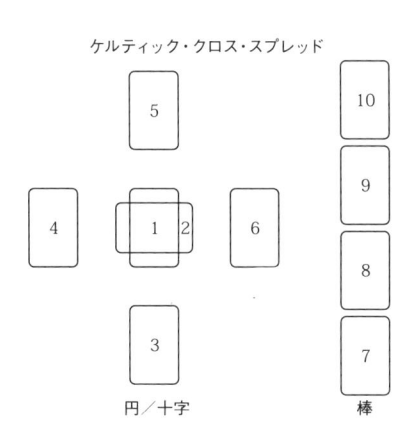

ケルティック・クロス・スプレッド

```
              5
                         10
                          9
       4    1 2    6
                          8
              3           7
            円／十字      棒
```

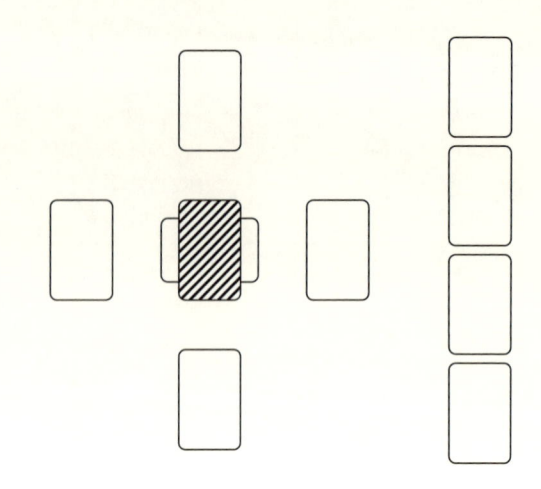

Celtic Cross
Position 1

【ポジション1】

問題の核心　　　　　現在の状況（外的）
現在の状況（内的）　　基本的な要素

【問題の核心】
中心にある主題／主要な気がかり／根本にある心配や動揺／注目すべき点／重要なポイント／基本的な問題

【現在の状況（外的）】
「あなたを覆っているもの」――伝統的[訳注1]
あなたを取り巻く状況／すぐ近くにある問題／あなたの周りで起こっていること／あなたが対応していること／外的な要因

【現在の状況（内的）】
内的な要因／この状況をあなたがどう思っているか／鍵となる人物の性質／基本的な精神状態／感情の状態／あなたの内側で何が起こっているか

【基本的な要素】
主要な影響／現在の支配的な特徴／目立っている特色／もっとも重要な要素／もっとも印象的な現在の特質

訳注1
バニングが「伝統的」と記しているのは、ここのポジションに対して「あなたを覆っているもの」という意味が、古くから割り当てられていることを指している（以下、「伝統的」と表記されている場合は、すべて同様）。ケルティック・クロスについてはP326の訳注1を参照。

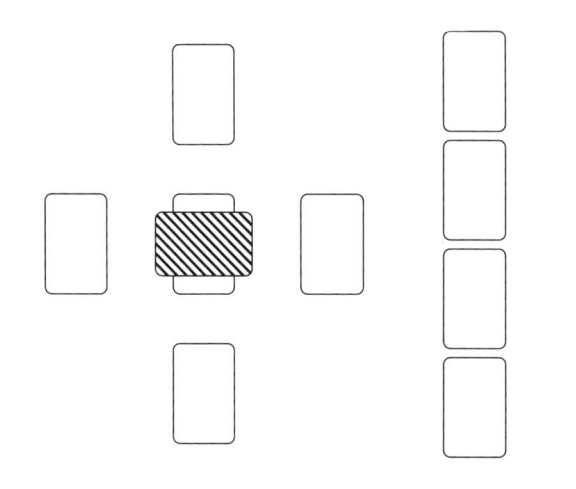

Celtic Cross
Position 2

【ポジション2】

対立要因	変化の要因
第2の要素	状況を強める要素

【対立要因】
 「あなたの障害となること」──伝統的
 対立要素／妨害要素／バランスを取る要素／状況を和らげる影響／ライバル、もしくは状況をくつがえす要因

【変化の要因】
 思いがけないところからくる何か／予測できない要素／新たに考慮すべきこと／バランスを崩す力／驚き／状況を揺さぶるもの

【第2の要素（ポジション1の解釈に対して）】
 興味をひきつける他の要素／他の情報源／副次的な問題／付随する問題／小さな要因

【状況を強める要素】
 状況を支えているもの／協力者／特別な誘引／誇張する力／関連のある問題

※ポジション2の配置について
 ポジション2にカードを置くときは、ポジション1に対して、時計回りに90度回転させて、置いてください。またカードの上辺が左側になった場合はリバースとなります。

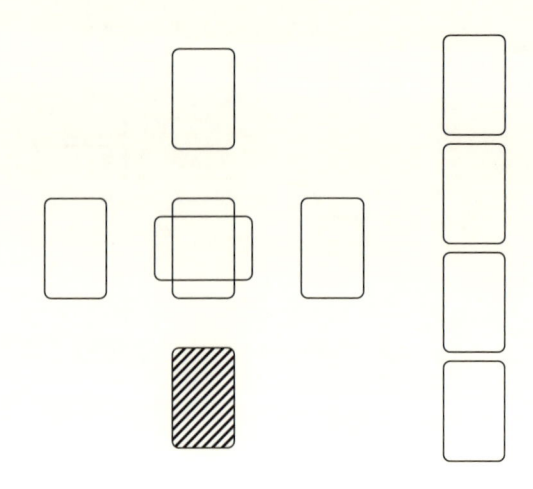

Celtic Cross Position 3

【ポジション3】

根本的な原因　　　　無意識的な影響
ものごとの深い意味　未知の要素

【根本的な原因】
問題の源／状況のベースとなっているもの／なぜものごとはそうなったのか／子ども時代や過去(あるいはカルマ)の影響／ものごとの裏に隠された理由／はじまりのポイント

【無意識的な影響】
「あなたの心に隠されていること」──伝統的
意識されていない動機／自覚されていない目的／もっとも基本的な衝動／要求や欲望の動因／自分自身の否定されている、あるいは拒絶されている部分

【ものごとの深い意味】
より大きな視点から見えるもの／ものごとの基本となるパターン／すべてを包含する視野／魂の目的／背景に横たわるもの／本当は何が起こっているのか

【未知の要素】
隠れた影響／意識せずに行っていること／まだ知られていない状況に関係している人／隠された意図／舞台裏のたくらみ

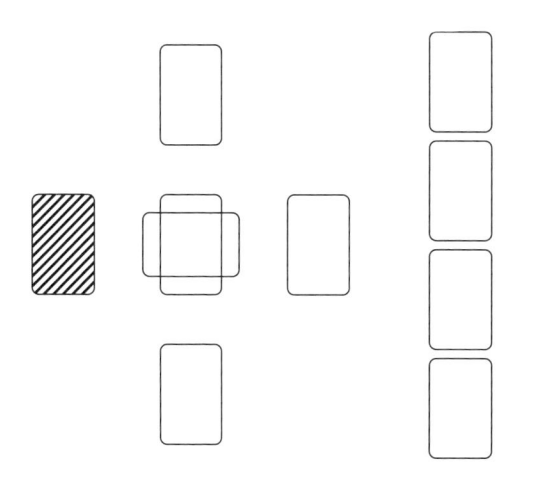

Celtic Cross
Position 4

【ポジション4】

過去	弱まっていく影響
解決した要素	忘れ去られたこと

【過去に関係している何か】
　性格／人物／信念／出来事／機会／習慣／関心／希望／恐れ

【弱まっていく影響】
　重要性を失っていっているもの／薄れつつある関心／以前の焦点／
　立ち去っていく誰か、あるいは何か／過ぎ去ったもの

【解決した要素】
　完全に気づいていること／すでに完結したこと／完成したこと／
　すでに取り除かれたこと／すでに処理されたこと

【忘れ去られたこと】
　流行遅れのやり方／もはや役に立たないもの／もはや必要のない
　誰か、もしくは何か／見捨てられた要素

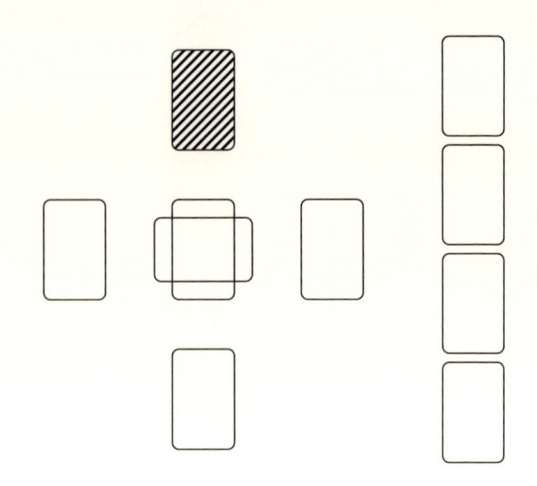

Celtic Cross Position 5

【ポジション5】

態度と信念	気づいている影響
目標や目的	起こり得る別の未来

【態度と信念】
　真実であると受け入れていること／想定していること／信念／起こっていることに対してあなたがどのように考えているのか／思い込み、あるいは思い違い／あなたが信頼を置いているところ

【気づいている影響】
　あなたの心にあるもの／あなたが何に焦点を絞っているのか／あなたが何を心配しているのか／あなたが何に悩まされているのか／あなたが把握していること／明らかなこと

【目標や目的】
　抱負／何を成し遂げるつもりか／未来への期待／心に抱いているもの／優先しているもの／望んでいる結果

【起こり得る別の未来】
　「やってくる可能性のあること」──伝統的
　発展していく可能性／異なる選択／あなたが起こるだろうと予想していること／あなたが意図的に計画している未来

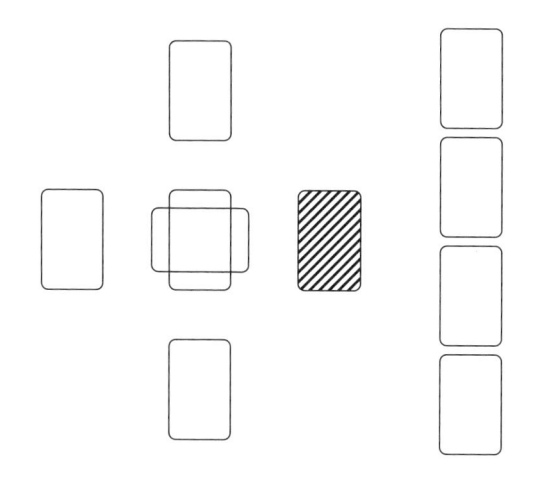

Celtic Cross
Position 6

【ポジション6】

未来	近づいてくる影響
未解決の要素	受け入れていくこと

【未来に関係している何か】
 性格／人物／信念／出来事／機会／習慣／関心／希望／恐れ

【近づいてくる影響】
 重要性を増してくること／関心が増してくること／焦点となってくること／近づいてくる誰か、あるいは何か／盛り上がってくること

【未解決の要素】
 いまだ気づいていないこと／未完成のこと／まだ保留になっていること／検討しなければならないこと／対処する必要のあること

【受け入れていくこと】
 有効なやり方／役に立つであろうこと／望ましい特質／必要なもの、もしくは誰か／歓迎されるべき要素

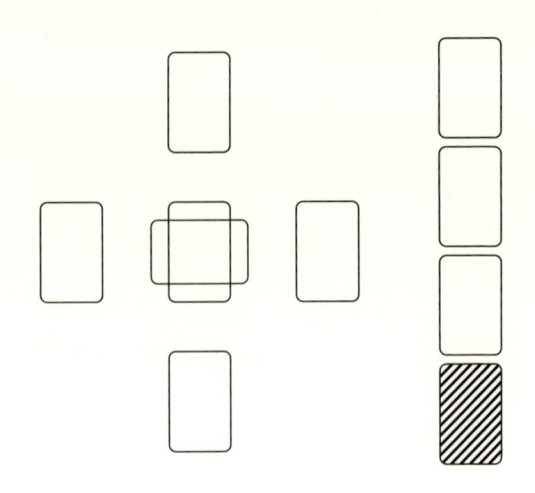

Celtic Cross Position 7

【ポジション7】

自然体のあなた　　　あなたの可能性
表向きのあなた　　　あなたが見ている自分

【自然体のあなた】
　自分のスタイル／自分の気質や傾向／自分の問題に対する対処の仕方／自分独特の傾向／自分のあり方／自分の立場やスタンス

【あなたの可能性】
　流れでる内的力／あなたが持っている才能や能力／あなたが持っている可能性／生きていくことにおける理想／可能なやり方／あなたのなりたいもの／あなた自身の目標

【表向きのあなた】
　あなたの公の顔／あなたがそうあるべきだと思っていること／世間に見せている仮面／見せかけのためにやっていること／あなたが受け入れている役割／自らに課している義務／偽りのあなた

【あなたが見ている自分（伝統的）】
　あなたの自己イメージ／自分に関するあなたの信念／自分がいる場所についての感覚／自分の中にある恐れ／自分に対してあなたが思っていること／自分自身に対してどのように制限を設けるか／自分自身の可能性をどのように広げてゆくか

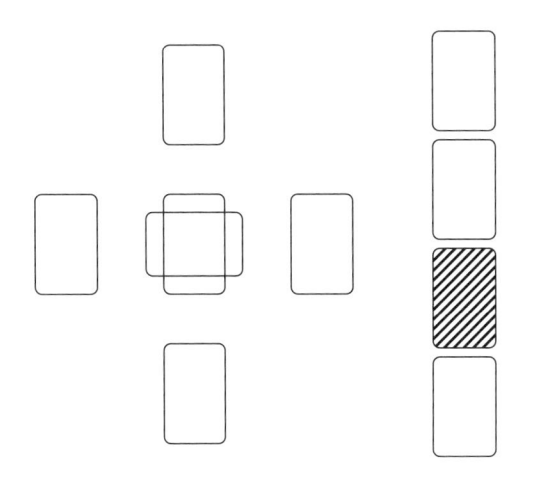

Celtic Cross
Position 8

【ポジション 8】

外的な環境	他人の見解
他人の期待	他人が思うあなた

【外的な環境】
「あなたを取り巻くもの」——伝統的
雰囲気／感情の状態／物理的、あるいは社会的な環境／周囲の状況／活動の場／対処しなくてはならない環境

【他人の見解】
その状況を他の人はどう見ているか／他の人の立場／問題についての別の観点／異なる展望／反対意見

【他人の期待】
他人があなたに求めること／あなたに課されている要求／あなたがどうあるべき／どうするべきと他人が思っているか／あなたに対して他人が言いたいこと／あなたが負っている外的な制限／あなたに割り当てられた役割

【他人が思うあなた】
「他人があなたをどう見ているか」——伝統的
あなたがどう思われているか／あなたがどう評価されているか／あなたについての公の見解／あなたがかもしだしている印象／あなたが他の人に与えている影響

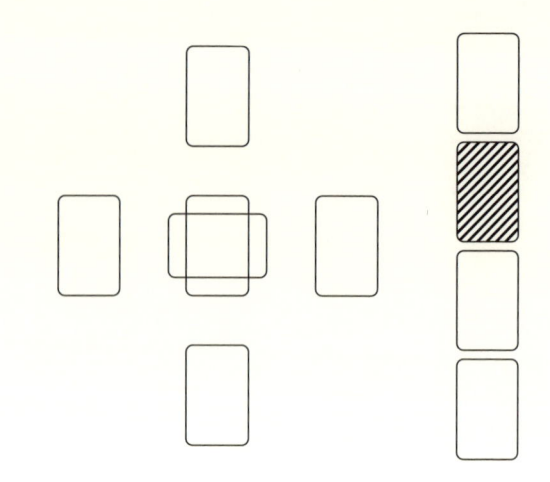

Celtic Cross
Position 9

【ポジション 9】

| ガイダンス | 鍵となる要因 |
| 希望と恐れ | 見落としている要素 |

【ガイダンス】
あなたがするかもしれないこと／どう進むのが最善か／どう変化させることができるか／警告の言葉／ものごとの真実／異なるアプローチ／有益な提案／正当な評価

【鍵となる要因】
土台となる状況／学ぶべきレッスン／すべてを説明すること／起こっていることの手がかり／知るべきこと／全体を結びつけているもの

【希望と恐れ（伝統的）】
あなたが恐れていること／あなたが疑っていることが本当であるかどうか／あなたが避けていること／自分の中の悪魔／あなたが求めていること／あなたの夢／あなたの理想／あなたの隠された欲望

【見落としている要素】
何かあなたが検討していなかったこと／パズルの足りないピース／この問題について何らかの役割を演じている人／考えるべき他の要素／驚きの要素／過小評価されている要素

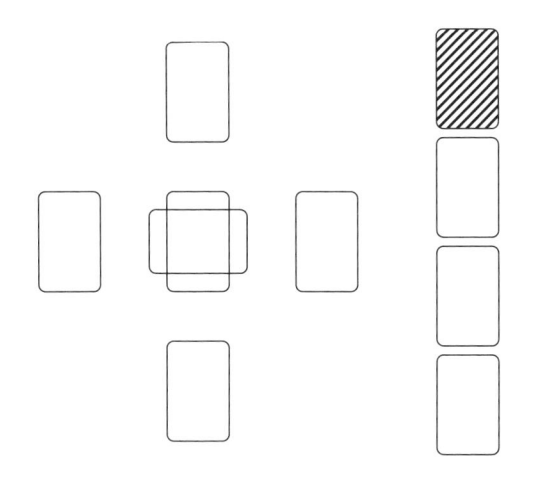

Celtic Cross
Position 10

【ポジション10】

総合的な結果	内面の状態についての結果
行動面についての結果	結果が及ぼす影響

【総合的な結果】
　もっとも起こりそうな結果／進んでいくかもしれないこと／状況がどのように解決されるか／すべてのものが導かれていくところ／決断の際に起こり得ること

【内面の状態についての結果】
　最終的にどのように感じているか／あなたの気持ちがどうなるか／あなたが何を理解することになるか／あなたが学ぶレッスン／あなたがどう考えるようになるか／あなたが身につけるであろう能力や特質

【行動面についての結果】
　やらねばならないかもしれないこと／どのような形で成功するか、あるいは失敗するか／あなたが選ぶであろう行為／必要とされるふるまい／あなたが成し遂げるであろうこと／あなたが取らなければならないアプローチ

【結果が及ぼす影響】
　結果が、誰かに与える影響／環境がどう変化するか／他の人が取るであろう行動／可能な対応策、あるいは抵抗の方法／どのような進展が起こるか／状況の変化

Jill's Reading

ジルのリーディング——イントロダクション

　これからお話するジルのストーリーは、何年か前に、わたしの友人ジル（仮名）のために行った3度にわたる一連のリーディングについてです。これらのリーディングでは、いかにタロットが、ものごとの進展を、時の経過と共に反映することができるかを例証しています。

　各リーディングは、そのときどきのスナップショットのようなものです。ものごとに発展の余地がある場合、そのスナップは変化していきますが、同時にそこには、それらをつなぎ合わせる共通の糸が存在します。

　ひとりの女性の経験したことに対するこの一連のリーディングでは、それまで続いてきた状況と新たな要素が、どのように相互作用するのか、見ることができるでしょう（ちなみに、このリーディングではリバースは採用していません）。

　解釈の中で、アンダーラインのあるフレーズは、カードの解説のページから取ったものです。また、斜字体で記されたフレーズは、ポジションについての解説のページから取ったものです。あなたも一緒にこれらのリーディングを体験できるよう、実際にカードを以下の配置で並べてみることをお勧めします。

【ジルの1回目のリーディング】

　最初のジルのリーディングは1990年1月、オープン・リーディングの形で行いました。ジルは何ヶ月もの間、自分を生んだ母親についての情報を知りたがっていました。また、母親についてほど強くはありませんでしたが、血のつながった父親の情報も求めていました。実は、生まれて11ヶ月のときに、ジルは養子に出されており、そのため彼女は、生まれた頃のことを何でもいいから知りたいと望んでいたのです。

　ジルは養子縁組を担当したエージェンシーを当たってみようとしました。しかし、エージェンシーは、彼女にほとんど情報を公開してくれませんでした。1回目のリーディングをした頃の彼女は、情報を得るために法的手段を行使しようと決心していました。そのときに出てきたのは次のようなカードです。

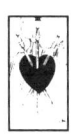

ジルの1回目のリーディング

　これらのカードを並べたとき、わたしたちふたりはすぐに、「ソードの3」——状況の*根本的な原因*——に目がいきました。このカードは、赤ん坊のころ、不意に生みの母と家から引き離されたジルが感じたであろう悲嘆と孤独を、明らかに象徴しています。ジルと両親を示す3本のソードが、ひとつのハートを突き刺していることに注目してください。また、裏切りという意味も重要です。実際に、ジルはある意味、多くの人々に裏切られたと感じているのです。それはたとえば、生みの親を見つけだすことに否定的な育ての親、探すことを妨害するエージェンシー、彼女を捨てたことについてジルが無意識に憤りを感じているであろう生みの親にです。

　このリーディングでは、たくさんのコート・カードが、バランスを取ることの必要性を暗示しています。まず、中央のカップとペンタクルのペア（ポジション1と2）です。それらはジルの未来に対する夢想（カップ）と現実的（ペンタクル）にならなければいけない必要性との間にある葛藤を象徴しています。このテーマは数ヶ月以内に、ジルにとってもっとも重要な焦点となります。

　特に「ペンタクルのペイジ」のカード（ポジション1）は、法的に勝利を収め、出生の秘密を追及するためには、現実的な事柄に集中する必要がある、とジルに示しています。一方で「カップのナイト」のカード（ポジション2）は、彼女の生みの母がどんな人なのかを、非現実的に

- 341 -

夢見ていることを示しています。これは彼女にとって現実に必要なこととは、正反対の傾向を示しています。またこのカードは、ジルの感情的な部分の抑制の欠如を暗に示しています。さらに、その希望が、現実化しない空想であることさえ、暗示していると言えるでしょう。

　このことは、ポジション4に出てくる「カップのクイーン」のカードによって強調されています。わたしはこのカードを見た瞬間、「母親」という言葉が浮かびました。この場合の「カップのクイーン」のカードは、ジルが望んでいる夢に見た母の姿——完全なる愛情と心の優しさ——といった特別な意味を想起させます。そして、今の彼女を駆り立てているのが、この過去からの望みであることを、「カップのクイーン」のカードは示しています。

　その他の重要なペアとしては、ポジション7の「ソードのキング」とポジション8の「ペンタクルのナイト」のカードです。「ソードのキング」のカードは、この状況において、ジルが自分自身を、正直さと公正さの代行者であり、それゆえ彼女は自分が生まれたときのことについて、真実を知る権利があると感じていることを示しています。実際にジルは、このリーディングの1週間前、ちょうど法廷に提出する書類を準備したところでした。彼女は「ソードのキング」の才能——分析能力、知性、そして文章力を、法廷の準備のために使っていたとも言えます。

　「ペンタクルのナイト」のカードは、他の人たちが思っているかもしれないこと、すなわちジルは悲観的すぎるとか、衝動に駆られているといったことを示しています。ジルの周りの人たちは、彼女の熱意を理解できず、合意を取りつけることに脅迫的すぎると判断しているようです。彼らのジルに対する見解が正しいか間違っているかは別としても、それは有益な情報です。というのも、もしジルが、エージェンシーや法的機関と緊張関係を作ってしまったら、彼女の状況は不利なものになってしまいます。「ペンタクルのナイト」のカードは、ジルが頑固な態度を和らげ、穏やかに、そして理性的に取り組むべきだというヒントを与えてくれたのでしょう。

　ポジション9に現れた「カップの5」のカードは、全体の状況の鍵となります。それは、最初に血のつながった両親をなくしたことからはじまった喪失を象徴しています。ジルは今、母親を単に夢見ているのではなく、実際の生みの母がどんな人物であろうと、自分との間に本当の血縁関係を築くことを望んでいるに違いありません。それと同時にこのカ

ードは、法廷で破れるかもしれないジルの恐れを表してもいるようです。

　ポジション6の「ソードの8」のカードは、何か混乱するようなことが、行く手に待っていることを暗示しています。ジルは矛盾した感情のバランスを取ろうと試み、自分の無力さを感じるときが幾度かあるでしょう。また外的な力が、一時的に彼女の探求を制限するかもしれません。

　その一方で、ポジション5の「ワンドの6」とポジション10の「魔術師」のカードは、これ以上ないくらいポジティヴです。「ワンドの6」のカードは、法的な障害を克服し、勝利をつかむための能力を自覚しているジルの信念の力を示しています。また、彼女は「魔術師」のカードが予言しているように、勝利を成し遂げることができることを確信しています。今回のリーディングの中で唯一の大アルカナである「魔術師」のカードは、ジルが目標に気づいたときに、それに向かって行使することのできる特別に大きな力を表しています。したがって、もしジルが内なる力を強固にし、自分が失ったものを意識的に受け入れていけば、彼女にも大きな成功を手にすることができる可能性は十分にあると言えるでしょう。

【ジルの2回目のリーディング】
　1990年の6月、わたしはジルと彼女の状況について、2回目のリーディングを行いました。このとき実は、彼女の身にとてもドラマティックな出来事が起きていました。それについてタロットが、どのようなことを告げてくれるのかを見てみたいと思い、カードを引いてみました。

　3月にジルは、自分の捜索の正当性を理解してくれる判事に出会いました。その判事は、養子縁組のファイルを公開するようにとの判決を下しました。その後、必死に調べた結果、ジルは判決から3週間で生みの親ふたり共の居所を探し当てたのです。はじめ父親は彼女と話すことに戸惑っていたようですが、母親のほうは遠く離れた街で再会したことに驚きを感じながらも、彼女を温かく歓迎してくれました。

　わたしはこの成り行きについて、1回目のリーディングでのポジティヴに予測された結果が実現されたのだと思いました。彼女は自分の能力を信じ、短期間で目標を達成しました。しかしながらこのドラマは、すぐに予期していなかった方向へ進もうとしていたのです。

　ジルと生みの母親は急速に親しくなりました。ジルが母親のところに

滞在している間に、父親とも連絡を再開し、両親は30年ぶりにはじめて言葉を交わし、そしてすぐにもともとのロマンティックな関係を取り戻したのです！

こういった状況のもとで、わたしはこのリーディングをすることを決意しました。そして、この状況を取り巻く高度にチャージされたエネルギーが、いったいどのようなものであるかを理解しようとしました。わたしが書いた質問はこうです。「ジルと、生みの母親、父親の3人の人生のドラマの本質と、関係を再び紡ぎ合わせることになった起因とは何か？」このとき出たカードは次のとおりです。

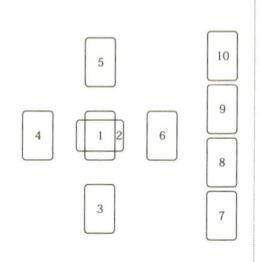

ジルの2回目のリーディング

再びポジション1に「ペイジ」のカードが出てきました。ジルの状況は今もまだ、動くべき好機ですが、今回彼女は、難関に立ち向かわなければならないようです。ジルは自分自身に正直に、そしてこの状況に対しては屈しない精神と明晰な思考（ソード）で臨まなくてはなりません。

ポジション2の「ソードの4」のカードは、こういった状況下で、彼女自身、自分をどのように支えていくのが望ましいのかを伝えています。彼女は周到に行動と要求を吟味しなければなりません。いわば感情のジェットコースターを乗りこなすために、彼女自身が冷静で穏やかな心を育てなければなりません。

ポジション3と5には、今回と前回のリーディングを結びつけるリンクが見られます。再びポジション5には、「夢に見た母」を象徴する「カップのクイーン」のカードが現れています。ジルはこの理想像を手放すことなく、むしろそのイメージは彼女の意識にしっかりと位置づけられたようです。今の彼女は、ほとんどの時間を、生みの母親のことを考え、感じているようです。

　1月に行った前回のリーディングでは、この事件の中でジルにとって鍵となるレッスンは感情的な喪失の変容であることを、「カップの5」のカードが伝えていました。今このカードは、ポジション3の位置に移動しました。このことは、ジルが出生について感じている悲哀が、彼女の深層意識の中に降りていってしまっていることを示しています。愛するものたちを失ったことと本当はあるべきだったはずの夢の喪失を、深い意識のレベルで嘆いているのです。この出生にまつわる悲劇が、再び両親を失うのではないかと言う恐れの引き金となっているようです。

　ポジション4の「ペンタクルの3」のカードは、チームワークの象徴しており、ジルが生みの両親と楽しく過ごしている状況が、すでに過去のことになりつつあるかもしれないことを表しています。このカードに描かれている人物の立ち位置は意味深いものです。ふたりは一緒に立っていますが、ひとりだけ離れています。しかも、そのひとりは半分だけ身体を横に向け、まるでふたりの仲間に入るか否かを決めかねているようです。このカードを眺めていたとき、わたしは背の高い人物の手に、ひっくり返したカップがあることが気になりました。そのカップは、「カップの5」のカードに描かれている倒れたカップが象徴する喪失を、何ともはっきりと連想させるものではないでしょうか！

　ポジション6の「ワンドの4」のカードは、お祝いごとの種です。ジルの状況がどのような形になったとしても、どうやら近い未来はわくわくするようなことが待っているようです。

　ポジション7と8は、大アルカナなので特に重要です。それらは、ジルと彼女のおかれた環境の間に横たわる重大な矛盾をはっきりと表しています。ジル自身の観点を示しているのは、「恋人」のカードです。もともと否定されてきた愛情と人間関係の絆を、彼女は築き上げたいのです。また同時にこのカードは、両親が文字どおり恋人になったという事実を、彼女が受け入れていることを示しているのでしょう。

　一方でジルを取り巻く環境には、恐れと幻想が表れています。「月」

のカードは、ものごとが見た目どおりでないときや、人々が言っていることをそのまま受けとることができないときの不確かさを象徴しています。ただしこの場合には、そこに意図的な策略のようなものがあるわけではなく、ただはっきりとした見とおしが得られない状態になっているだけのようです。すなわち、何らかの害を与える意図を持った人物がいるというわけではなく、誰もが本当に必要としているものが何なのかそれぞれが確信を持てない状態なのです。

　ポジション10の「ペンタクルの5」のカードに描かれているように、ジルは何らかの形での拒絶という状態に向かって進んでいるようです。このリーディングを通して見え隠れしている3人の結束の不足は、ジルは寒空に放りだされ、邪魔者として遠ざけられているように感じてしまいかねないことを示しています。

　ジルの強さは、真実と共にあります。ポジション1の「ソードのペイジ」は、明るさと正直さがもっとも必要なものであることを、彼女に思いださせています。今のうちにジルは、事態が好ましくない状況に向かう可能性に対して、備えておくべきなのかもしれません。ポジション9にある「ワンドの9」のカードは、彼女が自己防衛をし、秘んでいる力を引きだすための準備をするようにと彼女に伝えています。すでに見たように、近い未来にはお祝いごとがあるかもしれませんが、ジルに新しい人間関係の中で生きていくための本当の道を、探し求めなければならない辛い時期のやってくることが、暗示されていると言えるでしょう。

【ジルの3回目のリーディング】
　3回目のリーディングは、1990年の11月、ジルの目の前で行いました。7月にジルの父親は母親を訪ね、ふたりの間にロマンスが花開きました。8月にはジルと母親が、父親の住む遠く離れた街に行きました。それは楽しい旅行のはずでした。しかし最終的にその旅は、問題を抱え込むことになってしまいました。ある晩、ジルの目の前で父親の家の扉が閉ざされ、2回目のリーディングで予測されていたとおりの拒絶を、彼女は味わうはめになったのです。彼らの間の緊迫した状態が頂点に達したとき、彼女は道端に放りだされたのでした。
　ジルの母親は、その旅行から家に戻ることはありませんでした。彼女は夫のもとを離れ、荷物をすべてジルの父親のもとへ運び込んだのです。ジルとふたりの関係は、緊迫したものになりました。さらに、いくつかの劇的で驚くべき出来事が、ジルの心をかき乱しました。リーディングを行うとき、ジルはこの状況がどうなってしまうのかを、とても知

りたがっていました。そのとき彼女が書いた質問は、「今後、生みの母親と父親との関係はどうなるのでしょうか？」というものでした。

彼女の引いたカードは、次のようなものでした。

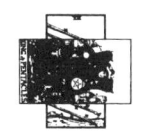

ジルの3回目のリーディング

かつてのジルの状況に現れていたエネルギーが、いまだ明らかに存在していることがわかります。というのも今回も、今までのリーディングと同じカードが4枚出ました。「ソードの8」のカードは、1回目のリーディングの際のポジション6から、ポジション3へと移動しました。すなわち以前は、未来に現れていた制限が、今では状況の基礎になったわけです。過去の出来事によって気持ちはかき乱され、ジルは根本的なレベルで、力のなさを感じています。

「ワンドの9」のカードは、2回目のリーディングのときのポジション9から、ポジション5に移動しました。その際にこのカードは、自分の身を守り、起こるかもしれない好ましくない状況に対する準備をしておくようにとジルに警告していました。確かに彼女は、そのように考えはじめていました。彼女は感情的になったとき、自分を強く持ち、感情の波に飲み込まれることから、自分を防御すべきであることをわかっていました。

「ワンドの4」のカードは、2回目のリーディングのときのポジション6から、ポジション4へと移動しました。このことは再会の祝福が、過

去へと消えたことを示しています。楽しかったときの興奮は、ジルの人生から遠ざかり、今は背後へと追いやられたのです。

　ポジション7と8は、ジルの期待が、まだ両親との間で、かみ合っていないことを示しています。ジルは安定し、秩序ある家庭生活（ペンタクルの10）に憧れていました。彼女の望みは、ごく普通の家族たちが送っている平凡でありふれた暮らし以外の何ものでもありません。ただ彼女は、安定を持続させるための解決策が欲しいのです。

　一方で彼女の両親は、「悪魔」のカードに象徴される度を越した関係に、陥ってしまっています。2回目のリーディングで見た「恋人」のカードは、本当は両親ふたりの魂のつながりであり、娘を含めた愛情関係を作り上げようということではなかったようです。

　ジルは解決策を必要としていますが、それを示唆する2枚のカードがあります。ひとつ目は、ポジション1に出ている「ワンドの8」のカードです。このカードは、やがて結論を出すことができるであろうことを示しています。もしジルが、素早く、断固としたアクションを起こせば、未完成になっている状況を完成させることができるはずです。

　さらにポジション6の「死」のカードは、近い未来に大きな終結がやってくるであろうことが示されています。おそらく、このように離れてしまったことに対して、3人とも苦しむことになるでしょう。そしてジルは、両親との新しい関係へと、移行していかなければならないということなのでしょう。

　結果、あるいは決着を意味するポジション10には「女帝」のカードが出ています。「女帝」のカードは、理想的な母の姿であり、それは今の状況に対する何らかの理解が、ジルに訪れるであろうポジティヴなサインです。「女帝」のカードは、母性の元型（アーキタイプ）であり、どんな障害にも負けず、愛し、慈しみ、育てる能力です。またジル自身は、このカードに対して、自分自身が「母親」としての自覚に目覚める時期がきたのだと告げられているように感じました。

　もし、ポジティヴな解決策を望むのなら、ジルはいったいどうしたらよいでしょうか？　おそらく鍵は、2枚のペンタクルのカードが握っています。ポジション9にある「ペンタクルのペイジ」のカードは、繰り返し出てきているカードのひとつです。1回目のリーディングでは、ポジション1に出てきていました。このカードは、信頼と夢に向かって行

動する能力を得ることが、ジルのレッスンであることを表しています。

　ジルは多くの困難な障害にも関わらず、生みの両親を探し当てました。しかし彼女は、現実は想像とは違うのだということに気がつきました。そして、自分を支えてもらおうと他人に依存するのではなく、自分自身を信頼することを学びました。ポジション2の「ペンタクルのキング」のカードは、救済を他の人に求めるべきではないことを、ジルに伝えています。そう彼女は、キングのように成熟し、ペンタクルのクオリティである堅実さと信頼を、自らの中に発達させなければならないのです。

　また「ペンタクルのペイジ」のカードは、力をつけ、実際的な解決策を探すようにと勇気づけてくれています。ジルは一度、理想の家族像をすべて手放さなければなりません。そうしてこそ彼女は、完璧でもないし、欠点もあるそのままの両親と、関係を築き上げていくことができることでしょう。

　このリーディングは、生まれたときから発生する人々をつなぎ合わせる絆と愛情がテーマでした。それにも関わらず、そこにはカップのカードが、1枚も出てきませんでした。そう、ここには愛と感情を象徴するカードが、完全に欠けていたのです。愛することを学ぶレッスンは容易なものではありません。それはジルにとって、自分の内なる力を引きだし、自らを強く賢明な人間にしていくためのチャレンジ、という形をとって現れたと言えるでしょう。

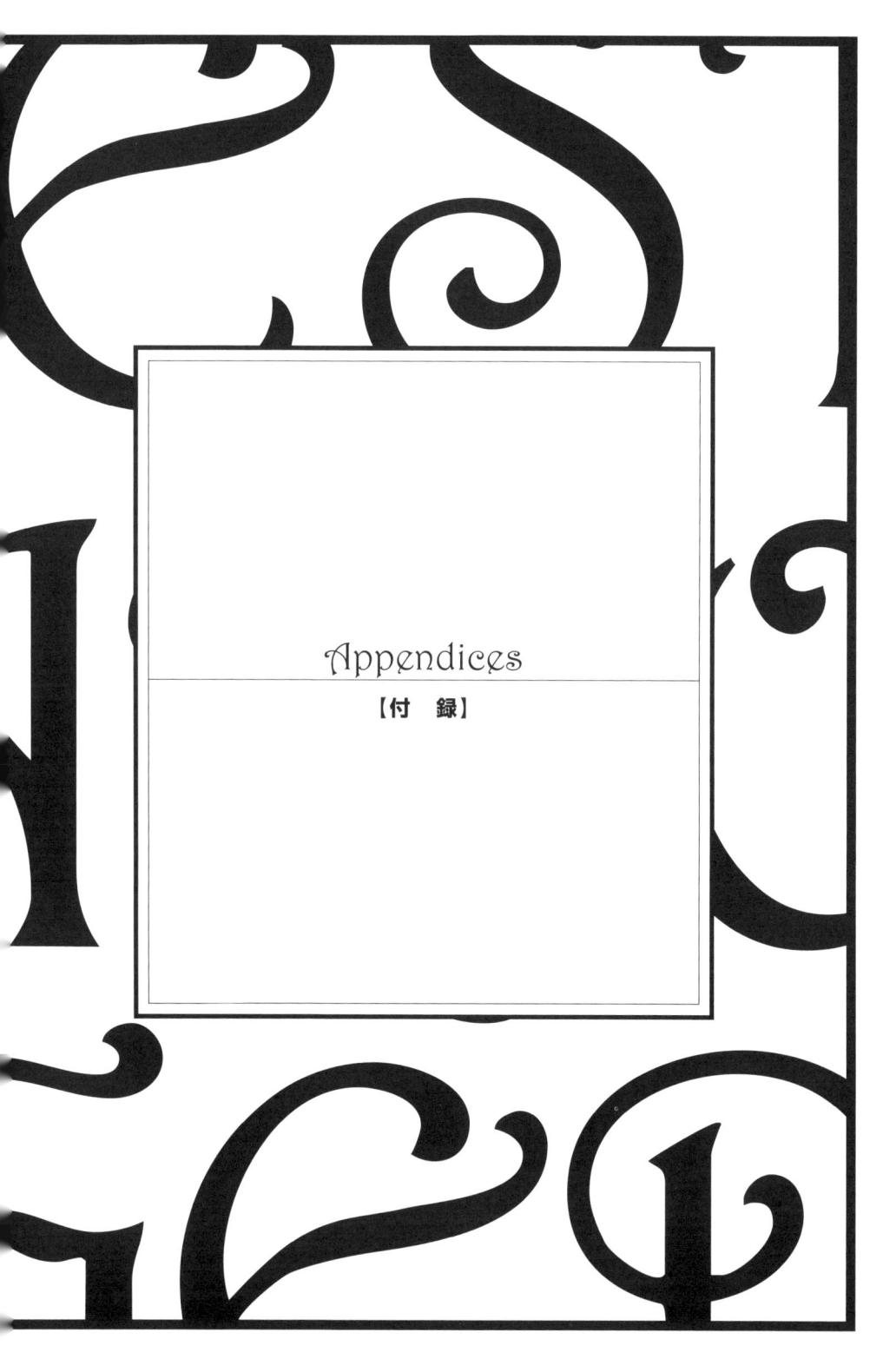

Appendices
【付 録】

Appendix A
The Fool's Journey

付録A:『フールズ・ジャーニー』

「フールズ・ジャーニー」[訳注1]は人生を旅に見立てたメタファー（隠喩）です。大アルカナのカードそれぞれが、その旅の成長段階を表しています。そこで人は、全体性意識へと至るまでの経験を積んでいかなくてはなりません。以下の22枚のカードの描写は、それぞれの大アルカナの持つキーワードをもとにして、人の成長段階のプロセスを表現したものです。文章中、キーワードを〈斜字体〉で、また各カードの番号を（ ）で記しています。

「愚者」

　フールズ・ジャーニーは、はじまりを意味する「愚者」(0) のカードからスタートします。「愚者」は、人生の旅をはじめるわたしたちすべてを象徴しています。純粋な魂の持ち主である彼は、冒険やときには痛みを伴うかもしれない旅へ出かけることに、無邪気で自信にあふれています。そのため、人はしばしば彼のことを「愚か者」と呼びます。

　この旅のはじまりにおいて「愚者」は、生まれたての赤ん坊のようなものです。彼は、いまだ汚れを知らず、どんなことに対してもオープンであり、また本能的に行動します。実際、このカードの絵柄で彼は、腕を大きく広げ、顔を高くもたげている姿として描かれています。彼には、これからやってくる様々な出来事を受け入れる覚悟があります。とはいえ彼は、そのすぐ先にある足元の断崖には気づいていません。「愚者」は、この世界でのレッスンを学ぶための冒険の旅に出たものの、自分が直面するかもしれない苦難に、いまだ気づいていないのです。

　「愚者」のカードは、残りの大アルカナとは、いくぶん異なる位置にあります。このカードの番号であるゼロは、特別な数です。すなわち、数列の中でも真ん中に位置しているこの数は、ポジティヴとマイナスの間の平衡をもたらしています。生まれたての「愚者」は、いまだ自分個人の世界における中心にいます。ゼロという数に象徴されるように、彼はいまだ、空っぽであり、何かを得ているわけではありません。しかし、先へ進み、いろいろなことを学びたいという気持ちでいっぱいです。人によっては、彼のことを単に愚かな人物であるかのように見なしてしまうかもしれません。けれども、果たして本当にそうなのでしょうか？

訳注1
フールズ・ジャーニーとは、大アルカナのそれぞれのカードを、「愚者の旅」を表すものとして見立てたものである。
フールズ・ジャーニーでは、一連の大アルカナのカードの並びは、「愚者」は、「魔術師」からはじまり順番どおり、「世界」のカードへ向かっていくことで、人生の大切なレッスンを学び、成長していくというストーリーとして解釈される。
フールズ・ジャーニーのアイディアは、1970年代から80年代にかけて、アメリカのニューエイジ・ムーヴメントと結びついたタロットの解釈論の中で、大きく流行したものである。詳しくは、拙著『タロット大全』（紀伊國屋書店、2004年）、37-42頁。

「魔術師」と「女司祭」
　人生という旅に出発した「愚者」は、すぐに「魔術師」（1）と「女司祭」（2）に出会います。彼らは、この目に見える世界を構成する偉大なふたつの均衡した力であり、また、これからわたしたちが旅における様々な経験を見ていく中で、何度も繰り返し現れてくる二項対立の基礎を象徴しています。

　「魔術師」は、ふたつの力の内、常にポジティヴな側面を象徴しています。すなわち彼は、*活動的*で創造性へと向かう男性的な力を示しています。また「魔術師」は、*意識的*な気づきを持ち、個の意志と力を集中させることで世界にインパクトを与えます。

　一方の「女司祭」は、「魔術師」とは反対のネガティヴな力であり、*神秘的な無意識*の領域を象徴します。彼女は、ものごとが創造的に立ち現れてくる、その豊かな源を与えてくれます。また彼女は、何らかのアクティブな力によって、表現という形にもたらされることを待っている、わたしたちの気づいていない*潜在的可能性*でもあるのです。

　ちなみに、ここで使っているポジティヴとネガティヴという言葉は、「よい」か「悪い」かといったことを意味するのではありません。そもそも「よい」、「悪い」というカテゴリーは、あくまで一般の人間社会での識別に用いられるカテゴリーに過ぎず、タロットの世界には完全に当てはまりません。

　「魔術師」と「女司祭」は、価値観と重要性において完全にイコールです。どちらも、ものごとのバランスを保つためには必要不可欠なものです。もしかすると人によっては、ネガティヴな部分に対して、それをわたしたち人間の影の部分だと見なしてしまうかもしれません。けれども、純粋な光などはあり得ず、常に光と影は相補的な関係にあるのです。また、潜在的可能性があればこそ、そこから何かを形作ることもできるのです。

「女帝」
　「愚者」は成長するにつれ、周りの環境をよりはっきりと意識していきます。ほとんどの赤ん坊のように、最初に彼は、温かく養い世話をしてくれる愛に満ちた*母なるもの*の存在に気がつきます。また彼は、わたしたち人間を大きく包み込む母なる大地の存在をも知ることになります。

「女帝」(3) は、自然と感覚の世界を象徴しています。赤ん坊は、様々なものに触れたり、匂いを嗅いだり、味わったりといったことを通じて、感覚の世界における喜びを感じていきます。彼はまだ、自分の世界を大きく広げていくための視覚や聴覚を十分に発達させていません。この段階での「愚者」は、わたしたちを取り囲む母なる大地の豊かな恵みに、大きな喜びを感じています。

「皇帝」
　「愚者」が次に出会うのは、父性を象徴する「皇帝」(4) です。彼は組織と権威を表しています。子どもが母親の胸から離れたとき、世界にはあるパターンが存在することを学んでいきます。すなわち、ものごとはある程度予測できる動きを示し、その法則を探求することができるということです。子どもはそういったものごとの秩序を発見していくことで、新たな喜びを経験していくのです。

　また「愚者」は、ものごとのルールにも直面します。そう、彼は常にものごとがすべて思いどおりにいくわけではなく、自分がうまくやっていくためには、必要な特定のふるまい方があるということを学ぶのです。世の中には必ず、そうしたガイドラインを教え込もうとする権威的な人々がいるものです。また、こういった行動の制限は、人を欲求不満にさせることもあります。しかし「愚者」は、父なるもののしっかりとした導きを通して、それを学ぶことの目的を理解しはじめるのです。

「司祭」
　ついに「愚者」は、家の中から広い世界へと飛びだします。彼の属する文化の伝統や信条を学んでいくために、形式的な教育を受けなければならなくなります。まさに「司祭」(5) は、成長していく子どもを取り囲み、教えを吹き込む制度化された信念体系(ビリーフ・システム)を象徴しています。

　しかしながら「司祭」は、秘密の知識や奥義を解釈する人をも象徴しています。実際のカードの絵柄では、「司祭」がふたりの新参者に祝福を与えています。おそらく「司祭」は、彼らふたりを教会へと導き入れようとしているのでしょう。このカードのイメージは、明らかに宗教的です。とはいえこのカードは、宗教に限らず、正式に何かに加入する際のあらゆる場面を象徴しています。

　子どもは社会に参加することで様々なことを教え込まれ、特定の社会

性を身につけ、その文化の一員となっていくのです。また同時に、*集団の中でアイディンティを確立*し、そこへの帰属意識を養っていきます。子どもは社会の習慣を学び、その集団の中で自分がどれだけ十分に*認め*てもらっているかということに、大きな関心を示すようになるのです。

「恋人」
　ついに「愚者」は、ふたつの新たな挑戦に出くわします。ひとつ目は、他者との*性的*なつながりを求める強い衝動が湧き上がってくるのを体験します。これまで彼は、基本的に自分本位でした。しかし、彼も今や、他者との調和を求める傾向が強まってきています。彼は人とのつながりに憧れています。心の中で「恋人」(6) を思い、ついにはその相手と恋人関係を作り上げるのです。

　ふたつ目の挑戦は、*彼自身の信念*によって決断していかなくてはならなくなるということです。彼が学び、成長していく過程では、一般的な規則に従っているだけでも何ら問題ありません。しかしある段階で、彼が自分自身に正直になるためには、自分の価値観でものごとを決めていかなければならなくなります。そう、今や彼は、与えられた意見にただ従うのではなく、それに対して疑問を投げかける段階へと進まなければならないのです。

「戦車」
　「愚者」が大人になる頃には、強いアイデンティティと確かな自制心が身についています。また、彼は修練と意志の力を通して、内なる支配力を発達させ、自分の周りの環境に打ち勝てるまでに成長してきました。

　「戦車」(7) は、「愚者」のこれまでの中でのもっとも高い到達地点である強い自我を象徴しています。このカードの実際の絵柄には、自信に満ちて堂々とした人物が、*勝ち誇って*戦車に乗る姿が描かれています。彼は自分自身に対しても、また彼を見守る観衆に対しても、*明らかな統制力*があります。今のところ、「愚者」の*積極性*は、彼の望みどおりの結果をもたらし、彼は自己満足を感じています。彼にあるのは、若さゆえに許されている自信なのです。

「力」
　時が経過し、「愚者」の人生に新しい挑戦がやってきます。それには

苦しみと失望を伴うこともありますが、それらを通して彼は、「力」(8)の本質に近づく多くの機会を与えられるのです。「愚者」は、勇気を出し、決意を固め、妨害をはねのけ、進み続ける強い心を見つけだすために試練を受けます。

　自分自身を含むすべてのものが、支配下にあると思ったときこそ、激しい情熱というものは、湧き上がってくるものです。したがって「愚者」は、*忍耐と寛容*といったもっと穏やかな性質も身につけていかなければなりません。彼は、「戦車」(7)が象徴する自分本位の主張を、愛情のこもった優しさと柔らかい力で抑制していかなければならないことを悟らなければならないのです。

「隠者」
　遅かれ早かれ、「愚者」は「なぜ？」という問いを自分に投げかけるようになります。それは昔から人間が問い続けているものです。人は人生で苦しみ、結局は死を迎えるにも関わらず、なぜ生きているのか？彼のこの問いは、単なる好奇心というレベルではありません。彼は切実な必要性に駆られて、答えを見つけだすことに熱中します。

　「隠者」(9)は、ものごとのより深い真実の探求を象徴しています。この段階で「愚者」は、心の*内側*に眼を向けはじめます。そして、自分の感情や欲望を理解しようと試みます。物質的な世界は、もはや彼の興味をかき立てることなく、社会の喧騒から離れて*孤独*の時間を求めます。やがて彼は、助言や方向性を指し示してくれる師や*導き*を探し求めることになるかもしれません。

「運命の車輪」
　長い内省の後、いかに世界のすべてのものが関わり合っているのかを、「愚者」は理解しはじめます。この世界に対する、複雑なパターンとサイクルで彩られた驚くべきヴィジョンを、彼は得ることができたのです。「運命の車輪」(10)は、すべてが調和のもとに協働しているこの世界の神秘のシンボルです。「愚者」は、この世界の美と秩序を垣間見ることができたとき、求めていた答えをいくつか見つけられるでしょう。

　また彼の経験は、しばしば運命の仕業のようにも感じられます。偶然の出会いや奇跡的な出来事によって、変化のプロセスがはじまります。

「愚者」は、彼にとってターニングポイントとなった一連の出来事を通じて、自分の*運命*に気づかされるかもしれません。孤独の中を生きることから、再び彼はアクションを起こし、*動き*だすための準備が整ったようです。彼のものごとを見通す力は広がりました。そして自分自身が、この宇宙の壮大な計画の一部であることを感じています。こうして彼の目標は新たなものとなっていくのです。

「正義」
　今や「愚者」は、彼が得た宇宙についてのヴィジョンが、自分個人に対してどんな意味を持つのか、考えていかなくてはならない時期を迎えました。自分をここまで導いてきた*原因*と*結果*の関係をたどるために、彼は人生を振り返ります。そして過去の行動の*責任*を引き受け、過ちを正し、未来のためにより誠実な生き方を手に入れようとします。これまでの過ちをきれいに拭い去っていくためには、「正義」(11) の求めに従わなければなりません。

「愚者」にとっては、まさに*決断*のときです。彼は重要な選択をしようとしています。彼は自分の洞察に対して正直でいられるのでしょうか？
　それともさらなる成長を拒み、安易な道を選択したりして元どおりになってしまうのでしょうか？

「吊るされた男」
　恐れることなく、「愚者」はどんどん先へ進みます。彼は自分のヴィジョンを現実化させようと決意します。しかし、人生はそれほど簡単なものではないことに気がつかされます。遅かれ早かれ彼は、非常に厳しい試練のときを迎えることになります。この過酷な課題は、あきらめるか*手放*すかという選択肢しかなくなるまで、彼を苦しめます。

　最初、「愚者」は挫折し途方に暮れます。そして彼は何もかもを*犠牲*にしてしまったと思ってしまいます。しかし彼は、その難局から驚くべき真実を学ぶことになります。彼がコントロールしようとあがくのをあきらめたとき、すべてのものごとはあるべき形で動きだしはじめます。また、心を開き、すべてをさらけだすことによって、インナー・セルフの奇跡的な支援に気づくことになるのです。彼は経験によって、戦うのではなく譲ることを学びます。そこに彼は、思いもよらない喜びを感じ、やがて人生はよどみなく流れはじめます。

「愚者」は、永遠のときの中で一時*停止*し、そのことによって切迫したことやプレッシャーから解き放たれます。彼の世界は*上下*がひっくり返っています。「吊るされた男」(12) は、一見、受難者であるものの、その心は平穏で平和に満ちているのです。

「死」
　今や「愚者」は、古い習慣を*排除*し、目的に近づこうとしています。自分の人生にとって何が大切なのか、ということを理解しているため、不必要なものを捨て去ります。人生の大きくなりすぎた要素を手放していくたびに、彼はものごとの終わりを経験します。このプロセスは、死と似ています。というのも、自分の中に新しいものが生まれ成長していくためには、これまでの古い自己の死が必要とされるからです。この*避けることのできない変化*がやってくるとき、もしかすると自分が押しつぶされてしまうように感じるかもしれません。けれども彼は、「死」(13) の状態が永続するものではないことを理解し、立ち上がります。そう、単にそれは、より充実した新たな人生への変化を意味するものなのです。

「節制」
「隠者」の段階での学びを通過した後、「愚者」の感情は、振り子のように大きく揺り動かされました。そして今や彼は、「節制」(14) の動的なバランスによる安定を学びます。ここで彼は、ものごとの真のバランスとの釣り合いを見つけるのです。

　また「愚者」は、あまりにも極端な危機を経験してきたことによって、穏やかであることの価値をも学びはじめています。そればかりか彼は、自分自身のあらゆる側面を、*健康と幸福*で輝く全体性の中心へと結びつけました。「戦車」(7) [*1] の力強いけれども、厳しい支配力に比べたら、「節制」(14) の天使は、何と上品さと優しさに満ちていることでしょう。長い時間をかけてようやく「愚者」は、調和のとれた人生とは何かが理解できるようになったのです。

「悪魔」
「愚者」は、「節制」のカードを通じて、健康、心の平安、優美な落ち着きを持つことになりました。では彼にとって、これ以上必要なものは何なのでしょうか？　ついに「愚者」は、勇気を出し、いまや存在のよ

[*1]
Rachel Pollack, Seventy-Eight Degrees of Wisdom, Part 1 (London: Aquarian Press, 1980), p.65.

り深いレベルを追い求める段階にまでやってきました。ここで彼が直面しなければならないのは、「悪魔」(15)です。

「悪魔」は、邪悪さやわたしたちの外部に存在する悪意を、単に象徴するものではありません。むしろそれは、ある意味、わたしたち誰の中にも存在する*無知*と*絶望*であり、また*物質*世界が持つ誘惑的で強制的な魅力をも示しています。しばしばわたしたちは、それに囚われているのだと気がつかないまま縛りつけられてしまっていることがあります。

　わたしたちは、真に価値がある栄光の世界に無自覚なまま、制限された経験の範囲を生きています。このカードに描かれているふたりの人物は、鎖につながれているにも関わらず、そのことに黙って従っています。本当は、簡単に自由になることができるだけでなく、その**束縛**[*2]の首かせが、どれだけゆるくかけられているのかさえ、彼らはわかっていないのです。彼らは恋人のようです。しかしその愛が、狭い範囲に制限されているものでしかないことに、彼ら自身気がついていないのです。実は、彼らの絶望の核心とは、この無知であることの代償でもあるのです。

「塔」
　いったい「愚者」は、どうやって悪魔から逃れることができたのでしょうか？　彼はその影響から完全に抜けだすことができるのでしょうか？　「愚者」は、「塔」(16)が示す突然の変化を通してのみ、その束縛から自由に*解き放たれる*ことが可能なのかもしれません。「塔」は、人の美しい内なる中心の周りに築き上げられた、自我の要塞を象徴しています。この要塞は、わたしたちを防御してくれるように見えて、実は灰色で寒々しい岩のような堅い牢獄なのです。

　途方もない衝撃だけが、「塔」の壁を打ち壊すに足る力を、生みだすことができます。実際にこのカードには、建物に突き当たる稲妻が描かれています。そしてそれは、住人をはじきだし、まるで死の淵に**転げ落**とすかのようです。王冠は、一時的に彼らが支配者であったということを示しています。けれども今や、より強い力によって、彼らはその座を奪われることになってしまったのです。

　そのような激しい衝動を伴う変革は、「愚者」があまりにも自己中心的なふるまいに走り過ぎたときにこそ、必要となることなのかもしれません。ただしその結果としての啓示は、痛みが伴うにせよ、非常に価値

[*2] Rachel Pollack, Seventy-Eight Degrees of Wisdom, Part 1 (London: Aquarian Press, 1980), p.102.

のある経験となります。それによって、暗い絶望は一瞬にして吹き散らされ、ついに真実の光が自由に降り注いでくることになるでしょう。

「星」
「愚者」は、穏やかな静けさに包まれています。「星」(17) の美しいイメージは、まさしくこの静寂のときを表しています。このカードに描かれた女性は裸です。そのことは彼女の魂が、もはやどんな偽りも隠していないことを示しています。雲ひとつない空の中で光を放つ星たちは、**希望とインスピレーション**を導く目印としての役目を果たしています。

「愚者」は、悪魔のネガティヴなエネルギーを完全に打ち負かす信仰の力と共に、祝福を受けています。自分自身への信頼と未来への希望は取り戻されました。彼は喜びに満たされています。そして彼の願いは、喜びを世界中の人たちと**惜しみなく**分け合うことなのです。開かれた心とあふれでる愛。この嵐の後の平和は、「愚者」にとって、まさに奇跡の瞬間の訪れなのです。

「月」
　この完璧な静けさが台なしになってしまうのは、いったい何の影響なのでしょうか？　これは「愚者」にとって、さらなる挑戦を意味するのでしょうか？　実際に、「月」(18) 明かりの作りだすイリュージョンへと自分を預けることは、彼にとってこの上ない喜びをもたらします。この「愚者」の喜びとは、単に感情的なレベルのものです。彼にとっての好ましい感情は、精神の明晰さの下にあるものではありません。夢を見ているかのような精神状態の中で、空想とひずみ、真実の間違った認識へと導くものなのです。

「月」は、創造的なイマジネーションを刺激します。そして無意識から湧き上がってくる奇妙で鮮やかな思考の通り道を開示しますが、それは同時に、深みに横たわる**恐れ**と不安をも導くことになってしまうのです。これらを経験する中で、もしかすると「愚者」は、迷いと**混乱**の中に入りこんでしまうかもしれません。

「太陽」
「太陽」(19) の光り輝く明晰さは、愚者のイマジネーションに方向性を与えます。太陽の光は、おおわれたすべての場所を明るく照らしま

す。そして、混乱と恐れの暗雲を追い払い、「愚者」を啓発します。ここで彼は、改めて世界の素晴らしさを理解し、心を打たれることになるのです。

　今や彼は、みなぎるエネルギーと熱意を感じています。「太陽」の開放性は、確信をより大きなものへと変えていきます。このカードにおいて「愚者」は、新たな1日を前に、喜びながら馬に乗る裸の赤ん坊として描かれています。もはや、困難を感じさせるようなものは何もありません。「愚者」は、輝ける生命力を感じています。今や彼は自らの偉大さを悟ることができたのです。また、自分が必要なものすべてを手に入れるにつれて、彼はより偉大な計画へと関わるようになりはじめています。

「審判」
「愚者」は生まれ変わりました。彼の偽りの自我は消えました。晴れやかな真実の自己が現れようとしています。恐れではなく喜びを通じて、彼は世界の中心を見つけだしたのです。

　彼は贖罪のときがきたことを感じています。本当の自己は、純粋で善良であることを知ることで、彼は自分を許し、他者をも許します。過去の失敗があったとしても、彼はそれが本質的に無知によるものだったことを知っています。浄化され新たに生まれ変わることで、彼には新しいことをはじめる準備が整いました。

　今「愚者」に、自分の人生に対して、自ら決定的な「審判」（20）を下すときがやってきました。彼自身にとっての清算の日がやってきたのです。今や彼は真実の自分をわかっているため、将来についての必要な決断を下すこともできます。大切にすべき価値あるものと、捨てるべきものを賢く選びとることだって、彼にはできるのです。

　このカードに描かれている天使は、「愚者」のハイアーセルフであり、彼に約束されたものを実現するように呼びかけています。自分の本当の使命、すなわちこの世に生まれてきた真の理由を、彼は見つけだすでしょう。疑いとためらいは消え、理想へ向かう準備が整ったのです。

「世界」
「愚者」は、「世界」（21）に再び戻ってきました。しかし、今度は以前よりも、世界を深く理解しています。彼自身の中の本質的に異なる部

分を統合し、ついに全体性意識へと到達しました。そう彼は、まったく新しいレベルでの幸福と**充足感**を手に入れたのです。

「愚者」は、意味深い完全な人生を経験するでしょう。将来は限りない期待で満たされています。彼は求めたとおり、世界と活発に**関わって**生きています。そして、自身の才能と能力を使って世界に貢献します。どんなことであっても彼の試みは、成功へと続いていくことでしょう。彼は内なる確信を持って行動するがゆえに、この宇宙すべてが、彼の努力が報われるように協力してくれるのです。こうして彼は、多くのことを成し遂げるのです。

　こうして「愚者」の旅は、単なる愚かさとはまったく別のところへと到達しました。忍耐と誠実さを通して、自己を探し求める旅へと、最初に彼を駆りたてた内側から湧き起こる勇気を取り戻しました。今や彼は、世界の中で自分の居るべき場所を完全に理解しています。この旅のサイクルは終わりました。けれども、「愚者」は決して成長を止めることはありません。すぐに彼は、より深いレベルの理解へと導いてくれる新たなる旅に向けて、出発の準備をはじめることでしょう。

付録B：スートのクオリティ

タロットのワンド・カップ・ソード・ペンタクルの4つのスートは、それぞれ独自のエネルギーやクオリティを持っています。この付録の言葉を見ることで、それらのエネルギーを感じとってみてください。それぞれのリストには、そのスートの異なった面を示す特徴的な言葉が書きだされています。単にそれらは、わたしの見解に過ぎません。もし、あなたの直感が異なる見解へと導かれるのなら、むしろ自分自身の感じるままを信じてみてください。

それぞれのスートのリストには、ポジティヴ、ネガティヴ両方を列挙しました。実は、こういった分け方は、よし悪しのニュアンスを含んでしまうので、理想的なものだとは言えません。本来、タロットの世界では、クオリティによいも悪いもありません。むしろ、わたしたち人間が、自分たちの印象に基づき、クオリティのよし悪しを判断してしまっているだけです。わたしたちの言語は、こうした判断を反映してしまっているため、結果的にすべてのクオリティに対して、ポジティヴに表れる場合とネガティヴに表れる場合を分けて考えてしまっているのです。

わたしたちは、自分の置かれている環境によっても、それらのクオリティに対して異なる判断を下してしまいます。たとえば、攻撃的であるということは、ポジティヴなことなのでしょうか、ネガティヴなことなのでしょうか？　すなわち、どういう状況下に、自分が置かれているかで、その判断は異なるものになっていくということなのです。

【ワンド－ポジティヴ】

冒険的	勇気がある	恐れを知らない
積極的	創造的	発明の才がある
情熱的	大胆	魅了する
魅力的	熱望している	楽観的
命知らず	溢れ出る活力	独創的
熱心	精力的	社交的
力強い	熱意	熱烈さ
勇敢	生き生きした	リスクを負う
快活	外向的	自信
カリスマ的	激しさ	確信
チャーミング	力強さ	不屈
元気がいい	英雄的	果敢
自信に満ちた	奮起	誠心誠意

【ワンド－ネガティヴ】

攻撃的	短気	熱心すぎる
ふてぶてしい	かんしゃく	急ぎ過ぎ
自惚れ	せっかち	ずうずうしい
向こう見ず	衝動的	軽はずみ
がむしゃら	直情的	無茶
無鉄砲	無分別	落ち着きがない
早まった	軽率	不安定
強情	無謀	自己陶酔
性急	無責任	軽薄
頑固	厚かましい	思慮がない
不注意	自信過剰	準備なし

【カップ－ポジティヴ】

美的	人情がある	静か
愛情のこもった	想像的	洗練された
感じが良い	精神的	敏感
気立てが良い	親密さ	ロマンティック
慈悲深い	内省的	繊細
平静	直感的	ソフト
世話をする	喜びに満ちた	スピリチュアル
哀れみ深い	心から	主観的
気遣う	愛に満ちた	優しい
察しが良い	穏健	同情的
如才ない	情け深い	テレパシー
夢のような	穏やか	思いやりがある
感情的	親切	優しい心
共感	静穏	許容する
寛容	忍耐強い	分かってくれる
温和	平和を好む	思慮深い
上品	釣り合いの取れた見方	
癒し	サイキック	

【カップ－ネガティヴ】

不機嫌	壊れやすい	ヒステリー
虚弱	はかない	感化されやすい
憂鬱	感傷的	怠惰
現実逃避	憤慨する	内向的
非現実的	過敏	怠け者

陰気　　　　　　上品過ぎる　　　　神経過敏
ふさぎ込む　　　怒りっぽい　　　　神経質
気分屋　　　　　消極的　　　　　　妄想的
気難しい　　　　陰鬱　　　　　　　意地が悪い
自己愛的　　　　暗い　　　　　　　決断力がない
情緒的過ぎる　　気まぐれ

【ソード－ポジティヴ】
分析的　　　　　正直　　　　　　　客観的
明確　　　　　　高貴　　　　　　　鋭い観察
機敏　　　　　　公明正大　　　　　率直
権威がある　　　鋭敏　　　　　　　先見の明がある
頭脳明晰　　　　知的　　　　　　　明敏
賢い　　　　　　適切　　　　　　　機転が利く
威厳がある　　　鋭い知性　　　　　分別がある
指揮する　　　　精通している　　　合理的
洞察力　　　　　学識がある　　　　利口
冷静　　　　　　教養がある　　　　はっきりしている
公正　　　　　　論理的　　　　　　真実を語る
道徳的　　　　　明快　　　　　　　偏見がない
公平　　　　　　厳然としている　　先入観がない
まっすぐ　　　　知力　　　　　　　博識
ざっくばらん　　品行方正　　　　　機知に富んでいる

【ソード－ネガティヴ】
難解　　　　　　辛辣　　　　　　　高圧的
無関心　　　　　孤立　　　　　　　理論にこだわりすぎ
尊大　　　　　　よそよそしい　　　る
独裁的　　　　　独断的　　　　　　お高くとまる
痛烈　　　　　　傲慢　　　　　　　他人行儀
ぶっきらぼう　　高飛車　　　　　　冷淡
冷たい　　　　　横柄　　　　　　　思慮にかける
恩着せがましい　無神経　　　　　　愛情にかける
支配的　　　　　狭量　　　　　　　無感覚
冷ややか　　　　あら探しをする　　鈍感
批判的　　　　　頑固　　　　　　　厳しい

【ペンタクル―ポジティヴ】

有能	堅固	意志が固い
職人	気前が良い	臨機応変
器用	巧み	責任感がある
勤勉	よく働く	分別がある
寛大	熱心	熟練
敏腕	忠義	堅実
注意深い	度量が大きい	安定
用心深い	細心	頑健
腕利き	教育的	信頼に足る
明確	規律正しい	不動
良心的	計画された	確固とした
忠実	綿密	屈強
根気強い	辛抱強い	支援的
要領が良い	実際的	頑強
冒険的	生産的	一貫している
当てになる	熟達した	信じる
決然としている	慎重	信用できる
地に足がついている	現実的	動揺しない
事実に基づく	頼りになる	

【ペンタクル―ネガティヴ】

強引	無常	重苦しい
つまらない	度を越した	想像力に欠ける
強制的	執拗	片意地を張る
型にはまった	ありふれた	おどおどしている
単調	用心深すぎ	冒険心に欠ける
悲観的	几帳面すぎる	打ち解けない
厳格	平凡	融通がきかない
威圧的	しつこい	刺激に欠ける
頭が堅い	厭世的	独創性がない
ユーモアに欠ける	頑固	疑いをいれない
しゃくし定規	堅苦しい	ムードに欠ける
手に負えない	退屈	自発性がない
非妥協的	柔軟性がない	譲らない
実利主義	まじめすぎる	
強情	よそよそしい	

付録 C：スートのペアの意味

【ワンド／カップ】
　火／水
　外向的／内向的
　積極的／受動的
　社交的／内気
　情熱的／穏やか
　性愛／隣人愛
　激しい／ゆったりとした
　精力的／くつろいだ
　好戦的／愛による平和
　個人的／集団的
　競争／協同
　行動／感受性
　公にする／秘密にする
　直接的／間接的

【ワンド／ソード】
　火／空気
　熱い／冷たい
　熱心／冷静
　参加／孤立
　カリスマ的／権威的
　党派的／公平
　インスピレーション／分析
　芸術家／批評家

【ワンド／ペンタクル】
　火／地
　派手／落ち着いた
　新しい／古い
　危険／安全
　衝動的／計画的
　インスピレーション／現実的
　大胆／用心深い
　自由／保守
　独創的／伝統的
　概略／詳細

大雑把／完璧主義
　　速い／ゆっくり
　　楽天的／悲観的

【カップ／ソード】
　　水／空気
　　感情／思考
　　右脳／左脳
　　愛／真実
　　情緒／論理
　　直感／理屈
　　心／頭
　　つながり／分離
　　慈悲／正義
　　主観的／客観的
　　親密さ／隔たり
　　感情豊か／冷徹

【カップ／ペンタクル】
　　水／地
　　霊／物質
　　宗教／科学
　　夢を見る／現実的
　　空想／現実
　　デリケート／タフ
　　素直／固定的
　　ソフト／ハード
　　ロマンティック／実際的
　　センチメンタル／事実に即する
　　遊び／仕事

【ソード／ペンタクル】
　　空気／地
　　理論／実践
　　抽象的／具象的
　　精神／肉体
　　机上の空論／良識
　　考える／行動する
　　アイディア／実施

完璧／妥協
何が正しいか／何が役立つか
理念／現実

Appendix D
Court Card Rank Pair Meanings

付録D：コート・カード　ランクごとのペアの意味

【キング／キング】
　大人／大人
　対等なふたり
　異なる性格であるけれども、分別ある成熟したふたりの人物
　男性性／男性性
　キングの性質が倍増される
　外界の出来事に関すること
　現実世界での相互関係

【クイーン／クイーン】
　大人／大人
　対等なパートナー
　異なる性格であるけれども、分別ある成熟したふたりの人物
　女性らしい／女性らしい
　クイーンの性質が倍増される
　内面の状態に関すること

【キング／クイーン】
　男性／女性
　男性性／女性性
　外部／内部
　積極的／消極的
　社交的／内向的
　直接的／間接的
　激しい／穏やか
　個人的／他者との関係
　行動／感情
　する／なる
　論理的／直感的
　競争／協同
　強さ／優しさ
　攻撃／防御

【キング・クイーン／ナイト】
　大人／若者
　穏健／極端
　保守／自由
　成熟／若さ
　伝統／新しさ
　体制側／挑戦者

ゆっくり／速い
　　慎重／冒険的
　　安全／リスク
　　安定／不安定
【キング・クイーン／ペイジ】
　　大人／子ども
　　真剣／軽率
　　責任／気まま
　　自制／抑制のない
　　威厳がある／形式ばらない
　　成長している／子どもっぽい
　　計画的／即興的
　　飽き飽きした／新鮮
　　落ち着いた／派手な
　　アリ／キリギリス
【ナイト／ナイト】
　　大人／大人
　　若者／若者
　　極端に正反対なふたり
　　異なるふたつの集団が、小さな共通の場所にいる
　　ナイトの性質が倍増する
【ナイト／ペイジ】
　　若者／子ども
　　強烈／穏やか
　　脅迫的／気軽
　　厳しさ／陽気
　　悲観的／楽観的
　　複雑／単純
　　疑う／素直
【ペイジ／ペイジ】
　　子ども／子ども
　　子どもっぽいふたり
　　ペイジの性質が倍増する
　　ふたつの異なる大きなチャンス

Appendix E
Shuffling Methods

付録E：シャッフルの方法 訳注1

【カード・プレイヤーズ・メソッド】

　カード・プレイヤーズ・メソッドは、普段プレイング・カードをシャッフルするときによく使われている方法です。それぞれの手にカードを半分ずつ持ち、テーブルの上に置き、カードを指を使って反り返らせ、親指で1枚ずつはじくように落として混ぜ合わせる方法です。このテクニックは、カードを完全に混ぜ合わせる目的には向いていますが、やや機械的な感じがしないでもありません。けれども大抵のタロットは、プレイング・カードよりも大きいので、このメソッドでは少々扱いにくいかもしれません。またこのメソッドは、カードの真ん中に曲がった痕がつきやすいのも事実です。

【インサート・メソッド】

　両手に半分ずつカードの山を持ち、片方をもう半分に、カードの端を合わせて、パラパラとまばらに押し込むやり方です。カードを合わせる向きは、縦でも横でも構いません。このメソッドは、練習を重ねることで手際よくできるようになります。ただし、何度もこのメソッドを行っているうちに、カードの端が擦り切れてきます。したがって、このメソッドを行う際には、カードを丁寧に扱う必要があります。

【カウイーのプッシュ・メソッド】

　わたしはこの方法を、ノーマ・カウイー [*1] の本で見つけました。このテクニックは完璧によく混ざる上、カードにほとんどダメージがありません。カードのパイルの表を下に向けて、利き手のほうに持ちます。親指を使って、パイルの上の何枚かのカードを、もう一方の手に押しだします。さらにもう一度、同じように押しだしてください。そして、先ほどのカードの束の上に入れてください。以上のことを、利き手側に持ったカードが全部なくなるまで、同様の動作を何度か繰り返してください。それが終わったら、再び利き手側に、カードの束を持ち替えてください。そして同じことを繰り返します。最初は、一度にたくさんのカードを押しだしすぎたり、落としてしまったりと、このメソッドをやや難しく感じるかもしれません。ただし、少し練習を重ねれば上手にできるようになるはずです。

【スクランブル・メソッド】

　スクランブル・メソッドは、とてもベーシックな方法です。全部のカードを、床、もしくはテーブルの上に裏向きに広げます。そしてカードをかき混ぜます。このテクニックは非常によく混ざりますが、いくつか

訳注1
ここで紹介されている方法は一般的なものではなく、珍しいシャッフルの方法である。

*1
Norma Cowie, Tarot for Successful Living (White Rock, British Columbia: NC Publishing, 1979), pp.23-25. 引用許諾可済。

欠点があります。まず大きな欠点は、広げる場所が必要なことです。このメソッドは他にもいくつかの欠点を見つけてしまい、気に入らないと思う人もいるかもしれません。

【リバースを使わないなら】
　すべてのカードを同じ方向に向けて持ってください。カードの山を分けるときも、確実にいつもカードが同じ方向を向いていることを確認しましょう。

【リバースを使うなら】
　常に半分に分けた山を180度ひっくり返してください。

Appendix F
The Question Reading: A Step-by-Step Procedure

付録F：クエスチョン・リーディングのための手順

　ここでは、自分自身のためのタロット・リーディングの手順を紹介します。最初に紙に書きだしておいた質問事項を基にします。レッスン7（P57〜66）を参照してください。

はじめに準備するもの
　　紙に書いた質問事項
　　タロット・カード
　　スプレッドのためのレイアウトを決める
　　（もし必要なら）カードとスプレッドについての解説ページ

1. **環境をセッティングする**
　　自分にとって好ましい環境を準備してください。
　　少しスペースにゆとりを作り、腰かけてください。
　　リラックスして気持ちを落ち着かせてください。何度か深呼吸をしましょう。

2. **質問をする**
　　ケースからカードを取りだしましょう。
　　カードを片手に持ち、反対の手をその上にかぶせます。
　　目を閉じてください。
　　（ご希望によっては）オープニングの言葉を声に出してみてください。
　　質問事項を声に出して読んでください。あるいは声に出さなくても、紙に書いたとおりの言葉を正確に記憶に留めておいてください。

3. **カードをシャッフルする**
　　自分でいいと思うまで、カードをシャッフルします。
　　シャッフルしている間はリラックスして、質問に集中しましょう。

4. **カードをカットする**
　　カードを裏に向け、自分の前に縦向きに置きます。
　　深く考えず、デッキを次のようにカットしていってください。
　　山から、好きなだけカードをつかみとります。
　　取ったかたまりを、もとの山の左側に置きます。
　　もとの山から、さらに何枚でも好きなだけカードをつかみとり、先ほど置いたカードの左側に置きます。
　　最後にこの3つのかたまりを、好きな順番でひとつの山にまとめます。

5. カードをレイアウトする
   カードを縦向きにし、手に持ちます。
   本のページをめくるように、一番上のカードをめくります。
   あなたの選んだスプレッドに応じて、カードをレイアウトします。
   もしリバースを使わないのなら、逆さまのカードはひっくり返してアップライトに置いていきます。

6. カードに対して何を感じたか
   個々のカードについて、あなたの感じたことを書きだしてください。
   カードを全体的に見わたして、あなたの感じたことを書きだしてください。

7. カードを分析する
   1枚1枚のカードを分析する
   ・カードの説明のページを見てください。
   ・キーワードとアクションを見てください。
   ・当てはまるアクションを探してください。
   ・（ご希望によっては）考えや感じたことを書きだしておきましょう。
   ・アップライトかリバースであるかを考慮に入れてみてください。
   カード同士の関係を分析してください。
   解釈の法則を使ってみてください。
   新たに思い浮かんだ洞察を書き加えておいてください。

8. ストーリーを創る
   ストーリーが自然に浮かんでくるままに任せ、それを声に出してみてください。
   （ご希望によっては）あなたのストーリーを録音しておいてください。

9. ストーリーの概略を書きだす
   リーディングのテーマ、あるいはメッセージが何であるか考えてみてください。
   質問に対する答えをまとめて、1から2センテンスで書きだしてみてください。

10. 仕上げ
    カードとそのポジションを書き記しておいてください。
    デッキを次のように片づけていきましょう。
    カードをひとつにまとめてください。
    片手にカードを持ち、反対の手をその上にかぶせます。

目を閉じます。
リーディングから学んだことを、声に出して言ってみてください。
あなたを導いてくれたインナー・ガイドに、感謝の意を捧げてください。
ケースにカードをしまいます。
場所を片づけましょう。

11. **学んだことを使って**
リーディングに基づいて、とるべき行動をひとつかふたつ決めてください。
行動が決まったら、それを書きだしておきましょう。
リーディングの内容と、現実の状況のその後の展開を関連づけてみてください。

付録G：他者リーディングのための手順

ここでは、他者のためにするタロット・リーディングのステップを紹介します。最初に紙に書きだしておいた質問事項を基にします。レッスン8（P67〜70）を参照してください。

リーディングのテーマを選びましょう──ひとり、カップル、グループ、場所、知らせ、出来事など。
あなたのテーマとの関わり合いをチェックしましょう。
もし下記の質問にＹＥＳと答えたなら、クエスチョン・リーディングに変更してください。

- わたしはこの状況で、このテーマについて考えると強い感情が湧き起こりますか？
- この状況から、自分が受けることのできる利益がありますか？
- この状況に対して、わたしは特にこうなって欲しいと望んでいる結果がありますか？

このテーマについて、特に関心のある質問に焦点を絞って、書きだしてください。

はじめに準備するもの
紙に書いた質問事項
タロット・カード
スプレッドのためのレイアウトを決める
（もし必要なら）カードとスプレッドについての解説ページ

1. **環境をセッティングする**
   自分にとって好ましい環境を準備してください。
   （ご希望によっては）質問のテーマに関連する写真や物を、側に置いてください。
   少しスペースにゆとりを作り、腰かけてください。
   リラックスして気持ちを落ち着かせてください。何度か深呼吸をしましょう。

2. **質問をする**
   ケースからカードを取りだしましょう。
   カードを片手に持ち、反対の手をその上にかぶせます。
   目を閉じてください。

（ご希望によっては）オープニングの言葉を声に出してみてください。
質問事項を声に出して読んでください。あるいは声に出さなくても、紙に書いたとおりの言葉を正確に記憶に留めておいてください。
このテーマに関して、なぜ他者リーディングを行うのかを口に出して言ってみてください。
このテーマに関係している人全員にとって、最良の答えを導いてくれるように願ってください。
このテーマに対して、あなたの持っているよき意図を口に出して言ってみてください。

3. カードをシャッフルする

自分でいいと思うまで、カードをシャッフルします。
シャッフルしている間はリラックスして、質問に集中しましょう。

4. カードをカットする

カードを裏に向け、自分の前に縦向きに置きます。
深く考えず、デッキを次のようにカットしていってください。
山から、好きなだけカードをつかみとります。
取ったかたまりを、もとの山の左側に置きます。
もとの山から、さらに何枚でも好きなだけカードをつかみとり、先ほど置いたカードの左側に置きます。
最後にこの3つのかたまりを、好きな順番でひとつの山にまとめます。

5. カードをレイアウトする

カードを縦向きにし、手に持ちます。
本のページをめくるように、一番上のカードをめくります。
あなたの選んだスプレッドに応じて、カードをレイアウトします。
もしリバースを使わないのなら、逆さまのカードはひっくり返してアップライトに置いていきます。

6. カードに対して何を感じたか

個々のカードについて、あなたの感じたことを書きだしてください。
カードを全体的に見わたして、あなたの感じたことを書きだしてください。

7. カードを分析する

1枚1枚のカードを分析する
・カードの説明のページを見てください。
・キーワードとアクションを見てください。

- 当てはまるアクションを探してください。
- (ご希望によっては)考えや感じたことを書きだしておきましょう。
- アップライトかリバースであるかを考慮に入れてみてください。

カード同士の関係を分析してください。

解釈の法則を使ってみてください。

新たに思い浮かんだ洞察を書き加えておいてください。

8. ストーリーを創る

   ストーリーが自然に浮かんでくるままに任せ、それを声に出してみてください。

   (ご希望によっては)あなたのストーリーを録音しておいてください。

9. ストーリーの概略を書きだす

   リーディングのテーマ、あるいはメッセージが何であるか考えてみてください。

   質問に対する答えをまとめて、1から2センテンスで書きだしてみてください。

10. 仕上げ

    カードとそのポジションを書き記しておいてください。

    デッキを次のように片づけていきましょう。

    カードをひとつにまとめてください。

    片手にカードを持ち、反対の手をその上にかぶせます。

    目を閉じます。

    リーディングから学んだことを、声に出して言ってみてください。

    あなたを導いてくれたインナー・ガイドに、感謝の意を捧げてください。

    ケースにカードをしまいます。

    場所を片づけましょう。

11. 学んだことを使って

    リーディングに基づいて、とるべき行動をひとつかふたつ決めてください。

    行動が決まったら、それを書きだしておきましょう。

    最後に、リーディングと現実の状況を関連づけてみてください。

    あなたの人生に関わるこのリーディングのレッスンがどのようなものだったのかどうだったのか、考えてみてください。

    今回行ったリーディングとその後の状況がどのように関わっているのかを追っていくようにしましょう。

Appendix H
The Open Reading: A Step-by-Step Procedure

付録 H：オープン・リーディングのための手順

　特定の質問をベースとしない、自分でできるタロット・リーディングのステップを紹介します。レッスン 9（P71 〜 73）参照してください。

はじめに準備するもの
　タロット・カード
　スプレッドのためのレイアウトを決める
　もし必要なら、この本のカードとスプレッドについての解説ページ

1. **環境をセッティングする**
   自分にとって好ましい環境を準備してください。
   少しスペースにゆとりを作り、腰かけてください。
   リラックスして気持ちを落ち着かせてください。何度か深呼吸をしましょう。

2. **質問をする**
   ケースからカードを取りだしましょう。
   カードを片手に持ち、反対の手をその上にかぶせます。
   目を閉じてください。
   （ご希望によっては）オープニングの言葉を声に出してみてください。
   リーディングを行うためのおおまかな意図を、声に出してみてください。

3. **カードをシャッフルする**
   自分でいいと思うまで、カードをシャッフルします。
   シャッフルしている間はリラックスして、質問に集中しましょう。

4. **カードをカットする**
   カードを裏に向け、自分の前に縦向きに置きます。
   深く考えず、デッキを次のようにカットしていってください。
   山から、好きなだけカードをつかみとります。
   取ったかたまりを、もとの山の左側に置きます。
   もとの山から、さらに何枚でも好きなだけカードをつかみとり、先ほど置いたカードの左側に置きます。
   最後にこの 3 つのかたまりを、好きな順番でひとつの山にまとめます。

5. **カードをレイアウトする**
   カードを縦向きにし、手に持ちます。

本のページをめくるように、一番上のカードをめくります。
あなたの選んだスプレッドに応じて、カードをレイアウトします。
もしリバースを使わないのなら、逆さまのカードはひっくり返してアップライトに置いていきます。

6. カードに対してどう感じたか

   個々のカードについて、あなたの感じたことを書きだしてください。カードを全体的に見わたして、あなたの感じたことを書きだしてください。

7. カードを分析する

   1枚1枚のカードを分析する
   ・カードの説明のページを見てください。
   ・キーワードとアクションを見てください。
   ・当てはまるアクションを探してください。
   ・(ご希望によっては)考えや感じたことを書きだしておきましょう。
   ・アップライトかリバースであるかを考慮に入れてみてください。
   カード同士の関係を分析してください。
   解釈の法則を使ってみてください。
   新たに思い浮かんだ洞察を書き加えておいてください。

8. ストーリーを創る

   ストーリーが自然に浮かんでくるままに任せ、それを声に出してみてください。
   (ご希望によっては)あなたのストーリーを録音しておいてください。

9. ストーリーの概略を書きだす

   リーディングのテーマ、あるいはメッセージが何であるか考えてみてください。
   質問に対する答えをまとめて、1から2センテンスで書きだしてみてください。

10. 仕上げ

    カードとそのポジションを書き記しておいてください。
    デッキを次のように片づけていきましょう。
    カードをひとつにまとめてください。
    片手にカードを持ち、反対の手をその上にかぶせます。
    目を閉じます。
    リーディングから学んだことを、声に出して言ってみてください。

あなたを導いてくれたインナー・ガイドに、感謝の意を捧げてください。
ケースにカードをしまいます。
場所を片づけましょう。

11. **学んだことを使って**
リーディングのメッセージに導かれるままに任せてください。
あなたがリーディングから学んだことが、その後、どう発展していったかを確認してみてください。

参考文献

Alighieri, Dante. *The Purgatorio*. John Ciardi, trans. New York: New American Library, 1957.

Almond, Jocelyn, and Keith Seddon. *Understanding Tarot*. St.Paul, MN: Llewellyn, 1991.

Bunyan, John. *The Pilgrim's Progress*. Excerpt from The Norton Anthology of English Literature. Vol. 1, 3rd ed. New York: Norton, 1974.

Calvino, Italo. *The Castle of Crossed Destinies*. New York: Harcourt Brace Jovanovich, 1969(河島英昭訳『宿命の交わる城』講談社、1980年).

Connolly, Eileen. *Tarot: The Handbook for the Journeyman*, North Hollywood, CA: Newcastle, 1987.

―――. *Tarot: A New Handbook for the Apprentice*. North Hollywood, CA: Newcastle, 1979.

Cortellesi, Linda. *The User-Friendly Tarot Guidebook*. Worthington, OH: Chalice Moon Publications, 1996.

Cowie, Norma. *Tarot for Successful Living*. White Rock, British Columbia: NC Publishing, 1979.

D'Agostino, Joseph D.*Tarot: The Path to Wisdom*. York Beach, ME: Samuel Weiser, 1994.

Denning, Meita, and Osborne Phillips. *The Magick of the Tarot*. St.Paul, MN: Llewellyn, 1983.

Dummett, Michael. *The Visconti-Sforza Tarot Cards*. New York: George Braziller, 1986.

Fairfield, Gail. *Choice-Centered Tarot,*. North Hollywood, CA: Newcastle, 1985.

Garen,Nancy. *Tarot Made Easy*. New York: Simon & Schuster, 1989.

Gerulskis-Estes, Susan. *The Book of Tarot*. Dobbs Ferry, NY: Morgan & Morgan, 1981.

Giles, Cynthia. *The Tarot: History, Mystery & Lore*. New York:

Simon & Schuster, 1992.

Gray, Eden. *A Complete Guide to the Tarot*. New York: New American Library, 1970（星みわーる訳『皆伝タロット』郁朋社、2005年）.

―――. *Matering the Tarot*. New York: New American Library, 1971（星みわーる訳『自在タロット』郁朋社、2007年）.

―――. *The Tarot. Revealed*. New York: New American Library, 1960（星みわーる訳『啓示タロット』郁朋社、2003年）.

Greer, Mary K. *Tarot For Youself : A Workbook for Personal Transformation*. North Hollywood, CA: Newcastle, 1984.

Greer Mary K., and Rachel Pollack. *New Thoughts on Tarot*. North Hollywood, CA: Newcastle, 1989.

Haga, Enoch. *Tarosolution: A Complete Guide to Interpreting the Tarot*. Livemore, CA: Enoch Haga, 1994.

Kaplan, Stuart R. *The Encyclopedia of Tarot: Volumes 1-3*. Stamford, CT: U.S. Games Systems, Inc., 1978, 1986, 1990.

Kaser, R. T. *Tarot in Ten Minutes*. New York: Avon, 1992.

Konraad, Sandor. *Classic Tarot Spreads*. Atglen, PA: Whitford, 1985.

Louis, Anthony. *Tarot Plain and Simple*. St.Paul, MN: Llewellyn, 1996.

Masino, Marcia. *Easy Tarot Guide*. San Diego: ACS Publications, 1987（栄チャンドラー訳『タロット教科書　第1巻』魔女の家 Books、1996年）.

Myers, I.B. *The Myers-Briggs Type Indicator*. Palo Alto, CA: Consulting Psychologists Press, 1962.

Nichols, Sallie. *Jung and Tarot: An Archetypal Journey*. York Beach, ME: Samuel Weiser, 1980（秋山さと子、若山隆良訳『ユングとタロット』新思索社、2001年）.

Pollack, Rachel. *Seventy-Eight Degrees of Wisdom*: A Book of Tarot. Part 1: The Major Arcana. London: Aquarian, 1980.

―――. *Seventy-Eight Degrees of Wisdom: A Book of Tarot. Part 2*: The Minor Arcana and Readings. London: Aquarian, 1980.

Reps, Paul. *Zen Flesh, Zen Bones*.Tokyo: Tuttle, 1957.

Rorschach, Hermann. *The Rorshach(R) Test*. Switzerland: Hans Huber, 1927.

Sharman-Burke, Juliet, and Liz Greene. *The Mythic Tarot: A New Approach to the Tarot Cards*. New York: Simon & Schuster, 1986.

Simon, Sylvie. *The Tarot: Art, Mysticism, Divination*. Rochester, VT: Inner Traditions, 1986.

Waite, Arthur Edward. *Pictorial Key to the Tarot*. York Beach, ME: Samuel Weiser, 1993（シビル岡田訳『新・タロット図解』魔女の家 Books、1996 年).

Wang , Robert. *Qabalistic Tarot: A Textbook of Mistical Philosophy*. York Beach, ME: Samuel Weiser, 1983.

Woudhuysen, Jan. Tarot Therapy: *A New Approach to Self Exploration*. Los Angeles: Jeremy P.Tarcher, 1979.

索引

〔あ行〕

アーキタイプ	15
悪魔	194, 358
新しい出来事	70
アップライト	137
比率	140
アルカナ	
比較	87
一時的なペア	110
隠者	182, 356
インナー・ガイド	18, 21, 42, 147
占い	12
運命の車輪	184, 356
エイリーン・コノリー	37
エース	29, 89, 91
カード	91
カップ	89
ソード	89
ペンタクル	89
ワンド	89
エクササイズ	19
思いもしないところからやってくる答え	21
カードに親しむ	20
何を信じる？	20
必要な答えを得る	21
不意の出来事	20
女司祭	168, 353

〔か行〕

カード	
アップライト	137
1枚のカードを解釈する	77
カット	59
シャッフル	58
反応	60
分析	61
学ぶ	44
リバース	137
レイアウト	60
ワイルド	128
カードのペア	112
一時的なペア	116
コート・カード	113
大アルカナの永続的ペア	112
互いの意味を強めるペア	116
解釈の原則	76
1枚のカード	81
ガイダンス	42
を求める	71
架空の状況	70
カップ	28
エース	240
2	242
3	244
4	246
5	248
6	250
7	252
8	254
9	256
10	258
ペイジ	260
ナイト	262
クイーン	264
キング	266
カルヴィーノ，イタロ	150
環境	45, 49
キャンティン，キャンディス	12
キング	93, 97
クイーン	93, 98
愚者	164, 352
の旅（フールズ・ジャーニー）	352
詳しさ	52
ケルティック・クロス	326
アルカナ・カードの分布	86
伝統的なポジションのペア	131
他のペア	135
ポジション1	330
ポジション2	331
ポジション3	332
ポジション4	333

ポジション5	334	その絵にまつわるストーリーを	
ポジション6	335	創造する	14
ポジション7	336	スプレッド	37, 39
ポジション8	337	ケルティック・クロス	39
ポジション9	338	デザインする	39
ポジション10	339	正義	186, 357
ポジションのペア	131	世界	206, 361
リーディング	82	責任	50
レイアウト	87	節制	192, 358
ケルティック・クロス・スプレッド		戦車	178, 355
	37, 39	選択肢	52
キーワード	329	ソード	28
ペアのポジション	119	エース	268
恋人	176, 355	2	270
皇帝	172, 354	3	272
コート・カード	30, 93, 97	4	274
行動	102	5	276
様々な人間	101	6	278
ファミリー	102	7	280
ペア	113	8	282
ランクごとのペアの意味	370	9	284
コンラッド, サンダー	37	10	286
		ペイジ	288
〔さ行〕		ナイト	290
司祭	174, 354	クイーン	292
質問		キング	294
書く	50, 56		
クエスチョン・リーディング		〔た行〕	
	57, 66, 374	大アルカナ	24, 84, 86
死	190, 358	永続的なペア	109
自分自身に重点をおく	53	エクササイズ、フールズ・ジャーニー	
シャッフルの方法	372		27
10のカード	30	キーワード	162
小アルカナ	28, 84, 86	だけを使ったリーディング	88
スートのクオリティ	32, 33	太陽	202, 360
女帝	15, 170, 353	たとえ	
審判	204, 361	ジェフ	124
シンボルの探求	49	シャロン	119
スートのペアの意味	367	ジュリア	120
スートのクオリティ	32	ジル	340
ストーリー		シンシア	125
創造する	61, 146, 150	ソフィア	123

ナンシー	120
ニコル	121
ラルフ	129
タロットのスートのクオリティ	363
力	188, 355
中立の立場で	53
月	200, 360
吊るされた男	188, 357
ティエラ，マイケル	12
デイリー・リーディング	41
出来事のランダムさ	15
転倒した意味	144
塔	196, 359

〔な行〕

ナイト	93, 100
投げかけ	14
日誌	42

〔は行〕

ペイジ	94
ペンタクル	29
エース	296
2	298
3	300
4	302
5	304
6	306
7	308
8	310
9	312
10	314
ペイジ	316
ナイト	318
クイーン	320
キング	322
星	198, 360
ポジションとカードの意味を組み合わせる	81
ポジティヴ	54
母性原理	15

〔ま行〕

マイヤーズ，I.B.	93
魔術師	166, 353
ミドル・カード	29
無意識	13
問題に直面する	50

〔ら行〕

ラーデューの車輪	37
ライダー・ウェイト・デッキ	24
リーディング	152
オープン	71, 73, 380
行う環境	49
ケルティック・クロス	82
大アルカナだけを使った	88
他者	67, 70, 377
デイリー	44
リバースのカード	137, 141
解釈する	141
比率	140

〔わ行〕

ワンド	28
エース	212
2	214
3	216
4	218
5	220
6	222
7	224
8	226
9	228
10	230
ペイジ	232
ナイト	234
クイーン	236
キング	238

訳者あとがき

「これって入門書なの？」

　本書の初校のゲラを友人に見せたとき、まず言われたのがその言葉だった。

　確かに入門書と言えば、薄くてすぐ読み終わる本というのが、一般的なイメージだろう。したがって、本書のようなボリュームのある本は、確かに入門書らしくは見えないかもしれない。

　しかしながら、本書の原著 Learning the Tarot, A Tarot Book for Beginners, Weiser Books は、1998 年にアメリカで出版されて以来、版を重ね、現在もなお「スタンダードな入門書」として、多くのタロット・ファンに読み継がれている。

　また、本書のタイトルと同名のウェブ・サイト（http://www.learntarot.com/）を運営する著者のジョアン・バニングは、現代のアメリカを代表するタロティストのひとりとして活躍中である。序文でも触れられているが、彼女がウェブ・サイトを開設したのは 1995 年 10 月。それ以来、世界中の数多くのタロット・ファンが、彼女のタロット・コースのレッスンを訪れている。

　本書は、さすがに海外のタロット・ファンの間で定評を得ているだけのことはある。ビギナー向けとはいえ、内容的にも分量的にも、一気に読了してしまえるほどお手軽なものではない。すなわち、「簡単ですぐにできる」を売りにした類のものではなく、あくまで本格的にタロットを学んでみたいという人のための入門書なのである。

　というと、やや敷居が高そうに思われてしまいがちだが、実際に読み終えた方はおわかりのとおり、本書で指示されている段階を踏んだレッスンとエクササイズを進めていくことで、初心者でもスタンダードなタロット・リーディングのテクニックを、独学できっちり習得できるようになっている。また、ついでに言っておくと、初心者だけではなく、すでにある程度タロットに詳しい方でも、本書のレッスンから得られることは、決して少なくないはずだ。

　ところで、今やタロットは、ここ日本でもすっかり定着した感がある。大型書店に足を運べば、どれを買えばいいのか迷うほど、様々な解説書が書棚に並んでいる。そういった状況の中、あえて今回、こうして新たなタロットの解説書を訳出したのはなぜなのか。そのことについても、簡単にお話しておこう。

　「タロット占い」について解説された本が、一般に日本で出回るようになったのは、1970 年代半ば頃に遡る。そして 1980 年代には、ティーンエイジャーでも気軽に手に取ることができるカード付きの簡単な解説書が多く

出版され、男女問わず数多くの占いファンの心をつかむこととなった。そんなタロット人気の高まりの中で、より本格的な海外のタロット本の翻訳も、今日ではすでにいくつか出版されるようになっている。

ここで、これまで翻訳されたタロット本の主だったものを、いくつか列挙してみよう。

①アルフレッド・ダグラス著（栂 正行訳）『タロット　その歴史・意味・読解法（原題 The Tarot: The Origins, Meaning and Uses of the Cards）』（河出書房新社、1995年）。
②サリー・ニコルズ著（秋山さと子、若山隆良訳）『ユングとタロット―元型の旅（Jung and Tarot: An Archetypal Journey）』（新思索社、2001年）。
③マルシア・マシーノ著（栄チャンドラー訳）『タロット教科書　第1巻（原題 Easy Tarot Guide）』（魔女の家 BOOKS、1996年）。
④サーシャ・フェントン著（浦風マリア訳）『タロット教科書　第3巻（原題 Tarot in Action: An Introduction to Simple and More Complex Tarot Spreads）』（魔女の家 BOOKS、1998年）。
⑤バーバラ・ウォーカー著（寺沢明美訳）『タロットの秘密（原題 The Secrets of the Tarot: Origins History and Symbolism）』（魔女の家 BOOKS、1992年）。
⑥イーデン・グレイ著（星みわーる訳）『啓示タロット（原題 The Tarot Revealed: A Modern Guide to Reading the Tarot Cards）』（郁朋社、2003年）。
⑦イーデン・グレイ著（星みわーる訳）『皆伝タロット（原題 A Complete Guide to the Tarot）』（郁朋社、2005年）。
⑧イーデン・グレイ著（星みわーる訳）『自在タロット（原題 Mastering the Tarot: Basic Lessons in an Ancient, Mystic Art）』（郁朋社、2007年）。
⑨アーサー・E・ウェイト著（シビル岡田訳）『新・タロット図解（原題 Pictorial Key to the Tarot）』（魔女の家 BOOKS、1996年）。
⑩アレイスター・クロウリー著（榊原宗秀訳）『トートの書（原題 The Book of Thoth: A Short Essay on the Egiptians）』（国書刊行会、2004年）。

これらの翻訳書の日本での出版年は、いずれも比較的最近のものである。しかしながら、その原著自体の出版は、実のところ決して新しいものではない。ちなみに、①は1972年、②は1980年、④は1982年、⑤は1984年、⑥1960年、⑦は1970年、⑧は1971年。さらに歴史的にも、非常に重要な意味を持つタロットの解説書である⑨と⑩は、順に1910年、1944年。最も新しい③でも1987年である。

こうして見てみると、日本ではこれまで、1990年代に入ってからの新し

い海外のタロット本が、ほとんど紹介されることがなかったということがわかる。それにしても、これだけタロットが、日本で広く認知されているにも関わらず、1990年代以降の新しい世代のタロティストによる本が、翻訳出版されていないというのは意外なことではないだろうか。そういったことから、今回わたしは、より新しい「現代のタロットの解説書」が、日本でも広く紹介されるべきなのではないかと思い、本書を訳出することにしたわけである。

とはいえ、「現代のタロットの解説書」として、数あるタロット関連の洋書の中から、どれか一冊を選ぶにあたって、最初から本書『ラーニング・ザ・タロット』に決めていたわけではなかった。実のところ、他にも候補となるいくつかの本はあった。たとえば、80年代以降の英語圏のタロット界の中心人物とも言うべき、レイチェル・ポラックやメアリー・K・グリアーなどの大御所の諸著作も、その候補として考えていた。また、より新しい世代のタロティストとして、テレサ・マイケルセンの著作も捨てがたかった。

いずれにせよ、新世代のタロティストたちの著作を見わたしてみると、本書以上に、刺激的で独創的なタロット論が展開されているものはたくさんある。それらの著作に比べると、正直、バニングの『ラーニング・ザ・タロット』は、比較的オーソドックスな内容であり、そこに目を引くような革新的アイディアが含まれているわけではない。にも関わらず、最終的にあえて本書を選んだのは、まさしくその内容が「オーソドックス」である、という点にある。

すなわち、現代タロットの解説を紹介する最初の書籍としては、マニア向けの斬新な理論を紹介したタロット本よりも、まずは素直な内容のタロット本が好ましいだろうと判断したこと。それと同時に、先ほども述べたように、現代のアメリカのタロット・ファンの間で「スタンダードな入門書」として、非常に幅広い層に受け入れられているということ。これらの理由によって、最終的に本書を訳出することに決定した。

ここで本書の具体的な内容についても、簡単に解説をしておこう。
本書は大きく3つのセクションに分かれている。

最初のセクションでは、タロットをいかにして学んでいけばいいのか、ということが段階を踏んだレッスンとして述べられている。そこでは、著者バニングの解説を順に読み進めていくことで、タロット・リーディングを実践的に行うための"コツ"が、次第に身についていくという構成になっている。そして、各レッスンで学んだことの理解を深めるために、それぞれの項目ごとにエクササイズが設けられている。

ちなみにエクササイズは、必須のものではなく、著者自身が述べている

ように、それを実際に行うかどうかは読者の任意とされている。すなわち、すべてのエクササイズを行っていくのがベストに違いないが、面倒くさがりの方は、さしあたってレッスンだけを読み進めていくことも可能な構成になっている。

　また、このセクションで特筆すべきなのは、タロット学習者の間で、とかく習得するのが「難しい」と言われがちなコート・カードについてのエクササイズが、非常に充実しているという点である。レッスン 13、及びエクササイズ 13 は、コート・カードの理解を深めるための方法論として、いくばくかの参考になるのではないかと思う。

　ふたつ目のセクションは、78 枚それぞれのカードについての解説にあてられている。ここで注目すべきなのは、これまでに日本で出ているタロット本の多くが、どちらかと言えば大アルカナ中心となっていたのに対して、本セクションでは小アルカナに対する解説に、非常に力が入っているという点だ。実際に、一枚一枚のカードに対する解説の分量は、大アルカナよりも、むしろ小アルカナの方がおおむね多くなっている。したがって、小アルカナについての詳しい解説書を読みたいと思っていた方には、おおいに参考にしていただけるのではないだろうか。

　ただし、ここで注意すべきなのは、本書の各カードの解釈を、そのまますべて丸暗記するべきものとして受け止める必要はないということだ。著者自身も「カードの意味は人によって異なる」と述べているように、本書でのカードの解釈は、あくまで一例に過ぎない。したがって読者自身は、あくまでそれを参考にしながら、自分なりのカードのイメージを作っていくというのが、最も好ましい読み方のはずである。

　3 つ目のセクションでは、日本でも有名なケルティック・クロス・スプレッドが紹介されている。これまでの日本のタロット本の中で、これほどまでケルティック・クロスにこだわり、詳細な解説を加えているものはなかったはずである。

　また、ケルティック・クロスを使った例が、「ジルのリーディング」として掲載されている。これによって、今日のアメリカのタロティストが、実際にどのようなリーディングを行っているのか、その一例を知ることができるだろう。

*

　ここでついでながら、本書を含めた今日の英語圏のタロットの世界を取り巻く状況についても、簡単にお話しておこう。

　まず今日主流となっているタロットへのアプローチは、かつてのニュー

エイジ・ムーヴメントとの関わりを抜きに語ることができない。ここで言う「ニューエイジ」というのは、1970 年代から 1980 年代にかけてのアメリカを中心とした、スピリチュアリティの探究を志向した人々によって形成されていったムーヴメントのことである。実は、ここ日本でも、1980 年代には、様々なニューエイジ系の本が翻訳出版されることで、ニューエイジ・ムーヴメントの主要なコンセプトは広まっていった。また日本においてそれは、一般的に「精神世界」と言う呼び方で独自の発展を見せながら、2000 年代のスピリチュアル・ブームを生み出す母胎を作っていったとも言えるだろう。

　しかしながら、本来のニューエイジ・ムーヴメント自体は、1987 年 8 月 16 日－ 17 日のハーモニック・コンヴァージェンス（Harmonic Convergence）を頂点として、1990 年代に入ると失速していく。ちなみに、ハーモニック・コンヴァージェンスというのは、宇宙の力が強まり、その影響のもと人類の精神的な方向性が大きくシフトしていくときのことを指す。当時のニューエイジャーたちによれば、1987 年 8 月 16 日－ 17 日を境に、人類の意識は大きく変容する。すなわち彼らが言うには、ばらばらだった人々はひとつの意識で結びつき、恐れから愛へ、争いから協調へと変わり、いわゆる惑星意識へとシフトしていくと考えられていた。ハーモニック・コンヴァージェンスを待望する人々は、その当日、北カリフォルニアのシャスタ山、ペルーのマチュピチュ、エルサレムといった選ばれたいくつかの聖地に集まり、物質主義の終焉を飾るイベントを行った。

　しかしながらその後、ニューエイジャーたちが求めた新たな時代へとシフトしたことを示す出来事は、表面的には何も起こらなかった。その結果、次第にニューエイジ・ムーヴメントを先導していたスポークスマンたち自体が、「新たな時代の到来」というニューエイジのヴィジョンを放棄しはじめた。1990 年代半ば頃には、スピリチュアルに関する本の中で「ニューエイジ」という言葉は、ほぼ完全に使われなくなっていき、そのコンセプトは黙殺されていった。

　しかしそれに代わって登場したのが、ニューエイジのような社会的なレベルでの包括的な変容というよりも、むしろ個々人のスピリチュアルな変容に力点を置いた「アセンション（ascension）」である。アセンションのコンセプトを広めたのは、アメリカのアリゾナ州の聖地セドナの定期刊行物「ジャーナル・オブ・エマージェンス（Journal of Emergence）」である。セドナは、日本でもスピリチュアル系の雑誌などでも取り上げられ、ここ数年、随分と有名になったので、なかにはご存じの方もいらっしゃることと思う。ついでに言うと、実は今日セドナに集まっている人々の多くが、かつてのニューエイジャーたちなのである。

　こういった流れから言えば、狭い意味でのニューエイジは終焉したとしても、スピリチュアリティ探究を目指すという意味でのその核心となる精

神自体は、決して死んでしまったわけではない。それはいまだ未完のプロジェクトとして、90年代以降のポスト・ニューエイジ時代へと引き継がれていっていると言えるだろう。

話をタロットの世界へと戻そう。本書を含めた1990年代以降の多くのタロット本は、こうしたポスト・ニューエイジ時代におけるスピリチュアリティ探究の流れの中にある。「未来を知る」という意味での「占い」的要素は本書には希薄だが、それはもはや説明するまでもなく、本書のタロット・リーディングが、スピリチュアリティや「自己探求」を主目的としたものだからなのである。

もうひとつ1990年代以降の英語圏のタロット本の特徴としてあげられるのは、実証的なタロット・カードに関する歴史的研究を踏まえているという点だ。かつてのタロット本では、「タロット・カードの起源は、古代エジプトやユダヤ教などの秘教的な叡智に遡る」といったようなことがしばしば述べられていた。

しかし、ガートルード・モークリーやマイケル・ダメットなどをはじめとする研究家たちによる歴史的資料の緻密な調査により、「タロット・カードの起源は、おおむね15世紀半ばのイタリアにある」ということが、今日ではほぼ定説となっている。特に、これまでの空想的タロット史を決定的に覆すことになった1980年出版のダメットの大著『タロットのゲーム』以降、かつてのようにタロティストが、タロット古代起源説を手放しに主張することは難しくなった。

実際に、今日の英語圏のタロット本のほとんどは、こういったダメット以後の定説を踏まえた上で書かれている。かりにタロットの絵柄のシンボリズムを秘教的、あるいは古代の神話的なものと接続しようと試みるタロティストでさえ、ダメット以後の研究を無視することはない。あくまでそれを前提とし、さらにそこから次のステップとして、タロットのシンボリズムに対する"深読み"を行っていくというのが主流となっているのだ。

以上「ニューエイジ」、そして「歴史的研究」という観点から、今日の英語圏のタロット本の全般的な傾向について触れておいた。

なお、自著の宣伝になってしまうが、タロットの歴史的研究については、拙著『タロット大全　歴史から図像まで』（紀伊國屋書店）で、また現代の様々なタロティストたちのタロット論や実践方法については、拙著『完全マスター　タロット占術大全』（説話社）で詳しく紹介しているので、興味のある方はそれらを参照して欲しい。

＊

日本語版に翻訳する際の若干の変更点などについても、いくつか断わっておきたい。
　まず、日本語版のサブ・タイトルは、原題の直訳とは異なる「タロット・マスターになるための18のレッスン」というのをつけさせていただいた。
　また、「18のレッスン」だが、実は原著は、19のレッスンからなっている。ただしこれは、訳出の際にレッスンをひとつ省略したわけではない。原著のレッスン1が、内容的に「レッスン」というよりも、全体の「導入」になっているため、日本語版では、あえてレッスン1を「イントロダクション」とした。そのためレッスンがひとつ減り、18のレッスンとなっている。さらに原著では、各エクササイズとその解答例がレッスンとは分けて掲載されている。だが、一般の読者が、より読み進めやすくするため、エクササイズと解答例は、それぞれのレッスンのすぐ後につけるように、本の構成自体を変えてある。以上の日本語版での変更点は、原著と本書を見比べる際に、少々紛らわしさを増してしまっているが、あくまで本書は、原著の全訳であることに変わりはないので安心していただきたい。
　訳文に関しては、完全な逐語訳ではない。そのままでは、日本の読者に分かりづらいと判断した個所は、元の意を損ねないように気を配りながら、大幅な意訳を施している。
　こういった日本語版での諸々の変更点を、快く了承してくださった著者ジョアン・バニングさんに、改めてここで感謝を申し上げたい。
　また、この上なくすばらしい装丁のデザインをしていただいたデザイナーの五月女直子さん、高岡雅彦さん。今回の訳出をお手伝いしていただくとともに、適切な訳語の選出に最後までお付き合いいただいた佳岡美歩さん。毎度のことながら、本書を完成させるまでに、多大なお力添えと諸々のご迷惑をおかけした駒草出版の木本万里さん。この場を借りて、改めて深く感謝の意を捧げたい。
　最後にタロット・カードをどこで入手したらいいのかと思うかたもいらっしゃるかもしれないので、それについてもここで簡単にお話しておこう。
　まずは、タロット・カードなどを取り扱っている専門のショップに、直接足を運んで自分の目で確かめてみるのがいいだろう。しかし、近くにそういったお店などがない場合は、インターネットで信頼のおけるサイトから入手することも可能である。
　たとえば、今日のタロットブームが起きる前からタロット・カードを輸入し、紹介しているニチユーさんは、その数と品揃えからいっても個人的にはおすすめである。興味のあるかたはニチユー株式会社（http://www.nichiyu.net/）にアクセスしていただきたい。

伊泉　龍一

著者　ジョアン・バニング【Joan Bunning】
1950年代にワシントンDCで育ち、コーネル大学で、社会心理学の学士を取得。
その後は作家、コンピュータープログラマー、ウェブサイト開発者として活躍。
1995年9月に、ウェブサイト"ラーニング・ザ・タロット（www.learntarot.com）"を
スタートさせる。そのオンラインタロット講座は、サンプルのリーディングの紹介やそ
の他タロット関連の情報を配信し、世界中の何千人もの人々が自分なりのタロット
解釈を身につけることに貢献した。
現在、夫、2人の息子、2匹の犬と共にヴァージニア州在住。

訳者　伊泉 龍一【Ryuichi Izumi】
占い・精神世界研究家。
タロット・カード、ヌメロロジー、占星術、手相をはじめとして欧米の多数の占い
を紹介している。朝日カルチャーセンター、NHK文化センターなどで講師として
も活躍中。
著書『タロット大全　歴史から図像まで』（紀伊國屋書店）、『数秘術の世界』、『西
洋手相術の世界』、『リーディング・ザ・タロット』（共著、以上、駒草出版）、『完全
マスタータロット占術大全』（説話社）、『数秘術完全マスター・ガイド』（共著、
駒草出版）。訳書に、ジリアン・ケンプ著『ラブ・マジック・ブック』、『フォーチュン・
テリング・ブック』（以上、駒草出版）がある。
監修無料占いサイト：運命の世界（http://www.unmeinosekai.com/）

ラーニング・ザ・タロット
タロットマスターになるための18のレッスン

2007年9月1日　　初版発行
2024年8月29日　　第12刷発行

著　者　　ジョアン・バニング
訳　者　　伊泉　龍一

発行者　　加藤　靖成
発行所　　**駒草出版**
　　　　　株式会社ダンク 出版事業部
〒110-0016　東京都台東区台東1-7-1 邦洋秋葉原ビル2F
TEL：03-3834-9087　／　FAX：03-3834-4508
https://www.komakusa-pub.jp/

ブックデザイン　五月女 直子
　　　　　　　　高岡 雅彦
本文組版　　　　Mojic
翻訳協力　　　　佳岡 美歩
印刷・製本　　　シナノ印刷株式会社

©Ryuichi Izumi 2007, printed in Japan
ISBN978-4-903186-46-7　落丁・乱丁本はお取り替えいたします。
定価はカバーに表示してあります。